Christian Kandutsch
Victoria Gräfin von Thurn & Taxis

Das Gesetz der Savanne

Erfolg überlebt

Was Führungskräfte aus dem Reich der wilden Tiere lernen können

Titelbild: Christian Kandutsch

Druck und Vertrieb im Auftrag des Autors:
Buchschmiede von Dataform Media GmbH
Julius-Raab-Straße 8
2203 Großebersdorf
Österreich

www.buchschmiede.at – Folge deinem Buchgefühl!
Kontaktadresse nach EU-Produktsicherheitsverordnung:
info@buchschmiede.at

Lektorat & Korrektorat:
Nadja Diem, www.semikolon-lektorate.at
Buchsatz & Cover: Anya Lothrop, www.lektoratte.net

ISBN:
978-3-99192-101-1 (Softcover)
978-3-99192-100-4 (E-Book)

Printed in Austria

Für meinen Löwen Paul

Christian Kandutsch

Seit über 30 Jahren arbeitet Christian Kandutsch dort, wo Führung wirklich stattfindet: nahe an Entscheidungen und deren Wirkungen. Mehr als 35.000 Führungskräfte – vom Bundesliga-Trainer bis zum Schichtleiter, vom Start-up-Gründer bis zur Vorstandsebene – hat er begleitet. Führung kennt er nicht nur aus Lehrbüchern, sondern vor allem aus der Praxis, weshalb er mit Erfolgen, Brüchen und Widerständen vertraut ist. Daraus sind Ansätze entstanden, die Klarheit schaffen, Verantwortung sichtbar machen und Wirksamkeit ins Zentrum stellen. Keine Rezepte, sondern Haltungen, an denen man Führung messen kann. Persönlich ist er bekannt für klare Sprache, ruhige Präsenz und Humor ohne Show. Er beginnt jedes Training mit derselben Frage– »Woran erkennen wir am Ende, dass es gewirkt hat?« – und arbeitet so lange, bis diese Antwort sichtbar ist. In seiner Arbeit sucht er das Einfache im Komplexen und zieht Energie aus Natur und Bewegung – fokussiert, unaufgeregt, ergebnisorientiert.

Victoria Gräfin von Thurn & Taxis

Victoria Gräfin von Thurn & Taxis ist Autorin und Medizinerin, die ihren Weg jenseits der klassischen Laufbahnen gefunden hat. Von der Naturunterstützerin über die Beraterin bis hin zur Schriftstellerin war sie stets auf der Suche nach neuen Wegen, um Menschen zu erreichen. Ihr Instrument ist das geschriebene Wort, mit dem sie relevante gesellschaftliche Themen anspricht und für Zusammenhänge sensibilisiert. Angereichert durch prägende Erfahrungen aus ihrem eigenen Leben, ihrer Familie und ihrer Umwelt hat sie sich mehreren Buchprojekten verschrieben, immer getragen von dem Glauben, dass Aufklärung und Erzählen ein Stück Veränderung möglich machen. Als Co-Autorin verbindet sie Beobachtungsschärfe und medizinische Praxisnähe mit erzählerischer Präzision und formt aus Naturerlebnissen in der Savanne Afrikas klare, anschauliche Bilder. Diese verankern Führungsideen im Beobachtbaren und machen ihren tierischen Ursprung nachvollziehbar.

INHALT

VORWORT VON CHRISTIAN KANDUTSCH

Warum wir Menschen von Tieren mehr über Führung lernen können als von den meisten Ratgebern

Ich habe mit 18 Jahren zu führen begonnen – und seitdem nicht mehr damit aufgehört. Meine ersten Erfahrungen machte ich auf der Theresianischen Militärakademie. Dort lernte ich, was es heißt, Verantwortung zu übernehmen, unter Druck Entscheidungen zu treffen und sichtbar voranzugehen – auch wenn es unbequem wird.

Später kam das Thema Wirtschaft dazu. Ich wurde Unternehmer, baute meine eigene Firma auf, stellte Mitarbeiter ein, musste Ergebnisse liefern – und Führung neu lernen. Ohne Uniform, ohne Befehlston, aber mit derselben Klarheit.

Ich habe studiert, weil ich es genau wissen wollte. Ich wollte verstehen, wie Menschen funktionieren, was Verhalten prägt, was Motivation wirklich auslöst, und erkennen, was gute Führung ausmacht – und woran sie scheitert.

Das Überraschende: Das Wesentliche habe ich nicht im Studium gelernt, sondern in meinen Seminaren. Dort, wo echte Führungskräfte mit echten Problemen sitzen. Wo man nicht über Modelle spricht, sondern über Menschen. Über Konflikte. Verantwortung. Veränderung. Ich habe über 35.000 Führungskräfte trainiert und beraten, doch am meisten habe ich nicht aus Büchern gelernt, sondern aus Gesprächen – vom Zuhören, aus dem Mitgehen und aus dem Hineinfühlen in reale Führungssituationen. Führung lernt man nicht im Elfenbeinturm, sondern im Dialog mit jenen, die sie tagtäglich leben müssen.

Mein Fazit nach all diesen Jahren ist, dass Führung überall dasselbe verlangt. Und sie scheitert fast überall an denselben Dingen. Ich habe unter Druck geführt, unter widrigen Bedingungen, unter Beobachtung. Ich habe Menschen motiviert, inspiriert – und auch verloren. Ich habe Kunden gewonnen, weil ich Klarheit zeigte, und Kunden verloren, weil ich sie kurz vergessen hatte.

Führung war nie eine Erfolgsgeschichte ohne Brüche, aber immer eine Schule des Lernens. Und dennoch: Viele überschätzen sich maßlos. Fast jeder hält sich für überdurchschnittlich. Und trotzdem jammern wir gerade deshalb über schlechte Führung, mangelnde Verantwortung und fehlende Vorbilder.

Kein Wunder – Führung hat ein Imageproblem. Junge Menschen machen einen Bogen darum. Und bei jenen, die führen, beobachten wir einen wachsenden Trend: Viele wollen wieder zurück in die zweite Reihe, wollen Verantwortung abgeben – nicht, weil sie es nicht könnten, sondern weil sie nicht wollen. Weil Führung heute oft mehr Belastung als Wirksamkeit bedeutet – mehr Bürokratie als Entscheidungsspielraum; mehr Erwartung als Gestaltung.

Vielleicht liegt es am Zeitgeist, vielleicht an der Bequemlichkeit. Vielleicht daran, dass wir Führung heute zu sehr diskutieren – und zu wenig leben. Dabei ist Führung nichts Neues. Führung ist nicht erfunden worden – sie ist entstanden, als der Mensch erkannte, dass er in der Gruppe länger überlebt als allein. Dass Entscheidungen getroffen werden müssen. Dass Koordination Leben sichert.

Die Urerwartung an Führung ist seit Jahrtausenden unverändert. Sowohl die Tiere als auch die Menschen erwarten, dass jemand für sie sorgt und da ist, wenn es darauf ankommt. Jemand, auf sie sich verlassen können. Nicht perfekt, aber präsent. Nicht allwissend, aber klar. Diese Erwartung hat sich nie geändert, nur der Kontext. Führung ist ein evolutionäres Werkzeug, und so sollten wir sie auch behandeln: nicht als Glaubensfrage, sondern als Handwerk. Dieses ist simpel, aber wirkungsvoll. Gute Führung bedeutet, wenige Werkzeuge klug einzusetzen. Immer wieder. In der richtigen Situation. Ohne Zauberei. Ohne Esoterik. Ohne Modetheorie.

Wir benötigen kein neues Leadership-Modell, doch ein Blick in die Wildnis kann uns weiterhelfen. Denn dort wird geführt, seit es Gruppen gibt, und zwar wirksam, instinktiv und klar. Die Hartebeester, eine afrikanische Antilopenart, zeigen, wie man Orientierung gibt. Die Siedelweber, afrikanische Singvögel, wie man Systeme aufbaut. Die Erdmännchen, wie Verantwortung in der Fläche funktioniert. Und selbst die Borstenhörnchen verstehen mehr von Stressprävention als so manche Führungskraft nach 20 Jahren im Business.

Es ist skurril, dass wir Millionen in Teamentwicklung investieren, statt genau hinzuschauen, wie Tiere neue Mitglieder integrieren, wie sie Spannungen regeln und Führung erzeugen – nicht durch ihren Status, sondern durch ihr Verhalten.

Dieses Buch ist kein »Mach es wie die Tiere«-Ratgeber. Es ist eine Einladung zum Hinschauen, zum Nachdenken. Und – wenn Sie mögen – zum Andersmachen, denn Führung ist lernbar. Sie ist trainierbar, und zwar schnell. Wir machen genau das. Wir lernen, die verschiedenen Werkzeuge zu benutzen, die es braucht, um in kürzester Zeit zur wirksamen Führungskraft zu werden, ohne Gedöns, ohne Umwege, aber mit Tiefgang.

Dieses Buch ist so aufgebaut, dass Sie zuerst den Tieren begegnen – in ihrem Lebensraum, ihren Herausforderungen, ihren Dynamiken –, und dann die Brücke zur Praxis schlagen: konkrete Ableitungen für Ihre Führungsrealität. Führung ist kein Mysterium, sondern folgt klaren Prinzipien, um Erfolg zu generieren.

Ich wünsche Ihnen beim Lesen viele Aha-Momente und vielleicht sogar Lust, selbst wieder ein Stück sichtbarer zu führen.

Christian Kandutsch

VORWORT VON VICTORIA GRÄFIN VON THURN & TAXIS

In der Weite Afrikas – Wildtiere und Begegnungen, die Führung lehren

Afrika war nie nur der Ort meiner Kindheit, sondern ist bis heute mein Zuhause – eine Landschaft aus Licht und Staub, Stille und Stimmen, Einfachheit und Magie. Dort, wo sich politische Umbrüche, Abschiede und Neuanfänge mit der unberührten Wildnis verweben, lernte ich, dass Wandel kein Ausnahmezustand ist, sondern Teil des Lebens.

Diese Haltung begegnet mir bis heute: in den Erzählungen der Menschen, in der Selbstverständlichkeit, mit der sie füreinander Verantwortung übernehmen und im stillen Vertrauen auf die Kräfte des Lebens. Vom Dorfältesten, der im Kreis mit seinem Stamm ein Urteil über ein Vergehen fällt, über den Schamanen, der in Trance und berauscht von Tomba, gegorenem Hirsebrei, mit natürlichen Toxinen eine Krankheit behandelt, bis hin zu medizinischen Extremsituationen, wie ich sie in meinem beruflichen Alltag als Ärztin immer wieder erlebe – ob als Notärztin im Rettungseinsatz oder als Stationsärztin auf der Onkologie. Führung ist in meinem Beruf keine Option, sondern Voraussetzung. Dort, wo es schnell gehen muss, Entscheidungen über Leben und Tod getroffen werden und Menschen Halt suchen, braucht es Klarheit, Verantwortung und Handlungsstärke.

Ich habe Führung nicht bewusst erlernt, und doch war sie immer da. In der Notfallmedizin ist Führung überlebensnotwendig. Jeder im Team kennt seine Aufgabe, jeder Handgriff muss sitzen, jedes Kommando klar und eindeutig sein. Da ist kein Platz für Unentschlossenheit oder falsche Rücksichtnahme – und schon gar nicht für Schwäche. Der Patient und seine Versorgung stehen im Zentrum. Diese Form der Führung ist direkt und in höchstem Maße verantwortungsvoll. Auch im Klinikalltag ist Führung präsent, wenn auch in anderer Gestalt. Als Stationsärztin auf der Onkologie trage ich Verantwortung für Menschen in Grenzsituationen. Gespräche mit Angehörigen, das Vermitteln schwieriger Diagnosen, das Herstellen von Orientierung in Momenten größter Unsicherheit – all das verlangt nicht nur fachliche, sondern auch menschliche Klarheit. Ich habe gelernt, dass auch Ruhe, Einfühlungsvermögen und sprachliche Präzision Ausdruck einer Führungshaltung sein können.

Nach solchen Tagen fand ich Abstand auf unserer Farm. Die Weite der Landschaft, die Stille, das Reiten durch Busch und Savanne – das war für mich Ausgleich, Rückzug und Kraftquelle. Ich beobachtete die Tiere und erkannte, wie mühelos Herdenregeln funktionieren, wie Leittiere präsent führen und wie soziale Strukturen sich wortlos fügen. In der Herde gilt: Wer sich an Regeln hält, ist geschützt. Wer sich gegen sie stellt, wird gemaßregelt oder ausgeschlossen.

Tiere sind direkt – und manchmal wirken sie dadurch klarer als wir Menschen. Diese Beobachtungen beruhen auf meinen persönlichen Erfahrungen und sind kein Teil eines Forschungsprojekts. Ich bin keine Tierverhaltensforscherin, sondern Medizinerin und Pharmakologin. Dennoch begannen mich Parallelen zu interessieren: zwischen dem, was ich als Ärztin tagtäglich erlebte, und dem, was sich vor meinen Augen in der Tierwelt abspielte. Ohne es zu planen, entstand daraus ein Gedanke: Könnte man aus diesen Beobachtungen Impulse für menschliche Führung ableiten?

Heute beschäftigen mich als Unternehmerin Fragen der Führung bewusster denn je. Ich habe begonnen, Muster zu hinterfragen, Vergleiche zu ziehen, das Verhalten von Menschen neu zu deuten – mit einem Blick, der sowohl klinisch geschärft als auch naturverbunden ist. Daraus entstand die Idee zu diesem Buch.

Es geht nicht darum, Tiere zu idealisieren oder Menschen zu diskreditieren, sondern Führung aus einem Blickwinkel zu betrachten, der nicht von Theorien geprägt ist, sondern von echtem Verhalten. Denn während der Mensch in der Chefetage oft auf Inszenierung, Machtspielchen und Taktik setzt, funktioniert Führung im Tierreich nach simplen, aber stabilen Prinzipien – ohne Verstellung, ohne Worthülsen, ohne doppelten Boden. Natürlich soll niemand anfangen, wie ein Löwe zu führen oder wie ein Hartebeest seine Herde zu regeln. Aber manchmal lohnt sich ein Blick ins Tierreich, um sich auf das Wesentliche zurückzubesinnen: auf Klarheit, Konsequenz und natürliche Autorität. Vielleicht braucht es gerade in Zeiten großer Umbrüche eine Rückbesinnung auf das, was Führung im Kern ausmacht.

Dieses Buch will keine Patentrezepte liefern, es will anregen, irritieren, Denkanstöße geben. Es will Tierbeobachtung und Berufsrealität, persönliche Erfahrung und unternehmerische Perspektive miteinander verbinden. Und es lädt dazu ein, mit einem wachen Blick und einem offenen Geist die eigene Rolle als Führungskraft zu überdenken.

Ich wünsche Ihnen eine spannende Lektüre.

Victoria Gräfin von Thurn & Taxis

PROLOG

Dämmerung über der Senke. Die Luft ist kühl, der Boden noch dunkel. Aus dem ausladenden Baum klickt es leise: Die Siedelweber beginnen zu weben. Ein Faden, dann der nächste. Keine Eile, keine Pose. Ein Muster wächst, das den Wind aushält.

Auf dem Termitenhügel richtet sich ein Erdmännchen auf. Zwei Atemzüge lang bleibt alles still. Dann ein kurzer Laut, trocken wie ein Stein. Wache steht. Am Fuß des Hügels huscht ein Borstenhörnchen aus dem Schatten, bleibt kurz stehen, tastet den Raum ab, verschwindet wieder. Nähe und Abstand finden ihren Takt.

Weit draußen stehen Hartebeester wie Klammern in der Fläche. Ein Tier hebt den Kopf – ein zweiter folgt. Die Reihe verschiebt sich einen halben Schritt, Jungtiere rücken in die Mitte. Kein Durcheinander. Nur ein leises Neuordnen, als würde die Ebene selbst atmen.

Am Rand der Ebene hebt ein Löwe den Kopf. Kein Brüllen, nur ein Blick durch das graue Licht. Die Löwinnen stehen nacheinander auf, ein Jungtier stolpert hinterher. Grenzen werden nicht verkündet, sie werden gesetzt: ein Gang, ein Halten, ein Weiterziehen. Stärke ist hier Präsenz, und jeder weiß, dass sie nur auf Zeit verliehen ist.

Die Sonne schiebt sich über den Horizont. Wärme legt sich über Gras und Staub. Die Siedelweber arbeiten weiter, das Nest wird dichter. Das Erdmännchen wechselt. Ein anderes übernimmt die Wache auf der Anhöhe, der Blick bleibt wach. Das Borstenhörnchen nutzt den Moment, kreuzt den freien Durchgang und kehrt mit einer Wurzel zurück. Alles greift ineinander, ohne Kommando, ohne Lärm.

Ein Schatten streift am Horizont. Kein Drama. Kein Rennen. Die Hartebeester drehen den Blick, die Linie wird länger, dann bewegt sie sich. Zuerst langsam, dann im ruhigen Lauf. Die Siedelweber verstummen, drücken sich näher in ihr Geflecht. Die Erdmännchen sammeln die Jungtiere ein, das Borstenhörnchen wartet, bis der Weg klar ist, und zieht sich in den Seitengrund zurück.

Weit weg von hier schiebt sich eine Glastür auf. Die Frühschicht tritt in den Flur. Kein Willkommen, nur ein knappes Nicken. Ein Zettel wird wortlos auf den Tisch gelegt, zwei Blicke genügen, um die Reihenfolge festzulegen. Einer hebt den Hörer ab, einer kontrolliert die Maschine, einer zieht die Akten heran. Ob Werkhalle, Station oder Leitstand – es läuft überall nach demselben Muster ab: mechanisch, routiniert, austauschbar. Man arbeitet nebeneinander, nicht miteinander. Niemand achtet darauf, wie es den anderen geht. Jeder erledigt seine Aufgabe und zählt die Stunden bis zum Feierabend. Keine Gemeinschaft, nur ein stilles Ausharren. Keine Anerkennung, nur Gleichgültigkeit. Und mittendrin wächst die Einsamkeit.

Nach wenigen Minuten fällt die Savanne wieder in ihr leises Tun. Der Schatten verliert sich. Die Nester halten, die Wache steht, die Herde frisst. Alles hat seinen Platz, weil jeder den eigenen kennt – und ihn im richtigen Moment verlässt.

Hier zählt nicht, was angekündigt wird. Hier zählt, was geschieht, wenn einer beginnt, wenn einer hält, wenn einer weicht. Die Natur ist älter als unsere Begriffe. Sie prüft ohne Eile und behält nur, was trägt. Von ihr lässt sich absehen, was auch bei uns funktioniert: Aufmerksamkeit, Ordnung, Entscheidung. Der Rest ist Flugsand.

1

UNTER HARTEBEESTERN – DAS PRINZIP DER KLARHEIT

Abbildung 1: Führung erfordert manchmal, blitzschnell zu handeln – wie die Hartebeester, die im entscheidenden Moment geschlossen losstürmen.

Wer sie wirklich sind: Hartebeester im Porträt

Sie stehen selten still – und wenn doch, dann niemals unachtsam. Eine Herde Hartebeester inmitten der flimmernden Savanne ist kein loses Nebeneinander von Tieren, sondern ein atmender Organismus aus Blicken, Bewegungen, Schutzreflexen und kluger Koordination. Das rote Fell ihrer Rücken leuchtet im Sonnenlicht, als wollten sie ihre Anwesenheit nicht verbergen. Und doch sind sie Meister der Aufmerksamkeit – wachsam, geordnet, anpassungsfähig. Inmitten hügeliger Grassavannen, dort, wo das Licht sich in langen Wellen über das Land zieht, leben sie in Gemeinschaften, die mehr als nur Zweckverbände sind: Hier herrscht Ordnung. Hier wird geführt, beobachtet, gewarnt, verteidigt, entlastet. Der Leitbulle kennt seine Herde – und die Herde kennt ihre Rollen. Wer sie beobachtet, beginnt zu begreifen, dass Führung in der Wildnis nicht laut sein muss, aber klar, effizient und bis in die letzten Reihen wirksam.

Das Hartebeest gehört zur Familie der Hornträger *(Bovidae)* und ist eine Unterart der Kuhantilopen. Es erreicht eine Schulterhöhe von etwa 125 bis 135 Zentimetern und bringt je nach Geschlecht zwischen 120 (Weibchen) und 160 Kilogramm (Männchen) auf die Waage. Damit ist es in etwa so groß wie ein Kleinpferd oder Pony und ebenso kräftig gebaut. Sein rotbraunes Fell, dem es auch den englischen Namen »Red Hartebeest« verdankt, hebt sich deutlich von der oft blassgelben Savannenumgebung ab. Die Zeichnung ist markant: Ein dunkler Streifen zieht sich vom Nacken über den Rücken, Flanken und Beine sind heller, und das lang gezogene, keilförmige Gesicht wird von einer schwarzen Zeichnung betont. Die Hörner – bei Männchen wie Weibchen vorhanden – verlaufen erst aufrecht und biegen sich dann sichelförmig nach außen und hinten. Sie sind stabil, wirken jedoch nie plump. Die langen Läufe und der tiefe Brustkorb lassen bereits im Stand erahnen, dass dieses Tier auf Dauerlauf und weite Wanderungen optimiert ist.

Hartebeester bevorzugen offenes Gelände mit weiter Sicht, am liebsten leicht hügelige Grassavannen, in denen sie frühzeitig potenzielle Gefahren erkennen können. Kleine Flächen mit Dickbusch bieten Rückzugsmöglichkeiten für die Nacht, aber Wälder, sumpfige Zonen oder stark baumbestandene Regionen meiden sie konsequent. In Namibia sind sie nahezu überall anzutreffen, außer in den lebensfeindlichen Zonen der zentralen Namib und des trockenen Südens. Auch in Botswana, vor allem in den trockeneren Regionen, sind sie verbreitet. Die Art ist an semiaride Bedingungen hervorragend angepasst.

Ihre Herdenstrukturen sind klar hierarchisch organisiert. Im Zentrum steht der Leitbulle, ein erfahrener und durchsetzungsstarker Vertreter seiner Art, der über die Zusammensetzung, Bewegungsrichtung und Sicherheitsstruktur der Herde entscheidet. In optimalen Lebensräumen können diese Herden mehrere Hundert Tiere umfassen – ein beeindruckendes Schauspiel in der offenen Savanne. Diese Gruppen benötigen klare Rollenverteilungen, um als Verband funktionieren zu können.

Zusätzlich gibt es eine Art Wachmannschaft, bestehend aus starken Männchen, die im Ernstfall die Verteidigung organisieren. Auch diese Struktur wird vom Leitbullen festgelegt. Innerhalb der Herde herrscht soziale Disziplin. Streitigkeiten werden selten ausgetragen, sondern durch ritualisiertes Verhalten geklärt. Die klare Ordnung ermöglicht es den Tieren, effizient zu fressen und sich gleichzeitig vor Gefahren zu schützen.

Die Fortpflanzung ist an die klimatischen Zyklen der Region angepasst. Weibchen erreichen früh ihre Geschlechtsreife und können bereits im Alter von etwa zwei Jahren das erste Kalb haben. Nach einer Tragezeit von rund acht Monaten bringt das Weibchen ein einzelnes Kalb zur Welt – bevorzugt kurz vor Beginn der Hauptregenzeit zwischen Dezember und Januar. Dieses Timing erhöht die Überlebenschancen des Jungtiers erheblich, da mit dem Regen frisches Gras wächst und damit Nahrungsangebot und Nährstoffversorgung für Mutter und Kalb gesichert sind. Die Neugeborenen sind bereits kurz nach der Geburt in der Lage, zu stehen und zu laufen. In den ersten Lebenswochen werden sie von der Mutter betreut; danach schließen sie sich schrittweise der Herde an. Über ein durchschnittliches Leben von 13 Jahren kann ein gesundes Weibchen zehn bis zwölf Kälber großziehen. Männliche Jungtiere verlassen die Muttergruppe oft relativ früh und schließen sich Jungbullengruppen an, in denen sie ihre soziale Position erproben, bevor sie versuchen, selbst einen Platz in der Rangordnung der Hauptherde zu finden oder eigene Gruppen aufzubauen.

Als mittelgroße Huftiere stehen Hartebeester auf dem Speiseplan mehrerer großer Raubtiere des südlichen Afrikas. Besonders gefährdet sind Jungtiere und schwächere Alttiere.

Hartebeester verstecken sich jedoch nicht – erst recht nicht vor Raubtieren. Ihr Fell trägt keine Tarnfärbung, ihre Taktik stützt sich auf das Sich-Zeigen. Haben die Späher einen Räuber entdeckt, melden sie dessen Position sofort an die Herde. Daraufhin formieren sich alle Tiere mit Blick in die Richtung des Angreifers und »durchbohren« ihn mit starren Blicken. Oft genügt schon diese Abschreckungstaktik: Den Räubern vergeht die Lust, und sie ziehen weiter.

Erst wenn dieser Blickkontakt seine Wirkung verfehlt, folgt der geordnete Rückzug – Jungtiere im Zentrum, flankiert von erfahrenen Tieren, während kräftige Bullen an den Rändern für Schutz sorgen. Hartebeester sind keine schnellen Sprinter, aber ausdauernde Läufer: Ihre Stärke liegt im frühen Erkennen und rechtzeitigen Ausweichen, nicht in der Konfrontation.

Innerhalb der Hartebeest-Herden herrscht eine bemerkenswerte soziale Organisation, die weit über das bloße Nebeneinander von Tieren hinausgeht. Das Zusammenleben basiert auf klar verteilten Aufgaben, die in enger Abstimmung mit der inneren Hierarchie funktionieren. Der Leitbulle ist nicht nur Fortpflanzungspartner, sondern Koordinator, Taktgeber und Instanz für Sicherheit. Um diese Aufgabe zu erfüllen, bedient er sich einer durchdachten Struktur: Die sogenannten »Späher«, meist junge Männchen am Übergang zum Erwachsenenalter, werden gezielt auf leicht erhöhten Positionen im Gelände postiert, um das Umfeld der Herde im Blick zu behalten. Diese Position ist nicht nur eine strategische Notwendigkeit, sondern auch ein Teil der sozialen Erprobung: Wer sich in der Rolle des Spähers bewährt, kann sich für höhere Aufgaben innerhalb der Herde empfehlen. Parallel dazu gibt es eine fest zugewiesene Wachmannschaft aus kräftigen Bullen, die bei Bedrohung das defensive Bollwerk bilden. Die Kommunikation innerhalb dieser komplexen Struktur erfolgt über Körpersprache, Bewegungsmuster und Lautäußerungen, die für den menschlichen Beobachter dezent wirken, aber innerhalb der Herde klar lesbar sind. Ein plötzliches Innehalten, ein Rucken mit dem Kopf, das synchrone Anspannen ganzer Gruppen – all dies sind Signale, die Informationen weitergeben und kollektives Verhalten steuern. Die Hartebeester haben damit eine fein abgestimmte Sprache der Bewegung entwickelt, die ihnen erlaubt, als geschlossene Einheit auf Veränderungen in ihrer Umwelt zu reagieren.

Auch ihre Ernährungsweise zeigt besondere Anpassungen. Hartebeester sind hochspezialisierte Grasfresser. Mit ihrem angepassten Gebiss ziehen sie die Halme durch die Zahnreihe und »strippen« dabei die energiereichen Ähren regelrecht ab. Ährenlose, nackte Halme verschmähen sie meist und ziehen weiter, sobald die besten Futterstellen abgegrast sind. Diese Ernährungsweise macht sie zu wählerischen, aber effizienten Weidetieren.

Ihre Widerstandsfähigkeit zeigt sich besonders in Trockenzeiten. Mit den scharfen Vorderhufen graben sie Knollen und Wurzeln frei oder nutzen wasserspeichernde Pflanzen wie die wild wachsenden Tsammas. Dadurch können sie ihren Wasserbedarf drastisch reduzieren und überleben selbst in semiariden Regionen, in denen andere Weidetiere längst scheitern. Entscheidend ist dabei nicht die Nähe zu Wasserstellen, sondern die Qualität des Grasbewuchses und die Beschaffenheit des Geländes.

Ihr Bewegungsapparat ist perfekt auf die offene Savanne abgestimmt. Lange Beine, ein kräftiger Brustkorb und eine elastische Sehnenstruktur verleihen ihnen keine explosive Geschwindigkeit, wohl aber die Fähigkeit zum ausdauernden, gleichmäßigen Ausweichen über große Distanzen.

Gemeinsam mit klaren sozialen Strukturen, der Rollenverteilung innerhalb der Herde und einer ausgeprägten Alarmbereitschaft entsteht so ein Gesamtpaket an Anpassungen, das sie nicht durch rohe Kraft, sondern durch Strategie überleben lässt.

Damit erfüllen Hartebeester eine bedeutende Rolle im Ökosystem. Sie stellen eine bedeutende Nahrungsquelle für Raubtiere dar, insbesondere für Rudeljäger wie Afrikanische Wildhunde oder Tüpfelhyänen. Ihre Fähigkeit zur frühen Gefahrenwahrnehmung macht Jagderfolge jedoch schwierig und sorgt dafür, dass nur gut organisierte oder besonders ausdauernde Räuber dauerhaft erfolgreich sind. Damit tragen Hartebeester zur Auslese innerhalb der Beutegemeinschaft bei und zwingen Prädatoren zu Anpassung und Innovation.

In Trockenzeiten zeigen sich zudem interessante Symbiosen: Wenn Hartebeester beim Graben nach Knollen den Boden auflockern, entstehen temporäre Futterquellen oder Feuchtstellen, die auch von Vögeln und Kleinsäugern genutzt werden.

In ihrer Mischung aus Anpassung, Ordnung und stiller Wachsamkeit sind Hartebeester keine Stars der Savanne, aber unersetzliche Mitgestalter eines komplexen ökologischen Miteinanders. Ihr Beitrag mag unscheinbar wirken, doch er ist substanziell – beständig, strukturiert und tief in der Landschaft verankert, an die sie seit Jahrtausenden angepasst sind.

Im Reich der Hartebeester

Liese und Harry – Flucht in die Fremde

Es knackt im Unterholz. Die Dunkelheit liegt schwer über dem Grasland, dichter als Nebel, ein Mantel, der jedes Geräusch verstärkt. Der Ruf einer Eule zerschneidet die Stille, zieht wie kalter Wind durch die Nacht. Grillen zirpen, fast rhythmisch, als wollten sie etwas wachhalten, das nicht einschlafen darf. Wieder bricht ein Ast – leise, aber bestimmt. Liese zuckt zusammen. Harry steht dicht bei ihr, berührt mit der Schnauze kurz ihren Hals – kaum spürbar, aber tröstlich. Dieses kleine Signal bedeutet: keine Angst – ich bin hier.

Die drei Löwinnen sind noch da draußen. Liese sieht sie nicht, aber sie spürt sie. Irgendwo im hohen Gras schleichen sie umher, kaum mehr als ein Flimmern in der Nacht. Jetzt heißt es: stillhalten, flach atmen und warten auf den Tag.

Seit Stunden verfolgen die Löwinnen Liese und Harry. Es waren sieben – eine Angriffseinheit. Sie haben die Herde im Schlaf überfallen, ohne Vorwarnung, mit der Wucht des Unberechenbaren. Einer der Wächter hat versagt. Zwei Löwinnen reißen ein junges Kalb und verschwinden. Die anderen bringen die Herde zum Bersten. In Sekunden zerfällt die Ordnung beim Fortschreiten der Dämmerung, die sich wie dumpfe Nebelschwaden um die Baumkronen legt.

Mona, die Leitkuh, reagiert sofort. Helle Pfiffe sollen warnen, doch die Raubkatzen sind längst mittendrin. Die Herde bricht auseinander, ein Teil von ihnen flieht mit Mona, der andere taumelt führungslos Richtung Fluss – panisch, ziellos, hin und her. Sie kennen die Wege nicht so gut wie Mona. Ihr Zickzack verrät die Orientierungslosigkeit.

Im Chaos wird die Gruppe erneut gespalten. Eine Löwin fällt aus dem Dunkel und stürzt sich auf Klaus, einen jungen Wächter wie Harry. Klaus weicht zurück, schlägt aus, stemmt sich gegen die Angreiferin – mutig, aber chancenlos. Zwei weitere Löwinnen tauchen auf, und binnen Sekunden ist alles entschieden. Die Herde sieht es, hört das dumpfe Krachen der Körper, doch niemand kann helfen. Für einen Moment steht alles still. Dann reißt die Flucht sie weiter, fort von Klaus, fort von dem Ort, an dem sie gerade einen der ihren verlieren. Die Hauptgruppe rennt weiter, eine Staubwolke im Rücken. Richtung Fluss. Doch Harry weiß: Das ist gefährlich. Dort lauern Krokodile – träge wirkend, aber blitzschnell. Seit Tagen ist die Herde unterwegs, auf der Suche nach einem anderen Wasserloch, weil der Fluss zur Falle geworden ist.

Harry schlägt einen Haken, zieht nach Norden, weg vom Wasser, fort von der Richtung, in die so viele blind geflohen sind. Liese folgt ihm, ohne zu zögern. Sie müssen Mona finden – und Arthur, den Boss. In der Hitze des Angriffs hat Harry ihn nicht gesehen – kein Horn, kein Ruf, keine Spur. Vielleicht lebt er noch. Vielleicht nicht. Die Ungewissheit brennt, scharf wie eine Klinge.

Dann kommt die Dunkelheit – plötzlich und schwer. Sie wird begleitet von einer anderen Angst, einer, die sich nicht abschütteln lässt. Raubkatzen sehen bei Nacht – besser, schneller und klarer als ihre Beute. Und die Gejagten wissen das, doch sie hoffen trotzdem, dass ihr Gehör besser und ihr Geruchssinn schärfer ist. Vielleicht reicht das.

Liese spürt den Hunger, diesen dumpfen Schmerz im Bauch, der krümmt und schwindelig macht. Auch der Durst kratzt. Doch sie denkt nicht daran. Jetzt zählt nur das Überleben. Sie lauscht, bis in den Schädel hinein. Dann – ein Geräusch. Schleifend. Die Raubkatzen sind noch da. Drei. Sie schleichen näher – langsam, zielgerichtet, Schritt für Schritt.

Harry weiß, was auf ihm lastet. Vier Jahre ist er alt, kein Jungtier mehr, im zweiten Jahr als Wächter. Arthur hat ihn vorbereitet und ihm gezeigt, wie man Haltung bewahrt, auch wenn der Boden brennt. Liese steht neben ihm, zitternd, mit dem Rücken am Baum, den Kopf gesenkt. Sie wagt kaum zu atmen – aus Angst, die Löwinnen könnten sie hören.

Der Mond steigt auf, langsam, wie eine Erleichterung. Fahles orangefarbenes Licht legt sich über das Grasland, lässt Schatten flackern und macht Konturen erkennbar. Harry entdeckt eine Lichtung, etwas erhöht, mit einem Hügel in der Mitte – kein Versteck, aber ein Ort, an dem man sehen und entscheiden kann. Er stößt Liese an, doch sie rührt sich nicht; die Angst hält sie fest, unbeweglich. Nur wenige Sprünge entfernt liegt eine Löwin im Gras, lauernd. Sollte sie angreifen, bleibt keine Chance.

Harry kneift Liese in die Seite, bestimmt genug, um sie herauszureißen. Sie hebt den Kopf, ihre Augen suchen Halt. Er lenkt ihren Blick zur Lichtung. Dann beißt er zu – kräftig, plötzlich –, nicht aus Härte, sondern als Zeichen. Liese zögert kaum, dann setzt sie sich in Bewegung. Der Körper weiß, was zu tun ist. Der Boden fliegt unter ihr vorbei. Während sie rennt, erkennt Harry, dass er richtig lag: Die Lichtung ist voller Hartebeester, groß, wachsam, schnell – eine Herde im vollen Bewusstsein.

Die Wächter haben die Gefahr längst erkannt. Kein Chaos, sondern geübte Reaktion: außen die Starken, innen die Schwachen. Liese kennt niemanden, aber das zählt nicht. Sie rennt, Harry an ihrer Seite. Die Herde nimmt sie auf – ohne Fragen. Die Wächter stellen sich den Löwinnen entgegen, ruhig, entschlossen. Die Raubkatzen zögern, dann verschwinden sie im Dunkel. Liese und Harry stehen inmitten der Herde. Der Atem geht schnell, der Körper bebt. aber sie sind sicher, und in den nächsten paar Stunden finden die beiden im Schlaf die dringend notwendige Erholung.

Der Morgen graut. Die Tiere der fremden Herde stehen still, aufmerksam, ihre Blicke ruhen auf Liese und Harry – nicht feindselig, nicht ablehnend, eher forschend, wie ein instinktives Abwägen. Wer sind diese beiden? Woher kommen sie? Sind sie verletzt, gefährlich, harmlos? Niemand spricht, kein Grunzen, kein Schnaufen, nur Augen, die beobachten. Und etwas liegt in der Luft – eine Erwartung. Alle scheinen auf jemanden zu warten: auf den Boss.

Dann beginnen sich einzelne Tiere zu rühren, langsam, fast andächtig. Sie strecken die Beine, schütteln den Staub aus dem Fell, trotten gemächlich zu einem Platz abseits – dort, wo die Morgentoilette verrichtet wird, so, wie man es wohl schon immer getan hat. Alles hat seinen Platz – auch jetzt, nach einem Angriff, nach einer Nacht der Flucht.

Liese fühlt sich besser als noch vor wenigen Stunden. Der Schlaf hat ihr gutgetan, aber vor allem die Nähe zu den anderen, das gleichmäßige Atmen so vieler Körper, die Ordnung, in der sie aufgewacht ist. Es hat sie beruhigt, geerdet. Der Hunger meldet sich leise, wie ein Summen im Bauch, doch sie lässt es sich nicht anmerken. Sie erhebt sich zügig, steht, streckt sich leicht. Harry sieht es, grunzt leise, freundlich – ein Ton, der Vertrauen bedeutet.

Liese blickt sich um, tritt auf der Stelle, beobachtet das ruhige Treiben. Dann senkt sie den Kopf – eine bewusste Geste, ein Zeichen des Respekts, besonders gegenüber älteren Tieren. In einer fremden Herde zählt das mehr als sonst. Die Rangordnung ist nicht sichtbar, aber sie wirkt. Und weil sie nicht weiß, wo sie steht, stellt sie sich innerlich an den letzten Platz. Harry tut es ihr gleich. Auch er grunzt in Richtung der Nächsten, bewegt sich kaum, bleibt ruhig, passiv, wartend.

Etwas verändert sich. Zuerst kaum spürbar – ein leises Grunzen geht durch die Reihen, kein Lärm, keine Aufregung, eher ein untergründiges Murmeln, das sich mit dem Zirpen der Grillen mischt. Ein vorsichtiges Raunen, das nicht erzählt, sondern ankündigt. Die Dämmerung setzt ein, und mit ihr kehrt Leben zurück. Die Nacht weicht, langsam, tastend.

Dann, ohne Vorwarnung, wird es still. Vollkommen. Als hätte jemand den Ton aus der Welt genommen. Liese hält den Atem an. Ihre Ohren zucken. Sie weiß nicht, warum, aber sie spürt, dass jetzt etwas geschieht.

Ein großes Tier tritt aus dem Schatten. Breit, ruhig, mit glänzendem Fell, die Hörner geschwungen wie ein Zeichen: der Alphabulle. Er kommt nicht aus einer bestimmten Richtung – er ist einfach da. Er stellt sich auf einen kleinen Hügel, von dem aus er die ganze Herde überblicken kann. Seine Präsenz ist still, aber überdeutlich. Die Tiere reagieren nicht euphorisch, nicht nervös; sie nehmen ihn zur Kenntnis, als wäre er Teil der Landschaft, wie die aufgehende Sonne.

Etwas weiter hinten erscheint ein zweiter Bulle. Muskulös, mit einem Gang, der weder Hast noch Trägheit kennt. Harry erkennt ihn sofort: Es ist der Wächter von letzter Nacht, der mit einem einzigen gezielten Tritt eine Löwin gestoppt hat. Kein Reflex, kein Glück – das war Können.

Der Bulle grunzt. Ruhig, klar, mit einem Ton, der nicht laut sein muss, um zu wirken. Ansgar, wie Harry später erfährt. Einer der führenden Wächter, Ausbilder der jungen Bullen. Er will wissen, was geschehen ist. Die Herde öffnet sich, fast wie von selbst, bildet eine Gasse hin zum Hügel. Harry wird nach vorn gedrängt – nicht grob, aber mit Nachdruck. Etwas hat sich verschoben. Seine Rolle ist eine andere geworden.

Er geht langsam. Den Kopf gesenkt, wie es sich gehört. Kein Blickkontakt, keine Aufmüpfigkeit. Oben angekommen, bleibt er stehen, wartet. Ansgar fragt – kurz, präzise. Harry antwortet. Er berichtet vom Angriff, von Klaus, von der Flucht, den Löwinnen, dem Weg zur Lichtung. Ruhig, klar, ohne Dramatik. Die Herde hört zu. Und sie fragt. Wie viele? Wo genau? Wann? Harry antwortet – geduldig, Wort für Wort.

Dann hebt der große Bulle die Stimme. Kein Brüllen, kein Bellen – ein tiefes, dunkles Grunzen, das dennoch alle erreicht.

»Old Marten«, raunt ein Bulle neben Harry. »Wichtig: immer *Old* sagen. Sonst wird er grummelig.« Harry nickt. Natürlich kennt er das. Auch in seiner Herde bekommt der Ranghöchste mehr als Respekt – er bekommt Sprache.

Old Marten wendet sich direkt an ihn. Ruhig, aber bestimmt. Wie alt er sei, will er wissen. Welche Aufgaben er bisher übernommen habe. Harry antwortet offen, ohne Ausschmückung. Der Blick bleibt gesenkt, die Haltung tief – es ist eine Unterwerfung, aber keine Schwäche.

Dann ist Liese an der Reihe. Auch sie wird nach vorn gerufen. Ihre Schritte sind zögerlich, ihre Stimme leise. Sie hat Angst, Hunger, Durst, doch sie antwortet – und das reicht.

Old Marten trifft seine Entscheidung. Die Neuen werden eingeteilt. Harry kommt zu Ansgar – Ausbildung, Wächterlinie, keine Diskussion. Liese wird Gunni zugewiesen, einer älteren Kuh mit vier Töchtern, die bei der Aufzucht der Jungtiere hilft. Liese soll sich erst einmal der Kindergartengruppe anschließen. Es ist nicht das, was sie erwartet hat, doch Harry sieht sie an, streng, ohne ein Wort. Und Liese senkt den Kopf.

Das Meeting endet. Old Marten dreht sich um und verlässt den Hügel. Die Spannung fällt ab. Die Herde beginnt zu murmeln, Fragen werden gestellt, Namen genannt. Und mit dem ersten hellen Sonnenstrahl setzt sie sich in Bewegung – langsam, sicher. Und Liese und Harry gehen mit.

Entscheidung am Fluss

Harry hat einen Freund gefunden – Max. Ein Wächter wie er, mit wachem Blick, schnellem Witz und einem hängenden Ohr, das von einem Hyänenangriff stammt. Seitdem hört Max nur einseitig und stellt sich stets mit seinem »guten« Ohr zu den anderen. Harry stört das nicht. Die beiden verstehen sich – sie teilen sich den Tagdienst, stehen Schulter an Schulter und blicken über das Land.

Der Tagdienst verläuft meist ruhig. Gefahren kündigen sich an, wenn man hinsieht – wenn man wach ist. Harry erinnert sich nur zu gut an jenen einen Posten in seiner alten Herde, der während des Löwenangriffs geschlafen hat. Es war der Moment, in dem aus Ordnung Panik wurde.

Jetzt stehen Harry und Max auf einer Anhöhe. Unter ihnen grast die Herde, weit verstreut im Tal. Der Sanyati River plätschert leise, fast träge, und auf den Sandbänken liegen Krokodile – reglos, graugrün, mit halb geöffneten Mäulern. Max sagt, das diene nur der Einschüchterung. Und vielleicht hat er recht, denn niemand kommt ihnen zu nahe – nicht einmal aus Versehen.

Dann, auf der anderen Seite des Flusses, regt sich etwas. Der Strom ist breit, das Licht der untergehenden Sonne blendet, und Harry kneift die Augen zusammen. Auch Max hat es gesehen – aber was ist es? Groß. Braun. Bewegungsarm. Es lehnt im Schatten einer Schirmakazie, den Kopf gesenkt. Keine Hörner zu erkennen, keine Bewegung. Und doch – dieses Fell, die Mähne, der pferdeartige Schweif: ein Hartebeest. Ganz sicher. Arthur lebt! Aber er ist verletzt. Und er darf nicht zum Fluss, das weiß Harry sofort. Dort liegen die Krokodile, reglos auf den Sandbänken, doch in Wahrheit bereit. Sie lieben die Abendstunden. Und Antilopen.

Harry hat es selbst gesehen, mehrfach. Nun drängt sich die Erinnerung an den Angriff zurück, die Angst, der Lärm, Klaus. Und jetzt Arthur. Was soll er tun? Er gehört nicht mehr zu dessen Herde. Diese hier hat ihn aufgenommen, geschützt, gerettet. Ohne sie wären er und Liese verloren gewesen.

Ansgar trottet unten an der Flussbiegung entlang. Harry will ihn rufen, will ihn erreichen, aber der Abstand ist groß. Erst jetzt erkennt er: Durch das abfallende Gelände können die anderen das Etwas vermutlich gar nicht sehen, wohl aber die Krokodile. Und Arthur bewegt sich. Langsam, hinkend, der Kopf im Takt des Schrittes, die Silhouette wankt im Licht der untergehenden Sonne.

Es bleibt nicht mehr viel Zeit. Harry weiß, was auf dem Spiel steht. Noch einmal will er nicht zusehen müssen, wie einer fällt, weil ein Wächter zu spät reagiert. Also ruft er. Laut, klar, gegen die Regeln. Ein Alarmruf ohne erkennbare Gefahr – ein Vergehen. Aber Schweigen wäre schlimmer.

Ansgar hört ihn nicht, doch nun blicken Hunderte zu ihm hinauf.

Max reagiert schnell. Er beginnt, den Kopf zu schütteln, das verletzte Ohr schleudert über seinen Hals. Harry hält den Atem an. Max spielt – ein Anfall, ein Aussetzer, was auch immer. Erst Verwunderung. Dann Unruhe in der Herde. Die Blicke wandern, und Harry weiß: Jetzt sind sie sichtbar.

Auf einmal steht Old Marten hinter Max. Aufgeschreckt durch das unruhige Treiben der Herde, ist er lautlos aufgetaucht. Harry erstarrt. Max hingegen schlenkert noch immer seinen Kopf, völlig in der Rolle, bis hinter ihm ein tiefes, langes Grunzen erklingt – so tief, dass es durchs Tal rollt wie ferner Donner.

Max fährt herum. »Was genau soll das darstellen?« Old Martens Stimme ist ruhig, aber schneidend. Die Herde hat innegehalten, alle Augen sind auf die Szene gerichtet. Max senkt den Kopf, auch das gesunde Ohr wirkt nun wie hängend. »Ich ... ähm ... sorry, Boss ...«, murmelt er.

Harry tritt einen Schritt vor. Er hat sich schnell gefasst – schließlich ist es Arthur, sein Boss, der dort unten in Lebensgefahr schwebt. Und er will dazu stehen. »Entschuldigung, Boss. Ich wusste nicht, wie ich Sie rufen darf. Aber ich habe Arthur gesehen. Er ist schwer verletzt. Ich möchte ihm helfen.«

Die Worte kommen ruhig, fast sachlich. Kein Zittern. Max hingegen ist wie versteinert, ertappt und sprachlos.

Old Marten dreht den Kopf, blickt hinüber zum Fluss. Hinter den Akazien erkennt er die Gestalt, die sich mühsam von Baum zu Baum schleppt, immer wieder innehält, bevor sie weiterzieht. Er erkennt Arthur. Den Rivalen. Jenen, der ihn einst herausgefordert hatte. Ein starker Kämpfer. Ein fairer Verlierer. Kein Hass, kein Groll. Arthur hatte den Kampf verloren – und war gegangen.

Old Marten weiß, dass er jetzt handeln muss. Die Herde erwartet das. Doch wie? Unten am Fluss lauern die Krokodile – viele, zu viele. Vier Kälber hatten sie zuletzt geholt. Wenn sie einmal zupacken, gibt es kaum ein Entkommen. Selbst Löwen fallen ihnen zum Opfer. Deshalb führt er die Herde seit Wochen zu einer flachen Stelle weiter flussaufwärts.

Er wird Gunni brauchen, deren Blick für das Ganze ihm oft weitergeholfen hat, und Ansgar, der nicht nur mutig ist, sondern entschlossen, wenn es ernst wird.

Old Marten dreht sich zum Gehen, bleibt dann aber noch einmal stehen. »Jungs, das habt ihr gut gemacht. Eine starke Wächterleistung.« Dann, mit einem angedeuteten Schmunzeln: »Aber die Theaternummer lassen wir bitte – wir sind ja keine Affen.« Er gibt Max einen Klaps.

Und dann geht er. Bedächtig, ruhig, die Herde macht ihm Platz. Ein Spalier entsteht, wie von selbst. Und Old Marten schreitet hindurch – hinab zum Fluss, direkt vor die Krokodile.

Harry und Max halten die Luft an.

Mut zur Lücke

Die kleinen Wellen auf dem Sanyati glänzen im Abendlicht. Der Fluss ist Lebensader und Treffpunkt – ohne Wasser kein Leben. Old Marten geht weiter, Schritt für Schritt, seine Hufe hinterlassen Spuren im Sand.

Weit entfernt, an einer Flussbiegung mit flachem Wasser, trinken Gnus und Zebras. Dort, wo Sandbänke den Strom hemmen und Krokodile schwerfällig im Schlamm versinken, ist es sicherer. Die Tiere wissen das – ein Flüstern ging durch alle Herden: Diese Stelle ist trinkbar.

Aber hundertprozentige Sicherheit gibt es nie. Im hohen Schilf lauert, was nicht schwimmen kann: Leoparden, Löwen. Geduldig, hungrig. Old Marten kennt die Gefahr – und er kennt die Krokodile. Er sieht sie daliegen, scheinbar teilnahmslos, doch jeder Muskel bereit zum Zupacken. Sie töten lautlos, ziehen ihre Beute unter Wasser und lassen sie nicht mehr los. Er hat es gesehen. Zu oft. Auch seine Mutter, damals vor langer Zeit.

Noch zwanzig Meter bis zum Ufer. Eine Gruppe Erdmännchen kreischt auf, huscht quer über den Weg. Sie sind nicht in Gefahr – zu klein, zu leicht, uninteressant für die Krokodile. Aber sie sehen, was kommt.

Zehn Meter. Old Marten riecht den Fluss – feuchtes Holz, Erde, Schilf. Manchmal riecht er auch Blut. Fünf Meter. Die Wasseroberfläche flimmert und auf ihr die Krokodilaugen, reglos. Dann, endlich, sieht Old Marten ihn: Arthur. Der Körper lehnt an einer Akazie, der Kopf hängt tief. Ein klaffender Riss zieht sich über die Hinterhand, die Muskeln offen, das Fleisch wund. Er blutet stark.

Old Marten ruft. Keine Reaktion. Noch einmal. Und wieder. Arthur bewegt sich nicht. Zu erschöpft, zu benommen, zu nah am Rand. Ein Pfiff reißt ihn zurück. Zwei jüngere Krokodile, kaum fünf Meter entfernt, gleiten heran. Old Marten stampft, hart, mit voller Wucht. Eine Wolke Sand. Die Biester zögern. Nicht klug, aber gefährlich.

Er ruft nach seinen Askaris, kann sich nicht umdrehen, darf die Angreifer nicht aus den Augen lassen. Ansgar ist bereits da, Billyboy auch. Der Plan ist klar. Ansgar stark wie immer. Billyboy ruhig, gehorsam, aber voller Angst. Man riecht es. Die Krokodile riechen es auch. Ein zweiter Pfiff. Vier weitere Tiere sind nähergekommen, kaum bemerkt. Jetzt ist keine Zeit mehr.

Old Marten nickt. Ansgar prescht vor, schlägt mit aller Kraft in den Boden, dort, wo die Krokodile aufgetaucht sind. Der Boden bebt. Die Tiere zucken zurück. Knapp. Aber es reicht. Billyboy ist zu unerfahren. Old Marten braucht einen anderen. Er ruft Kim, alt, verlässlich, kampferprobt. Gunni erkennt die Lage sofort. Mit knappen Rufen holt sie einige junge Tiere an ihre Seite, postiert sie am Ufer – scheinbar suchend, scheinbar trinkend. Liese ist unter ihnen. Die Gruppe bewegt sich flussabwärts. Langsam. Schritt für Schritt. Die Krokodile beobachten. Dann folgen sie.

Old Marten zieht sich mit den Askaris zurück. Zentimeter für Zentimeter. Die Aufmerksamkeit der Krokodile richtet sich neu aus – genau wie geplant. Doch die Zeit wird knapp. Die Schatten wachsen, das Licht schwindet. Nach Sonnenuntergang bleiben fünfzehn Minuten bis zur Dunkelheit. Ohne Mond wird es Stunden dauern, bis wieder Sicht herrscht. Die Sonne wirft flache Strahlen durch die Schirmakazien, spiegelt sich auf dem Wasser. Zwei Flusspferde stampfen lärmend ans Ufer, bereit, zur nächtlichen Weide aufzubrechen.

Ansgar und Kim stehen nebeneinander, bereit. Ihre Schultern berühren sich, ihre Blicke liegen auf dem Boss. Old Marten gibt das Zeichen – ein kaum merkliches Nicken. Dann springen sie los. Das Wasser ist tiefer als erwartet. Sie müssen schwimmen, doch die Strömung trägt sie, und keine Krokodile kreuzen ihren Weg. Noch nicht.

Jenseits des Flusses betreten sie fremdes Gebiet. Territorien sind heilig, und wer sie verletzt, riskiert viel. Aber in Notfällen zählt anderes – und Arthur ist in Not. Wie er hierherkam, bleibt offen. Vielleicht wurde er durch den Angriff getrennt, vielleicht gejagt, vielleicht hat er sich schwer verletzt ins Wasser geschleppt und ist, irgendwie, ans andere Ufer gelangt.

Jetzt steht er da, kraftlos, die Beine wie aus Holz, den Kopf tief, den Körper gegen den Stamm gelehnt. Liegen kann er nicht – sein Bein würde versagen, er käme nicht mehr hoch. Ein knarrender Ast unter Ansgars Huf lässt Arthur aufschrecken. Ein Zucken, ein Heben des Kopfes, ein flüchtiger Blick – dann erkennt er die beiden. Ansgar. Und Kim, seinen Altersgefährten. Ein leiser Gruß.

Die beiden grüßen zurück, erleichtert, dass noch Leben in ihm ist. Sie erklären schnell: Old Marten hat sie geschickt. Sie sind gekommen, um ihn zu holen. Aber es muss schnell gehen – das Heulen der Hyänen ist schon zu hören. Der Ton ist hell, klagend, wie ein Versprechen.

Arthur versucht Haltung zu bewahren. Keine Schwäche zu zeigen. Aber Kim sieht es. Jeder Schritt schmerzt. Der Körper zittert. Langsam, vorsichtig, wie durch Wasser, bewegen sie sich zum Ufer. Kim rechts, Ansgar links. Krokodile sind keine zu sehen – nicht hier. Noch ist es hell. Noch. Ob Arthur die Rückkehr schafft? Ob die Kraft reicht? Hoch oben, am Rand der Ebene, halten die Wächter der Herde Wache. Die Augen schmal, der Blick wach. Sie wissen, was auf dem Spiel steht.

Die Rückkehr

Kleine Blättchen tanzen im Wasser. Mopanesamen, nierenförmig, treiben ziellos am Uferrand, bis sie sich an passender Stelle festsetzen, aufquellen und zu kleinen, herzförmigen

Bäumchen werden – der Anfang eines langen Lebens. Arthur sieht sie an seinen Hufen vorbeischwimmen.

Er erinnert sich an damals, als er Old Marten herausforderte – und verlor. Marten hatte ihn nicht verletzt, nur besiegt. Arthur zog sich zurück und ging ihm seitdem aus dem Weg. Jetzt steht Old Marten ruhig und unbewegt am Ufer, beobachtet. Arthur taumelt durch den Fluss, flankiert von Ansgar und Kim. Die Strömung reißt an ihm, doch Kim drückt ihn immer wieder behutsam in Position. Das kalte Wasser kühlt die offene Wunde und betäubt wenigstens einen Teil des Schmerzes.

Billyboy steht neben dem Boss, spürt dessen Ruhe, Kraft und Souveränität. Er ist stolz: auf Old Marten, auf Gunni und auf den gelungenen Plan. Die jungen Hartebeester ziehen flussabwärts; die Krokodile folgen ihnen langsam. Gunni bleibt wachsam, zählt ihre Tiere, bleibt stehen, kontrolliert.

Arthur kämpft um jeden Atemzug. Ansgar beobachtet ihn genau, korrigiert seine Haltung mit einem gezielten Stoß am Hals, wenn er Gefahr läuft, mit der Schnauze unterzutauchen. Hinter ihnen färbt sich das Wasser blutrot. Ansgar sieht es – und denkt an die Krokodile.

Dann durchschneidet ein heiserer Ruf die Luft. Noch einer. Hyänen. Sie sind auf der Spur. Arthurs Blut hat eine Fährte gelegt. Die Hyänen sammeln sich, bereiten sich vor. Sie greifen nie allein an, sondern immer im Rudel.

Arthurs Hufe berühren endlich den sandigen Grund. Der Boden gibt leicht nach, kleine Steine rutschen davon. Er zwingt sich, weiterzugehen. Ein Pärchen Nilgänse fliegt kreischend auf, aufgeschreckt von der Bewegung. Am Uferrand treiben weitere Mopaneblätter, angespült, wartend, als ob sie Zeugen wären.

Arthur schleppt sich voran, das verletzte Bein schleift hinterher. Doch er geht. Noch. Die Kälte hat geholfen, sie hat die Wunde gereinigt und den Schmerz gedämpft. Es wird lange dauern, bis der Muskel heilt.

Old Marten steht reglos da wie ein Denkmal. Billyboy weicht nicht von seiner Seite. Gunni ist zurückgekehrt, auch die Wächter formieren sich. Arthur nähert sich langsam. Das Heulen der Hyänen schwillt erneut an. Doch die Herde steht bereit. Ihre Formation ist kompakt, ihre Hufe sind gefährlich. Die Hyänen wissen, dass ein Angriff aussichtslos wäre.

Arthur senkt den Kopf, lässt die Ohren fallen. Er beginnt zu kauen – das Zeichen bedingungsloser Unterwerfung. Marten erwidert ruhig den Gruß, ohne große Geste. Dann weist er Ansgar und Kim an, Arthur zu einem sicheren Ruheplatz zu bringen. Morgen soll man ihn zu seiner eigenen Herde begleiten.

Die Sonne ist längst untergegangen. Die Nacht breitet sich aus. Die Herde bildet einen schützenden Kreis um Arthur. Gunni organisiert einen Platz in der Mitte, lässt ein junges Muttertier mit Kalb weichen. Arthur gleitet vorsichtig in das bereitgestellte Nest. Die Tiere legen sich um ihn. In der Mitte ist es am sichersten.

Aus der Ferne hallt das Kichern der Hyänen herüber. Sie sind noch auf Spurensuche, doch sie kommen zu spät. Die Blutspur endet am Wasser. Der Sanyati hat sie ausgelöscht. Glück gehabt.

Unter Menschen – klar führen ohne Drama

Falls Sie die Hartebeester-Geschichte von Victoria nicht mehr präsent haben oder direkt mit diesem Kapitel einsteigen: Hier finden Sie die wichtigsten Charaktere noch einmal kurz vorgestellt. Es genügt, die Rollen grob im Blick zu behalten – der Bezug zu den Führungsprinzipien wird sich im Laufe des Kapitels von selbst erschließen.

HARRY ist ein junger Wächterbulle, etwa vier Jahre alt, der in einer Krisensituation nicht zögert, Verantwortung zu übernehmen. Ruhig und entschlossen führt er Liese und schließlich sich selbst in eine neue Herde – und zeigt dabei eindrucksvoll, was situative Führung leisten kann.

LIESE, ein junges Weibchen, gerät gemeinsam mit Harry in die Ausnahmesituation. Sie ist anpassungsfähig und lernbereit, bringt Respekt gegenüber bestehenden Strukturen mit und steht damit beispielhaft für Integration und die Kunst, sich in neue Systeme einzufügen.

OLD MARTEN, der Alphabulle der neuen Herde, führt mit einer Mischung aus Souveränität, Erfahrung und stiller Präsenz. Er gibt Orientierung, schützt die Gemeinschaft und lebt Führung als verlässliches Vorbild – ganz im Sinne des *Leuchtturmprinzips*.

ANSGAR, einer der führenden Wächter und Ausbilder der jungen Bullen, agiert strukturiert und besonnen. In ihm spiegeln sich Verlässlichkeit, Rollenklarheit und das Prinzip, Verantwortung für andere bewusst zu übernehmen.

GUNNI, eine ältere und erfahrene Leitkuh, nimmt Liese unter ihre Fittiche. Mit viel Gespür für soziale Dynamiken begleitet sie die Integration neuer Mitglieder. Sie verkörpert, wie wertvoll Mentoring und emotionale Intelligenz im Führungsgeschehen sind.

MAX, ein Wächterbulle und enger Freund von Harry, besticht durch Loyalität, Witz und kreative Problemlösungen. Er erinnert daran, wie wichtig Vertrauen und Zusammenarbeit im Führungsalltag sein können – und dass ein wenig Humor auch in ernsten Situationen oft hilfreich ist.

ARTHUR schließlich, einst Boss von Harrys alter Herde, kehrt schwer verletzt zurück. In seiner Figur zeigt sich, wie Resilienz, Würde und gelebte Loyalität weit über Status und formale Position hinaus wirken.

Bevor wir den Versuch starten, tierische Führungsmuster auf den Menschen zu übertragen, ein kurzer Hinweis: Nicht alles passt. Tiere handeln instinktiv. Menschen denken – meistens.

Führen lässt sich erlernen

Mit Glück im Sinne von nacktem Überleben hat Menschenführung weniger zu tun. Und Blutspuren im Flusswasser bleiben im Arbeitsalltag meist aus. Wer auf Drama gehofft hat, darf enttäuscht sein – oder erleichtert.

Dennoch geht es auch unter Menschen in der Führung oft ums Ganze: um die Zukunft eines Unternehmens, die Richtung eines Teams oder den einen Mitarbeitenden, der sich gerade fragt, ob er hier noch richtig ist. Führung heißt Verantwortung – immer. Die Arthurs, Gunnis und Old Martens gibt es auch unter uns. Sie entscheiden. Sie handeln. Auch wer nicht offiziell führt, ist oft Teil des Spiels.

Was also unterscheidet uns von den Tieren? Machen wir es uns nur komplizierter – oder ist Führung bei Menschen wirklich ein anderes Kaliber? Vielleicht. Vielleicht nicht. Das Tierreich zeigt: Führung ist klar, effizient und ohne Umwege. Kein PowerPoint, keine Workshops. Stattdessen: beobachten, entscheiden, handeln.

Kurz gesagt: Das Tierreich führt – und wie. Es offenbart uns ein faszinierend durchdachtes System, das wir oft übersehen – und aus dem wir doch so viel lernen könnten.

Instinktiv vs. Kognitiv

- Tiere führen instinktiv – durch angeborene Muster, erlerntes Verhalten, Dominanz, Stärke, Erfahrung.
- Menschen führen bewusst – oder sollten es zumindest. Idealerweise mit sozialer, fachlicher, emotionaler und intellektueller Kompetenz, manchmal aber auch einfach nur, weil sie »jemanden kennen«.

Hierarchie vs. Flexibilität

- Tiere leben entweder als Einzelgänger oder in streng organisierten Gemeinschaften wie Herden, Rudeln oder nach klaren Hackordnungen.
- Wir Menschen bewegen uns zunehmend in flexiblen Strukturen: Matrixorganisationen, cross-funktionalen Teams, Netzwerklogik statt Befehlskette. Macht wird geteilt, nicht mehr nur ausgeübt.

Kommunikation: Tiere täuschen selten – wir Menschen dafür umso öfter

Tiere kommunizieren nicht nur nonverbal über Körpersprache, Gerüche und Berührungen, sondern nutzen auch Laute, Rufe und Geräusche. Kommunikation ist oft eine Frage des Überlebens: Sie entscheidet über Flucht, Verteidigung, Fortpflanzung und soziale Akzeptanz. Kommunikation erfolgt instinktiv, aber nicht primitiv – viele Arten verfügen über ritualisierte Muster, die komplexe soziale Interaktionen regeln.

- Menschen hingegen kommunizieren vorwiegend über Sprache – gesprochen, geschrieben, digital.
- Menschen unterschätzen oft die Bedeutung von nonverbalen Signalen, obwohl sie entscheidend sind für die Glaubwürdigkeit und Beziehungsebene.
- Menschen können gezielt täuschen, lügen, verbergen, manipulieren; Sprache ist ein mächtiges Werkzeug, auch für Unwahrheit.
- Menschen führen, um alles Mögliche zu erreichen: Marktanteile, Veränderung, Effizienz – manchmal auch einfach nur, um vorne zu stehen.

Lernen

- Tiere lernen durch Beobachtung, Misserfolg und Nachahmung.
- Wir Menschen müssen schnell erfassen, adaptieren, entscheiden – Lernen im Dauerlauf.

Und doch ist der vielleicht größte Unterschied, dass schlechte Führung im Tierreich mit dem Tod enden kann. Daher setzen Tiere auf einfache, bewährte, hochwirksame Führungsstrategien – keine Workshops, keine Coachings, aber auch keine Fehlertoleranz.

Spannend ist, wie Herden einem Leittier folgen – oder eben nicht. Genau diese Logik gilt auch für uns Menschen. Ob wir einer Führungskraft folgen, hängt von denselben Faktoren ab wie im Tierreich. Die Erwartungen an einen Hartebeester-Leitbullen unterscheiden sich kaum von jenen, die Mitarbeitende an ihre Vorgesetzten haben: Kompetenz, Verantwortung, Problemlösung, Koordination, Sanktionierung gefährlichen Verhaltens, Entscheidungskraft, Beziehungsfähigkeit.

Nach über 25 Jahren in der Beratung durfte ich viele Führungskräfte kennenlernen. Manche beeindruckten – im besten Sinne. Andere hinterließen einen bleibenden Eindruck – aus anderen Gründen.

Christians Begegnungen: aus der Praxis

Geschichte(n) vom Franz

Franz W. war ein besonderer Fall. Ich wurde hinzugezogen, weil er in der internen Mitarbeiterbefragung im Vergleich zu seinen Kollegen deutlich schlechter abgeschnitten hatte. Vor allem seine Sympathiewerte waren, Zitat: jenseitig.

Franz W. und ich trafen einander zum Vorgespräch und zur Auftragsklärung. Er machte einen grundsätzlich positiven Eindruck. Soweit erst einmal alles in Ordnung.

Im Gespräch stellte sich heraus, dass er sein Team vor sechs Monaten neu übernommen hatte und einen »Sauhaufen« vorfand. Sein Vorgänger hatte seine Führungsfunktion so gut wie gar nicht wahrgenommen und wollte bis zu seiner Pensionierung einfach nur »keine Probleme mehr haben«.

Im Training wurde mir das eigentliche Problem schnell bewusst: Franz W. wurde von seinem Team abgelehnt und bei der Mitarbeiterbefragung aus dem Grund schlecht bewertet, weil er seine Führungsaufgaben wahrnahm, anstatt sie wie sein Vorgänger beiseitezulassen. Er griff Themen auf, die bisher gar keine waren. Das »Probleme«-Spektrum reichte nun von Leistungsorientierung über Delegation bis hin zu Weiterentwicklung und zum konsequenten Einhalten von Regeln.

In der Arbeitsgruppe von Franz W. war es beispielsweise eine gängige Praxis und akzeptiert, den Arbeitstag 30 Minuten vor dem offiziellen Ende entspannt ausklingen zu lassen. Es gab ein unausgesprochenes Abkommen, dass ein Mitarbeiter die Zeiterfassungskarten der anderen Kollegen einsammelte und die Karten zu einem Zeitpunkt durch das Gerät zog und damit das Ende des Arbeitstages dokumentierte, als seine Kollegen schon längst auf dem Heimweg waren. Damit machte Franz W. Schluss, und das kostete ihn natürlich jede Menge Sympathien.

Wenn man einen Sumpf trockenlegen will, darf man nie die Frösche fragen, besagt ein altes Sprichwort. Bemerkenswert an der Situation war für mich, dass intern nicht die Erfüllung von Franz W.s Führungsaufgaben, sondern vielmehr das Nichtherstellen von Sympathien als Problem betrachtet wurde. Hätte er es geschickter machen können? Möglich. Hätte er es wie sein Vorgänger machen sollen? Auf keinen Fall. Führen heißt, wirksam zu werden, oder seine Mitarbeitenden dazu zu bewegen, wirksam zu werden.

Gut in Erinnerung ist mir noch das Acht-Augen-Gespräch, das Franz W. und ich gemeinsam mit dem HR-Chef und dem Vorgesetzten von Franz W. bestritten. Als Franz W. gefragt wurde, wie er sich vorstelle, wie es weitergeht, meinte er trocken in bester Hartebeester-Manier: »Lassen Sie mich einfach meinen Führungsjob machen und unterstützen Sie mich dabei.«

Franz W. ist mittlerweile nicht mehr in diesem Betrieb tätig, weil er nicht mehr existiert. Er wurde später CEO eines namhaften Unternehmens.

Führung ist im Kern ein schlichtes Handwerk. Hat man es einmal verinnerlicht, genügt es, die richtigen Werkzeuge in der jeweiligen Situation verlässlich und mit Sorgfalt anzuwenden. Dann bleiben größere Schwierigkeiten meist aus oder lassen sich gut meistern.

Doch worauf kommt es im Führungsalltag konkret an? Welche Prinzipien machen dieses Handwerk wirksam? Ein Blick auf das Verhalten der Hartebeester zeigt es eindrucksvoll.

Warum Vertrauen?

Führung ohne Vertrauen bleibt wirkungslos. Dabei geht es nicht um wohlmeinende Gemeinschaftsgefühle, sondern um eine klare Führungslogik: Vertrauen reduziert Komplexität.

Ein Beispiel aus dem Alltag: der Frühverkehr. Sie fahren los, ohne darüber nachzudenken, ob der Lkw-Fahrer hinter Ihnen seinen tonnenschweren Koloss auch wirklich beherrscht. Sie gehen davon aus, dass er weiß, was ein Seitenabstand ist – und dass er sich auch daran hält. Sie vertrauen blindlings darauf, dass alle Verkehrsteilnehmenden ihre Fahrzeuge im Griff haben, Verkehrsregeln kennen, Zeichen deuten können und sie befolgen. Dieses Vertrauen macht die Fahrt überhaupt erst möglich. Ohne das wären Sie nicht fahrtüchtig, sondern nervlich überfordert. Jetzt stellen Sie sich vor, Sie nehmen diesen Vertrauensfaktor weg. Der Lkw-Fahrer – womöglich betrunken? Die Fahrerin rechts von Ihnen – interpretiert den Abstand als Aufforderung zum Spurwechsel?

Was spüren Sie? Stress? Anspannung? Fluchtimpuls? Möglicherweise alles Mögliche, doch wahrscheinlich lächeln Sie nicht entspannt.

**Vertrauen hat nur eine Funktion:
Reduktion der Komplexität.**

Ohne Vertrauen wird Führung zur Dauerüberforderung. Auch Sie als Führungskraft müssen darauf vertrauen, dass Ihre Mitarbeitenden ihre Aufgaben nicht nur können, sondern auch erledigen wollen. Wird diese Erwartung enttäuscht, entsteht Unsicherheit – und Unsicherheit frisst Energie.

Im Fall unserer Herde hatte man darauf vertraut, dass der Wächter seinen Job macht. Hat er nicht. Die Konsequenz? Verheerend. Klaus, der Wächterbulle, hat seinen Job nicht erfüllt – und mit dem Leben bezahlt. Vertrauen funktioniert nur, wenn es gerechtfertigt ist und verhält sich zudem umgekehrt proportional zur Anzahl der Überraschungen. Vertrauen ist keine romantische Idee; es ist systemrelevant.

Der Rahmen als Stütze und als Führungsauftrag

Psychologische Sicherheit ist in aller Munde – und das zu Recht. Denn Menschen, die angstfrei denken, sprechen und handeln dürfen, leisten mehr. Sie übernehmen Verantwortung, zeigen Initiative und bringen sich mit all ihrer Erfahrung ein. Doch diese Sicherheit fällt nicht vom Himmel. Sie ist kein Wohlfühlfaktor, sondern das Ergebnis von Führung.

Der Ursprung des Wortes Rahmen liegt im althochdeutschen »ram, rama« und bedeutet wörtlich Stütze. Und genau das ist ein guter Rahmen: Er stützt, statt einzuengen. Er gibt Orientierung, statt zu kontrollieren. Er grenzt nicht aus, sondern ein – im besten Sinne schafft er Verlässlichkeit. Wer weiß, wo die Linie verläuft, kann innerhalb dieser Linie wirksam werden.

Als Führungskraft obliegt es Ihnen, diesen Rahmen bewusst zu setzen und konsequent für seine Einhaltung zu sorgen. Nicht autoritär, sondern klar. Nicht rigide, sondern stabil. Denn ein Rahmen, der nicht eingehalten wird, verliert seine Bedeutung, und eine Stütze, die nicht trägt, ist keine.

Psychologische Sicherheit braucht genau das: einen Rahmen, der Halt gibt. Nur dort, wo Grenzen verlässlich sind, entsteht Vertrauen, und nur dort, wo Vertrauen wächst, entsteht Leistung.

Führen ohne Kontrolle? Ein Mythos der Sozialromantiker.

Vertrauen ist gut – und baut sich über Kontrolle und Zeit auf. Nicht andersherum. Der oft zitierte Satz »Vertrauen ist gut, Kontrolle ist besser« wird gerne als Symbol eines misstrauischen Führungsstils gedeutet. Doch das ist ein Missverständnis. Kontrolle ist nicht das Gegenteil von Vertrauen. Sie ist dessen Grundlage.

Führung ohne Kontrolle ist ein Mythos – und ein gefährlicher obendrein. Denn wer führt, muss wissen, wo die Mannschaft steht, wie die Dinge laufen und wo nachgeschärft werden muss. Kontrolle ist nicht Gängelung. Sie ist kein Ausdruck von Misstrauen und schon gar kein Instrument autoritärer Überheblichkeit. Kontrolle bedeutet, gemeinsam den Status quo erheben. Wo stehen wir? Was funktioniert gut? Wo müssen wir eingreifen, beschleunigen, klarer werden?

Gute Kontrolle erfüllt drei zentrale Funktionen:

- Eine *Bewertungsfunktion*. Sie schafft Überblick über Fortschritt und Qualität.

- Eine *Beurteilungsfunktion.* Sie macht sichtbar, was gemacht wurde – und was nicht.
- Eine *motivationale Funktion.* Sie gibt Rückmeldung, Anerkennung und Orientierung.

Führung bedeutet nicht, ständig hinterher zu sein. Wer laufend kontrollieren muss, hat nicht zu viel Kontrolle, sondern zu wenig Struktur. Ziel ist es, Systeme und Menschen so aufzustellen, dass Kontrolle punktuell, gezielt und wirksam erfolgen kann – ohne Dauerüberwachung.

Kontrolle ist eine Form von Fürsorge. Eine, die Halt gibt. Eine, die sichtbar macht, worauf man sich verlassen kann – und woran noch gearbeitet werden muss. Sie schafft Verbindlichkeit, Klarheit, Entwicklung.

Denn wo Kontrolle ausbleibt, verflüchtigt sich auch das Vertrauen. Nicht aus bösem Willen, sondern aus Orientierungslosigkeit. Wer führen will, muss kontrollieren können – mit Haltung, Augenmaß und echtem Interesse an der Sache *und* der Person.

Das Leittier ist exakt so lange Leittier, solange es einen Mehrwert für die Herde erbringt.

Zwischen Führen und Geführtwerden gibt es nichts – keinen neutralen Raum, keine Grauzone, kein »Wir sind hier alle auf Augenhöhe«. Führung passiert – immer. Entweder Sie führen oder jemand anderer übernimmt. Bewusst oder unbewusst. Stark oder schwach. Direkt oder subtil. Aber eines ist sicher: Es wird geführt.

Führung ist nicht ableitbar – nicht aus dem Organigramm, nicht aus der Beziehung, nicht aus der Lautstärke. Auch nicht aus dem Status. Führung zeigt sich nicht im Titel, sondern in der Wirkung.

Ein Beispiel? Beobachten Sie Eltern mit verhaltenskreativen Kindern, die so lange quengeln, bis das Eis doch gekauft wird, obwohl es davor ein klares Nein gab.

Oder Hundebesitzer, die von ihrem Vierbeiner an der Leine durch den Park gezogen werden, hechelnd hinterher, während der Hund den Weg bestimmt.

Oder Führungskräfte, die in Teambesprechungen regelmäßig an den passiv-aggressiven Widerständen ihrer Mitarbeitenden scheitern – und später nach oben hin erklären, warum das Projekt leider nicht »in time« abgeschlossen werden konnte. Wer führt in solchen Momenten wirklich? Die Frage ist unbequem, aber notwendig. Führung ist kein Gefühl und kein Etikett. Sie ist eine Entscheidung. Eine Verantwortung. Und ein Verhalten. Wer führt, übernimmt. Wer nicht übernimmt, wird übernommen – von Meinungen, Stimmungen, Widerständen oder dem Lautesten im Raum. In der Praxis gilt: Wenn niemand führt, dann führt irgendwer, und das ist selten gut.

Bei den Hartebeestern ist das ganz klar geregelt: Das Leittier ist exakt so lange Leittier, wie es der Herde nützt – nicht länger. In der Arbeitswelt hört man hingegen oft: »Der sitzt doch ohnehin nur den ganzen Tag herum und macht sich wichtig bei Themen, von denen er keine Ahnung hat …« Das ist keine Lästerei – das ist ein Alarmsignal. Denn genau hier zerfällt Vertrauen.

**Ohne Beziehung kein Einfluss.
Ohne Kontakt kein Vertrauen.**

Vielleicht fragen Sie sich nun, wie man Vertrauen aktiv aufbauen kann. Gute Nachricht: Das geht einfacher, als viele glauben. Die Kontakt-Sympathie-Regel besagt, dass Sympathie mit der Anzahl der Begegnungen steigt. Führung lebt von Beziehungsqualität und Kontaktfrequenz. Vertrauen entsteht durch Nähe, nicht durch Führungsleitbilder. In der Praxis heißt das: Gehen Sie aktiv auf Ihre Leute zu. Fördern Sie Begegnung, wo immer es geht. Zeigen Sie Präsenz – auch wenn der Terminkalender schreit. Denn wer sichtbar ist, wird greifbar, und wer greifbar ist, kann führen.

Verantwortung übernehmen

Als Liese und Harry plötzlich von der Herde getrennt werden, geschieht etwas Entscheidendes: Harry übernimmt. Nicht aus Kalkül. Nicht, weil er befördert wurde, sondern weil klar ist: Ohne Führung läuft nichts. Das ist keine Tierdokumentation – das ist eine universelle Führungslogik. Gerade in der Krise zeigt sich, wer Verantwortung übernimmt – und wer sich wegduckt.

Führung erfüllt mehrere Funktionen – im Tierreich wie im Unternehmen:

- *Strukturierend:* Wer gibt die Richtung vor?
- *Integrierend:* Wer hält die Gruppe zusammen?
- *Identitätsstiftend:* Wofür stehen wir?

- *Disruptiv bzw. veränderungsbereit:* Wer geht voran, wenn Neues ansteht?

In genau diesem Moment wächst Harry in eine Führungsrolle hinein. Er entscheidet. Er priorisiert. Er trägt. Er zieht Liese mit, auch wenn der Weg riskant ist.

Somit wird Harry gleichzeitig auch verantwortlich für:

- die *Zielerreichung.* In Harry und Lieses Fall also eine neue Herde und ein sicheres Umfeld.
- *Zufriedenheit und Klima.* Wie geht es Liese? Kann sie Schritt halten?
- die *Einhaltung von Normen und Regeln.* Wenn Harry beschließt, den gefährlichen Weg zur neuen Herde zu bestreiten, darf es keinen Zweifel geben, ob Liese ihm folgt.
- das *Initiieren und Umsetzen von Veränderungen.* Harry beschloss, sich einer neuen Herde anzuschließen – ein echtes Change-Projekt im afrikanischen Busch.
- die *Festlegung von Prioritäten und des Ressourceneinsatzes.* Harry musste Prioritäten setzen und entscheiden, welche Aufgaben zuerst angegangen werden müssen, welche zurückgestellt werden können und wie die verfügbaren Ressourcen optimal eingesetzt werden sollen.

Er führt, weil es notwendig ist – nicht aus Bequemlichkeit. Die Situation verlangt nach Führung, also führt er. Er entscheidet sich bewusst dafür, Verantwortung zu übernehmen – für sich, für Liese, für das gemeinsame Überleben. Und ja: Das kostet Kraft. Mehr Aufwand, mehr mentale Präsenz, mehr Entscheidungslast.

Aber genau das ist der Deal. Führung bedeutet Aufwand, und nicht umsonst steckt im Wort Führungskraft das Wort Kraft. Nicht Führungsglück, nicht Führungsgefühl, sondern *Kraft*. Auch im Unternehmensalltag zeigt sich immer wieder: Die Funktion von Führung wird nicht erfüllt, Verantwortung wird ausgesessen, und alle hoffen insgeheim auf glückliche Zufälle. Doch was wäre passiert, wenn auch Harry gezögert hätte? Wenn er auf eine bessere Gelegenheit gewartet hätte oder auf jemanden, der es »vielleicht besser kann«? Im besten Fall hätte der Zufall Regie geführt und die beiden wären irgendwie davongekommen. Aber ganz ehrlich: Darauf sollte keine Führung setzen. Führung ist kein Glücksspiel – Führung ist Entscheidung. Und Verantwortung.

Schutz der Gruppenmitglieder

Nachdem die unmittelbare Gefahr vorüber war, tat die Herde etwas Entscheidendes: Sie vertraute Harry und Liese die sichere Mitte an – jenen geschützten Bereich, in dem man am besten zur Ruhe kommen kann.

Die Herde schützt alle Mitglieder – ausnahmslos.

Dort, wo Verletzlichkeit erlaubt ist. Wo Erholung möglich wird. Und wo neue Kräfte gesammelt werden dürfen, ohne sich verteidigen zu müssen. Der Rand ist gefährlich, denn dort wird zuerst angegriffen. Die Mitte schützt. Erst dort können sich die beiden erholen, Sicherheit spüren und neue Energie gewinnen.

Was bedeutet das für Ihre Rolle als Führungskraft? Ganz einfach: Nicht alle Mitarbeitenden sind jederzeit gleich belastbar. Nicht alle sind dauerhaft stark, schnell, motiviert. Manchmal sind da private Themen, gesundheitliche Einschränkungen, ein schlapper Tag oder einfach eine Phase im Leben, in der man Schutz statt Druck benötigt. In solchen Momenten brauchen Menschen ein Stück mehr Mitte. Ein bisschen weniger »Außenposten«, ein bisschen mehr Rückendeckung. Ihre Aufgabe als Führungskraft ist es, genau das zu erkennen und Raum dafür zu schaffen. Denn: Die Herde schützt alle Mitglieder – ausnahmslos. Das hat nichts mit Fürsorglichkeit zu tun, sondern mit Verantwortung.

Im Arbeitsalltag erleben wir oft das Gegenteil: Menschen, die gerade schwächer sind, werden nicht in die Mitte geholt, sondern nach außen gedrängt. Sie verlieren Anschluss, werden übersehen – oder zur Zielscheibe gemacht. Mobbing-Zahlen steigen. Burn-out ist keine Randerscheinung mehr, sondern fester Bestandteil vieler Jahresberichte.

Die Hartebeest-Herde geht anders vor: Sie beobachtet fein. Sie registriert, wer momentan den Rand aushält – und wer gerade Rückhalt braucht. Sie verschiebt die Ordnung, wenn es notwendig ist; nicht willkürlich, sondern mit klarem Blick auf das Wohl der gesamten Gruppe. Genau dieses Verhalten ermöglicht das Überleben von vielen.

Fragen Sie sich als Führungskraft: Welches Teammitglied benötigt gerade besonderen Schutz? Wer hat die Kraft, am Rand zu stehen, und wer eben nicht? Und vor allem: Ist Ihr Team überhaupt bereit, in der Mitte Platz zu machen, wenn jemand diesen Raum gerade dringend benötigt?

Denn eines ist klar: Führung zeigt sich nicht dann, wenn alles rund läuft, sondern erst dann, wenn jemand Schutz braucht. Und echte Führung erkennt man daran, wo sie steht, wenn jemand schwach wird.

Christians Begegnungen: aus der Praxis

Ich kenn halt meine Pappenheimer

Es war an einem kalten Novembertag, als wir den Auftrag erhielten, uns um die galoppierenden Fehlzeiten eines deutschen Unternehmens zu kümmern. Der Geschäftsführer, Anfang 40, sportliche Erscheinung, klar in der Ansage, eröffnete das Gespräch mit einem Ziel: Im kommenden Jahr müssten die Fehlzeiten und Krankenstände deutlich sinken. Vor allem die »Blaumacher« seien ihm ein Dorn im Auge. Er kenne seine Mitarbeiter genau und wisse, wer wirklich krank und wer ein Drückeberger sei.

Auf meine Frage, wie er das denn feststelle, antwortete er mit einem beiläufigen: »Ich kenn halt meine Pappenheimer«. Diese Antwort ließ mich aufhorchen. Ich hakte nach – ehrlich interessiert –, wie er zwischen einem tatsächlichen Krankheitsfall und einem vermeintlichen Drückeberger unterscheidet. Ich fragte ihn also, ob ihm bekannt sei, dass Krankenstände und Arbeitszufriedenheit stets kommunizierende Gefäße sind und sich wechselseitig beeinflussen. Und ob er sich selbst schon einmal gefragt habe, was er als Führungskraft konkret beiträgt, um die Arbeitszufriedenheit im Unternehmen zu steigern.

Den Fehlzeitenschulungsauftrag in diesem Unternehmen haben wir nicht bekommen. Ich erfuhr allerdings später, dass das Unternehmen rund 15 % des gesamten Personals abgebaut hatte. Dazu kamen mehrere verlorene Prozesse vor dem Bundesarbeitsgericht – mit Folgekosten im sechsstelligen Bereich.

Wer führen will, muss sich im Spiegel ertragen können.

Auch das ist Führung, oder vielmehr: das Ergebnis eines bestimmten Führungsverhaltens.

Denn Führung ist der eleganteste und präziseste Spiegel der Welt. Was Sie in ihm sehen, ist mehr als ein Gesicht. Es ist Ihre Wirkung, Ihre Haltung, Ihre Verantwortung. Derjenige, der Ihnen da entgegenschaut, ist verantwortlich – für Leistung, für Stimmung, für Fehlverhalten. Und ja, auch für Arbeitszufriedenheit und Krankenstände. Führung wirkt immer – und sie wirkt sichtbar. Der Blick in diesen Spiegel ist nicht immer angenehm. Manchmal tut er weh. Vielleicht ist das der Grund, warum ihn so wenige wirklich nutzen.

Die Sache mit dem Respekt

Die neuen Herdentiere halten den Kopf gesenkt. Kein Zufall, sondern ein klares Zeichen: Respekt. Doch braucht es in einem modernen Führungsverständnis so etwas wie Respekt noch oder ist das völlig aus der Zeit gefallen? Klingt es nicht nach Unterordnung, Demut oder Ja-Sagen?

Schauen wir uns das Wort kurz an: Respekt stammt aus dem lateinischen »re« (»zurück« oder »wieder«) und »spectare« (»sehen« oder »blicken«). Im Ursprung bedeutete »respectus« so viel wie Rücksichtnahme oder Berücksichtigung, also wieder hinschauen, jemandem Aufmerksamkeit schenken, jemanden würdigen. Im Deutschen hat sich daraus die Bedeutung von Achtung, Ehrfurcht und Wertschätzung entwickelt, also eine bewusste Haltung gegenüber jemandem oder etwas.

Harry und Liese begegnen der neuen Herde genau mit dieser Haltung. Sie zeigen Respekt – gegenüber den bestehenden Strukturen, der Hierarchie, den ungeschriebenen Regeln. Sie machen sich klein, um nicht bedrohlich zu wirken. Sie beobachten, statt zu dominieren, und genau das öffnet ihnen die Tür: Erst durch dieses Verhalten werden sie Teil der neuen Gemeinschaft.

Respekt zu zeigen, ist eine besondere Form der Wertschätzung.

Es bedeutet: Ich sehe dich. Ich nehme Rücksicht. Ich erkenne deine Grenzen an. Und ich handle entsprechend. Respekt ist kein devotes Duckmäusertum – im Gegenteil: Es ist eine auf Anerkennung beruhende, klare innere Haltung. Sie zeigt sich in Toleranz, Höflichkeit, Ehrlichkeit und im Einhalten sozialer Regeln.

Wenn der Generation-Z-Praktikant im Bewerbungsgespräch ohne jede Form von Neugier für die Kultur des Unternehmens auftaucht, den Personalchef gleich duzt und sich null Gedanken über sein Auftreten macht, dann mag das in der Welt sozialer Medien wie etwa TikTok mutig wirken – in Wahrheit ist es einfach respektlos. Nicht modern, nicht progressiv, sondern unreif.

Im Tierreich ist das Zeigen von Respekt und die Einhaltung von sozialen Regeln die Lebensversicherung schlechthin. Wer sich nicht an die Regeln hält, wer sich falsch positioniert, wer Grenzen missachtet, wird nicht integriert, sondern ausgeschlossen. Wenn Harry und Liese sich unbedacht und übergriffig verhalten hätten, wären sie niemals Teil der neuen Herde geworden. Keine Chance.

Und in der Arbeitswelt? Auch hier gilt: Respekt ist nicht verhandelbar. Als Führungskraft sind Sie dafür verantwortlich, dass respektvoll miteinander umgegangen wird – unter Kolleginnen und Kollegen genauso wie in Ihre Richtung. Das bedeutet: Toleranz leben, unterschiedliche Meinungen aushalten, keine Lästereien hinter dem Rücken, klare Kommunikation. Und der konsequente Umgang mit sozialen Grenzverletzungen.

Das Definieren der sozialen Spielregeln – und das Einfordern ihrer Einhaltung – ist keine Aufgabe für »später«. Es ist Führungsaufgabe. Ihre.

Respekt ist der Schlüssel zur friedlichen Koexistenz von vielfältigen Persönlichkeiten, unterschiedlichen Ansichten, Hintergründen und Überzeugungen – und genau die haben Sie in Ihrem Team. Wenn Respekt gelebt wird, entsteht Verständnis. Verständnis erleichtert Zusammenarbeit, und gute Zusammenarbeit schafft Ergebnisse.

Und wann werden *Sie* respektiert? Für mich gibt es fünf wesentliche Bausteine, damit Respekt entstehen und entgegengebracht werden kann. Die Crux daran ist dieselbe wie beim Vertrauen: Man kann Respekt nicht befehlen, nicht kaufen, nicht anordnen. Respekt muss man sich – so wie Old Marten bei den Hartebeestern – erarbeiten, und zwar jeden Tag aufs Neue.

Die fünf Bausteine von Respekt sind Integrität, Ehrlichkeit, Bescheidenheit, Zuverlässigkeit und Konsequenz.

Integrität und Ehrlichkeit sind das Fundament. Menschen respektieren jene, die Haltung zeigen. Die das Richtige tun – auch wenn es unbequem ist. Bescheidenheit wird oft mit Schwäche verwechselt. Dabei ist sie eine stille, kraftvolle Stärke. Ein großes Büro, ein teures Auto oder ein reservierter Parkplatz mögen beeindrucken, aber Respekt erzeugen sie nicht.

Zuverlässigkeit bedeutet, dass man sich auf Sie verlassen kann – nicht nur bei Terminen, sondern in der Haltung. Konsequenz schafft Orientierung. Wer Regeln aufstellt, muss sie auch selbst einhalten. Wer Sanktionen ankündigt, muss sie umsetzen, sonst verpufft jede Führungskraftwirkung.

Und zum Schluss: Der Preis für das Privileg, andere Menschen führen zu dürfen (!), ist die Zurückstellung der eigenen Interessen. Wer führen will, muss verzichten können: auf Prestige, Sonderrechte, den bequemeren Weg. Doch genau das ist es, was am Ende Respekt erzeugt.

Christians Begegnungen: aus der Praxis

Nicht mit dem niederen Volk

Ich flog zu einem Seminar nach Deutschland. Alles gut durchgeplant – auch der Shuttle-Dienst vom Flughafen zum Seminarort, den das Unternehmen organisiert hatte. Im Ausgangsbereich warteten mehrere Taxis mit deutlich sichtbarem Firmenlogo hinter der Windschutzscheibe – gut gemeint, praktisch gedacht.

Leider funktionierte der Shuttle nur mäßig. Es waren einfach zu viele Fahrgäste für die verfügbaren Fahrzeuge. Ich kam mit gut zwei Stunden Verspätung an, und das als jemand, der Pünktlichkeit fast schon religiös lebt. Emotionslos (im Nachhinein) gesagt: Mein Nervenkostüm hatte gelitten.

Am nächsten Tag – dieselbe Strecke, derselbe Fahrer. Und diesmal fragte ich nach: »Was war da gestern eigentlich los?« Der Fahrer schaute kurz in den Rückspiegel und erzählte, dass 30 Plätze angemietet waren, aber ein Fahrgast – ein Vorstand des Unternehmens – den Fahrer rüde darauf hingewiesen hatte, dass er auf gar keinen Fall mit anderen Mitarbeitenden im selben Auto fahre, sondern darauf bestehe, allein und exklusiv transportiert zu werden.

Hier lag also der Hund begraben: Eine prominente Führungskraft wollte sich das Taxi mit sogenannten »Untergebenen« nicht teilen. Nicht einmal für einen zehnminütigen Transfer vom Flughafen zum Seminarhotel.

Führung heißt Triebverzicht. Nicht: Ich zuerst. Nicht: Ich exklusiv. Nicht: Ich bin wichtiger. In meiner militärischen Ausbildung war das eine der ersten Lektionen für junge Offiziersanwärter: Der Kommandant isst zuletzt. Das ist keine Folklore – das ist Haltung.

Auch bei den Hartebeestern frisst sich das Leittier nicht als Erstes satt. Es stellt sich nicht an die Spitze der Futterstelle, während die Herde hinten verhungert. Führung bedeutet Verantwortung, nicht Privilegienpflege.

Wenn Sie sich den Respekt Ihrer Mitarbeitenden verdienen möchten – und nicht bloß darauf hoffen –, dann führt kein Weg an einer Eigenschaft vorbei: Zuverlässigkeit. Sie muss fester Bestandteil Ihres Führungsprofils sein, fast so präsent wie Ihr zweiter Vorname. Zuverlässig sein bedeutet: Sie halten, was Sie sagen. Sie stehen zu Ihren Zusagen – bei Terminen, Regeln, Vereinbarungen. Sie sagen nicht einfach nur »Ich melde mich« – Sie tun es. Und wenn Sie eine Grenze setzen, dann gilt sie – ohne Ausnahme, ohne Schlupflöcher. Menschen respektieren Führungskräfte, auf die sie sich verlassen können – nicht auf die, die sich winden wie ein Aal in der Sauna.

Konsequenz ist ein enger Verwandter der Zuverlässigkeit, aber mit kantigerem Image. Der Begriff sorgt bei manchen für nervöse Zuckungen. Für Sozialromantiker klingt er nach Strenge, Starrheit, Unnachgiebigkeit. Doch in Wahrheit bedeutet Konsequenz etwas völlig anderes: Vorhersehbarkeit, Klarheit, Stabilität. Konsequente Führung schafft Orientierung. Sie vermittelt: Du weißt, woran du bei mir bist, und das schafft Vertrauen – und in der Folge Respekt.

Konsequenz in Ihrem Verhalten ist eine Eigenschaft, die Menschen dazu bringt, Sie als Führungskraft zu respektieren.

Oder anders formuliert: Der schnellste Weg zum Führungskasper ist die Inkonsequenz. Schauen wir auf Old Marten, das Leittier der Hartebeester. Auch er war konsequent. Nicht laut, nicht rabiat, aber klar. Wer Aufgaben übernahm, musste sie erfüllen. Wer Grenzen setzte, musste sie halten. Und wer Verantwortung trug, konnte sich ihr nicht einfach entziehen, wenn es unbequem wurde. Führung beginnt nicht bei der Vision. Sie beginnt bei der Verlässlichkeit – und wird durch Konsequenz sichtbar.

Aus Old Martens Führungsstil lassen sich direkt Konsequenzregeln ableiten – und sie wirken auch im Führungsalltag von Menschen.

Kommunizieren Sie Ihre Erwartungen klar und persönlich. Nicht nur, was die Aufgaben betrifft, sondern auch, was Sie von wem konkret erwarten. Nicht jeder braucht das gleiche Maß an Führung, und nicht jeder hört zwischen den Zeilen gleich gut. Also: keine Floskeln, keine Interpretationsspielräume. Klare Worte, klare Haltung.

Definieren Sie Regeln, aber verlieren Sie sich nicht im Regeldschungel. Weniger ist oft mehr. Sobald Sie eine neue Regel einführen, werfen Sie eine andere Regel raus. So bleibt das Regelwerk übersichtlich und einhaltbar. Selbstverständlich gelten alle Regeln auch für Sie selbst.

Regel kommt vom lateinischen »regula« und bedeutet Maßstab, Richtlinie, Richtschnur. »Regere« heißt nichts anderes als Leiten – nicht verordnen und sich selbst ausnehmen.

Im Deutschen entwickelte sich daraus das Wort Regel, das eine festgelegte Vorschrift oder Norm beschreibt, nach der sich Handlungen oder Prozesse richten sollen. Eine Regel, die nicht immer gilt, ist keine Regel, sondern eine Empfehlung, und Empfehlungen folgen nur diejenigen, die gerade Lust dazu haben.

Wenn Sie konsequent führen wollen, dann gilt: **keine Ausnahme** ohne sehr guten Grund. Denn sonst verlieren Regeln ihre Wirkung und Führung ihre Glaubwürdigkeit.

Setzen Sie konsequent Prioritäten. Sagen Sie, warum. Führung bedeutet Entscheidung. Und Entscheidungen brauchen Klarheit. Sagen Sie, was jetzt wichtig ist – und was warten kann.

Treffen Sie Entscheidungen und erklären Sie sie. Nicht jede Entscheidung muss basisdemokratisch sein. Aber jede Entscheidung braucht ein Warum. Vor allem dann, wenn andere sie mittragen müssen. Nur in echten Krisensituationen, wenn keine Zeit für Dialog bleibt, dürfen Sie darauf verzichten. Aber im Alltag gilt: Wer Entscheidungen nachvollziehen kann, trägt sie eher mit. Wer nicht – wird sich innerlich entkoppeln.

Sprechen Sie Positives konsequent an. Nein, es ist nicht selbstverständlich, dass jemand sich bemüht, engagiert ist und eine außerordentliche Leistung erbringt. Und genau deshalb sollten Sie konsequent anerkennen, wenn es geschieht. Mitarbeitende müssen darauf vertrauen können, dass ihre Leistung gesehen wird.

Sprechen Sie Fehlverhalten konsequent an. Auch – oder gerade – wenn's unbequem ist. Auf jeder Ebene – ohne Ausnahme, ohne Ausreden. Sie gewinnen damit vielleicht nicht den nächsten Beliebtheitspreis, aber dafür Respekt, und der hält länger.

Fordern Sie regelmäßig Rückmeldungen ein. Fragen Sie nach: Was denken Ihre Leute über die aktuelle Situation? Über Ziele, Prozesse und die Zusammenarbeit? Keine Meinung ist keine Option, denn Führung braucht Spiegel, nicht nur Echo.

Verlassen Sie niemals den Pfad der Höflichkeit und Wertschätzung. Egal, wie turbulent es wird; egal, wie angespannt Sie sind; egal, wie groß der Mist ist, der gerade passiert – Wertschätzung ist nicht verhandelbar.

Erkennen Sie Trägheit und Stimmungseinbrüche und reagieren Sie sofort. Demotivation kommt schleichend, nicht mit Ankündigung. Je früher Sie reagieren, desto weniger Schaden entsteht. Warten ist in diesem Fall keine Führung, sondern Ignoranz.

Machen Sie gute Gewohnheiten zur Routine. Wenn etwas gut läuft, verstärken Sie es. Rituale stärken Teams. Und wer gute Gewohnheiten pflegt, braucht weniger Kontrolle. Also: Etablieren Sie Team-Routinen – gemeinsam, bewusst, wiederkehrend.

Bei den Hartebeestern herrscht zu jedem Zeitpunkt Klarheit. Jeder weiß, was zu tun ist, wer welche Aufgabe hat, wer führt und wer folgt, welche Regeln gelten und was passiert, wenn jemand sie missachtet. Klar ist auch, wer welchen Platz in der Herde einnimmt, wer für wen besondere Sorge trägt und wie reagiert wird, wenn es jemandem schlecht geht. Es gibt kein Versteckspiel, keine »hidden agenda« und schon gar keine politisch-strategischen Spielchen. Diese Klarheit durchzieht alles – und genau das macht den Unterschied.

Klarheit ist die Währung von Vertrauen.

Klarheit zahlt direkt auf das Vertrauen zwischen Ihnen und Ihren Mitarbeitenden ein. Sie gehört zu den zentralen Aufgaben von Führung: die Fähigkeit, unmissverständlich und eindeutig zu sagen, was gebraucht wird, um Ziele zu erreichen. Klarheit verhindert Irrwege, reduziert Missverständnisse und macht Sie als Führungskraft berechenbar – in Ihren Entscheidungen, Ihrem Auftreten und Ihrer Wirkung.

Klarheit bedeutet Deutlichkeit, Eindeutigkeit und eine klare Wortwahl – wie sauberes Wasser, das einen Gebirgsbach hinunterfließt. Wenn Sie Klarheit in eine Situation bringen, helfen Sie Ihrem Team, das Wesentliche zu erkennen, Missverständnisse aufzulösen und Entscheidungen zu verstehen. Und das beginnt mit Sprache.

In unserem Sprachgebrauch ist Klarheit stets positiv konnotiert: Klarheit gewinnen, sich Klarheit verschaffen, etwas klären, Klarheit in die Sache bringen, in aller Klarheit etwas sagen, etwas als sonnenklar empfinden. Wenn Sie als Führungskraft in der Kommunikation klar sein wollen, vermeiden Sie Konjunktive und rhetorische Weichspüler. Aussagen wie »Ich würde«, »Sie müssten«, »Wir könnten« verwässern Ihre Botschaft. Auch Wörter wie »eigentlich«, »an und für sich«, »ein wenig« sind sprachliche Rückzieher, die Ihre Aussage relativieren und Ihnen die Führungskraftwirkung rauben. Oder anders gefragt: Können Sie sich Old Marten vorstellen, wie er seine Wächterbullen fragt, ob es vielleicht eine denkbare Möglichkeit wäre, die heutige Aufgabe möglichst gut zu erledigen?

Doch wenn Klarheit so entscheidend ist, warum erleben wir sie dann so selten? Weil es anstrengend ist. Weil es angreifbar macht. Wer Klarheit lebt, stellt sich hin. Wer sich hinstellt, wird sichtbar, und wer sichtbar wird, ist angreifbar.

In politischen Diskussionen erleben wir oft das Gegenteil – da wird taktiert, ausgewichen, verschleiert. Auch in Unternehmen. Wenn Sie als Führungskraft klar sein wollen, dann müssen Sie auch Ihren Auftritt und Ihr Handeln klar gestalten.

Beobachten wir das Verhalten der Leittiere bei den Hartebeestern, wird eines sofort deutlich: Sie sind eindeutig in ihrem Auftreten. Sie geben Orientierung, strahlen Sicherheit aus und übernehmen Verantwortung für die Herde. Daraus lässt sich ein Prinzip ableiten, das auch für Sie als Führungskraft gilt: das (Hartebeester-)*Leuchtturmprinzip*®.

Ein Leuchtturm erfüllt zwei essenzielle Funktionen: Er gibt Orientierung und er schützt. Er zeigt den Weg und warnt vor Gefahren. Die Leittiere bei den Hartebeestern machen genau das, obwohl weder Ansgar noch Old Marten jemals ein Führungstraining absolviert haben – sie leuchten nicht, um sich selbst zu inszenieren, sondern damit andere sich daran orientieren können. Und genau das ist es, was auch Sie als Führungskraft tun sollten: Klarheit schaffen, Orientierung geben, Schutz bieten.

Damit dieses *Leuchtturmprinzip*® nicht abstrakt bleibt, lässt es sich in eine Reihe von konkreten Handlungsfeldern übersetzen. Die folgenden zehn Punkte zeigen, wie Sie dieses Prinzip Schritt für Schritt im Führungsalltag umsetzen können.

1. Position beziehen. Zeigen Sie klar, wofür Sie stehen. Warten Sie nicht, bis jemand fragt. Jeder in Ihrer »Herde« muss wissen, was Ihnen wichtig ist, wofür Sie eintreten und welche Prinzipien Sie vertreten. Leuchttürme drehen sich nicht mit dem Wind – sie stehen stabil, auch wenn es stürmt. So auch

Old Marten, der durch klare Körpersprache und souveränes Auftreten signalisiert: Ich führe, aber ich schütze auch.

2. **Orientierung geben.** Kommunizieren Sie deutlich, wohin es geht. Was sind Ihre Ziele? Was wollen Sie vermeiden? Was ist akzeptabel – und was nicht? Ein Team, das rätselt, was heute gilt, kann keine Hochleistungen erbringen. Führung bedeutet, Kurs zu setzen – immer wieder neu. Denken Sie an die Situation, als Liese und Harry sich der neuen Herde anschließen wollen: Dort gibt es keinen Interpretationsspielraum. Die Regeln sind klar – nur wer sich einfügt, wird aufgenommen.

3. **Präsenz zeigen.** Sie erinnern sich an die Sympathieregel? Präsenz stärkt Vertrauen. Führung passiert nicht aus dem Off. Zeigen Sie sich, hören Sie zu, gehen Sie aktiv auf Ihr Team zu – auch (oder gerade), wenn viel zu tun ist. Nach dem Angriff rückt Old Marten nicht in die zweite Reihe zurück, sondern ist mitten im Geschehen. Er kontrolliert, sichert, beobachtet – und bleibt sichtbar. Führung geschieht dort, wo die Herde ist, nicht abseits. Wenn alle aufgelöst sind, ist er ruhig. Wenn Panik droht, strahlt er Sicherheit aus. Das ist Präsenz, die wirkt.

4. **Rückmeldung geben.** Geben Sie konsequent ehrliches Feedback – nicht nur auf Nachfrage! Old Marten reagiert auf jedes abweichende Verhalten sofort. In der Tierwelt braucht es keine Mitarbeitergespräche – die Rückmeldung kommt durch Verhalten. Nicht aus Strenge, sondern um Klarheit zu bewahren und Irrtümer gar nicht erst entstehen zu lassen. Ein persönlicher Tipp zur Rückmeldung: Wenn es um etwas

Positives geht: Emotionen rein(-legen)! Wenn es um etwas Negatives geht: Emotionen raus(-halten)!

5. Affektkontrolle bewahren. Als Harry und Liese in einer Ausnahmesituation orientierungslos sind, übernimmt Harry die Führung – und bleibt ruhig. Kein Herumrennen, keine Hektik, kein impulsives Drauflosläufen. Er bewertet, überlegt, entscheidet. Genau das ist Affektkontrolle: Die Fähigkeit, in kritischen Momenten klar zu bleiben, statt sich von Emotionen steuern zu lassen.

6. Signale sichtbar machen. Ihre Botschaften müssen ankommen, nicht nur »irgendwo ausgesendet« werden. Old Marten stellt sich auf einen Termitenhügel, wenn er Signale senden will – nicht, weil er sich inszenieren möchte, sondern weil er verstanden werden will. Seine Signale, ob durch Körperhaltung, Bewegungsrichtung oder Blick, sind für alle sichtbar. Führung ohne Sichtbarkeit ist wie ein Leuchtturm ohne Licht.

7. Sich optimal positionieren. Wählen Sie Ihren Platz mit Bedacht. Sie müssen einen Überblick haben und gleichzeitig gut verständlich sein. Ihre Position ist nicht nur eine Frage der Hierarchie, sondern auch der Wirksamkeit. Beim Umzug der Herde positioniert sich Old Marten nie vorne als Einzelkämpfer und nie ganz hinten als Beobachter. Er bleibt in einer Position, die es ihm erlaubt, jederzeit zu intervenieren – mit Überblick und Wirkung.

8. Sichtbarkeit in Krisenzeiten erhöhen. Wenn es schwierig wird, treten Sie vor. Seien Sie greifbar, ansprechbar, verlässlich. Als Arthur verletzt ist und das Krokodil naht, tritt Old

Marten aus der Herde heraus. Nicht mit großem Tamtam, sondern entschlossen. Seine Botschaft ist klar: Ich bin da. Ich sehe die Gefahr – und ich handle. In solchen Momenten trennt sich Führung von Funktion. Wer sichtbar bleibt, gibt Halt, selbst wenn es kritisch wird.

9. Verständlichkeit sichern. Senden allein reicht nicht – Ihre Botschaften müssen verstanden werden. Als Liese in der neuen Herde ankommt, beobachtet sie genau: Wo stehen die anderen? Wann wird gefressen? Wer darf sich wem nähern? Sie erkennt die Regeln, weil sie sichtbar gelebt und nicht versteckt werden. Klären Sie. Fragen Sie nach. Und wenn nötig, wiederholen Sie sich. Führung ist keine einmalige Durchsage. Auch als Führungskraft müssen Sie sicherstellen: Was Sie sagen, wird nicht nur gehört, sondern verstanden. Wenn nicht: wiederholen, klären, konkretisieren.

10. Haltung zeigen, besonders in der Krise. Werden Sie nicht negativ, ratlos oder zynisch, auch wenn es schwierig ist. Old Marten hätte allen Grund gehabt, sich zu beklagen: neue Mitglieder, verletzte Tiere, ständige Bedrohung. Stattdessen bleibt er souverän, zeigt sich handlungsfähig und führt ohne Lamento. Seine Haltung macht den Unterschied. Gerade in schwierigen Momenten brauchen Menschen keine Opfer, sondern Leuchttürme.

Doch ein Leuchtturm allein macht noch keine sichere Küste, genauso wenig wie ein starker Leader allein ein funktionierendes System garantiert. Leuchtturmführung braucht Fundament, Ordnung und Klarheit im Miteinander, nicht nur im Auftreten.

Denn so leuchtend Sie als Führungskraft auch sind: Wenn um Sie herum Orientierung, Aufgaben, Ziele und Spielregeln fehlen, führt Ihr Licht ins Leere. Das bedeutet: Nicht nur Sie müssen Klarheit schaffen – auch Ihre Organisation muss so gebaut sein, dass Führung überhaupt funktionieren kann.

Hier lohnt sich wieder ein genauer Blick auf die Hartebeester. Denn dort wird sichtbar, wie Führung in ein einfaches, aber wirkungsvolles System eingebettet ist: keine komplizierten Organigramme, keine hochglanzpolierten Strategiepapiere, sondern ein klarer Rahmen. Hierfür gibt es fünf einfache, aber unnachgiebige Zutaten.

Etwas besonders Lehrreiches, das Sie als Führungskraft von den Hartebeestern abschauen können, ist die Kunst, eine Organisation und ihre Mitglieder so zu strukturieren, dass Führung effektiv funktioniert.

Erst wenn Rahmen, Aufgabe und Ziel klar sind, beginnt echte Führung.

Das Rezept zum Erfolg ist einfach und beinhaltet nicht mehr als fünf Zutaten:

1. **Der Rahmen.** Er legt fest, in welchem Bereich sich die Mitglieder bewegen dürfen. Was erlaubt ist, was nicht. Wer Kompetenz hat – und wer Verantwortung trägt. Die Hartebeester leben nach einem in Stein gemeißelten Regelwerk. Wer den Rahmen verlässt, wird korrigiert – bei Bedarf auch deutlich. In der Tierwelt durch Anstupsen oder Abdrängen, in der Arbeitswelt durch klares Feedback. Wer den Rahmen dauerhaft

missachtet, verlässt das System – ohne Ausnahme. Auch für Sie sollte gelten, dass Führung Grenzen braucht. Keine Beliebigkeit, keine Grauzonen.

2. Die Aufgabe. In der Herde hat jedes Mitglied eine Aufgabe. Nicht irgendeine, sondern eine, die passt. Old Marten achtet darauf, dass die Aufgaben sinnvoll verteilt sind. Wer Unterstützung braucht, bekommt einen erfahrenen Askari oder eine Mutterkuh zur Seite. Wer nicht will, hat keinen Platz. Punkt. Stellen Sie sich vor, ein Wächterbulle sagt zu Old Marten: »Heute habe ich mal keine Lust auf Nachtdienst.« Oder: »Ich schau mal, ob ich morgen wieder mitmache.« Der Leitbulle würde das mit Sicherheit nicht mit einem motivierenden Einzelcoaching lösen. Auch in Ihrem Team sollte gelten: Aufgaben sind kein Wunschkonzert, sondern müssen sinnvoll verteilt werden.

3. Das Ziel. In der Herde weiß jeder, worauf hingearbeitet wird, nämlich auf Sicherheit, Überleben und den Anschluss an frisches Weideland. Niemand stellt sich die Sinnfrage jeden Morgen neu. Das Ziel ist klar – und alle tragen dazu etwas bei. In Unternehmen hingegen scheitert Führung oft daran, dass zwar Aufgaben verteilt werden, aber keiner weiß, wozu eigentlich. Als Führungskraft sind Sie dafür verantwortlich, dass Ziele bekannt, verstanden und verfolgt werden. Das »Warum« gibt Kraft und Richtung.

4. Die Führungskraft. Wenn das Leittier seinen Job nicht mehr erfüllt, ist seine Zeit vorbei. Die Herde folgt nur, solange Nutzen entsteht. Kein Status und keine Urkunde schützen vor dem Austausch. In Unternehmen läuft das subtiler, die Dynamik ist dennoch die Gleiche. Als Führungskraft führen Sie – und wenn nicht, werden Sie nicht ernst genommen. Wer nicht schützt, verliert Vertrauen. Wer nicht sichtbar ist, verliert Wirkung. Führung ist ein täglicher Beweisakt und kein Titel.

5. Die Mitarbeitenden. Worte machen Welten. Das Wort »Untergebener« stammt vom althochdeutschen »untar« und »geban« und beschreibt jemanden, dem von oben Aufgaben »gegeben« werden. Das passt heute nicht mehr. Bei den Hartebeestern leistet jedes Mitglied einen Beitrag zur Sicherheit und Stabilität der Herde. Niemand ist reiner Befehlsempfänger, sondern Mit-Denker, Mit-Schützer, Mit-Organisator. Auch in Ihrem Unternehmen sollte klar sein, dass Mitarbeitende keine Abarbeitende sind. Sie gestalten mit, entscheiden mit, verantworten mit – sonst ist keine moderne Führung möglich.

Als Liese neu in der Herde ankommt, wird Gunni, die erfahrene Leitkuh, mit einer wichtigen Aufgabe betraut: Sie soll Liese einführen, ihr die Regeln erklären, Verhaltensmuster zeigen und sie Schritt für Schritt an das herdenübliche Miteinander heranführen. Gunni macht das nicht nebenbei – sie übernimmt bewusst Verantwortung, und damit beginnt, was man in der modernen Arbeitswelt als *Mentoring* bezeichnet.

Auch Ansgar kümmert sich um die zukünftigen Askaris, begleitet sie auf ihrem Weg zu verlässlichen Wächtern, gibt Erfahrung weiter, prüft Verhalten und korrigiert frühzeitig. Das alles passiert nicht formal, sondern selbstverständlich, eingebettet in den Rhythmus der Herde – Mentoring in Reinkultur.

Der Begriff Mentoring beschreibt die strukturierte Begleitung einer weniger erfahrenen Person durch jemanden, der mehr Erfahrung, Wissen und Überblick hat. Im besten Fall entsteht dabei nicht nur ein effizienter Wissenstransfer, sondern auch eine echte Beziehung. Genau das sehen wir bei den Hartebeestern: Gunni lernt durch die enge Begleitung nicht nur Lieses Fähigkeiten und Eigenheiten kennen, sondern auch ihre Potenziale, Stärken und Schwächen. Die Qualität dieser Einschätzung entsteht nicht im Gespräch, sondern im Tun: durch gemeinsames Handeln, Beobachten und Begleiten.

Wenn Sie als Führungskraft neue Mitarbeitende integrieren und sich rasch ein präzises Bild machen wollen, dann handeln Sie wie die Hartebeester: Etablieren Sie Mentoring – bewusst, strukturiert, wirksam. Es geht dabei nicht nur darum, Regeln zu erklären, sondern auch darum, Menschen zu verstehen. Mentoring schafft Bindung, beschleunigt Integration und verhindert Reibungsverluste.

Führung bedeutet nicht, alles selbst zu erledigen, sondern klug zu delegieren und für stabile Übergänge zu sorgen. Und genau das tun Gunni und Ansgar, und zwar still, selbstverständlich und höchst wirkungsvoll.

Erinnern Sie sich an die Szene, als Harry und Max eigenmächtig handeln? Gegen geltende Herdenregeln alarmierten sie die Askaris, um Arthur aus einer lebensbedrohlichen Situation zu retten – ein klarer Regelbruch. Und trotzdem – oder gerade deshalb – zeigt sich hier ein entscheidender Moment gelungener Führung.

Feedback meint: Du bist mir nicht egal.

Old Marten hätte auf die Einhaltung der Spielregeln pochen können, doch er tut etwas Klügeres: Er erkennt den Kontext. Er würdigt die Absicht. Und er gibt Feedback. Kein pauschales Lob, kein Strafritual, sondern eine Rückmeldung, die differenziert, einordnet, stärkt.

Diese Szene lässt sich eins zu eins auf die Arbeitswelt übertragen. Auch dort bewegen sich Führungskräfte ständig im Spannungsfeld zwischen Anweisung und Rückmeldung. Die gute Nachricht: Die Unterscheidung ist ganz einfach. Eine Anweisung ist die klare Kommunikation einer Spielregel. Und Feedback ist die Reaktion darauf – ob die Regel eingehalten wurde oder nicht, ob Verhalten passt oder verändert werden sollte.

Führung heißt, Regeln definieren und Feedback geben, und zwar beides in hoher Qualität. Old Marten hat die Spielregeln unmissverständlich gesetzt. Jeder weiß, woran er ist – und genau das ist Ihre Aufgabe als Führungskraft: sicherzustellen, dass Spielregeln bekannt sind, und dass genauso klar ist, was passiert, wenn sie verletzt werden.

Feedback ist kein Bonusprogramm für gute Zeiten, sondern eine Kernaufgabe. Wer führt, muss spiegeln, einordnen und stärken, aber auch korrigieren. Und: Feedback darf nicht nur positiv sein. Wer glaubt, Führung bestehe aus Harmonie und Nettigkeit, verwechselt Führung mit Beliebtheitspflege.

Feedback heißt: Ich sehe dich. Ich nehme dein Verhalten ernst. Und ich traue dir zu, besser zu werden.

Nicht jeder ist für jede Aufgabe gemacht – weder im Büro noch in der Savanne

Menschen bringen unterschiedliche Stärken, Erfahrungen und Temperamente mit. Genau darin liegt der Vorteil von Teams, aber eben auch die Verantwortung von Führung zu entscheiden, wer wo am besten wirkt.

Bei den Hartebeestern lässt sich exemplarisch beobachten, was ich in meinen Seminaren als Führungsalgorithmus® vermittle: Old Marten ersetzt Billyboy nicht aus einem Bauchgefühl heraus, nicht aus persönlicher Antipathie und schon gar nicht willkürlich, sondern deshalb, weil Billyboy in dieser konkreten Situation schlichtweg zu wenig Kampferfahrung hatte, um der anstehenden Aufgabe – einem gefährlichen Verteidigungseinsatz – gewachsen zu sein.

Die Entscheidung, ihn auszuwechseln, trifft Old Marten nicht leichtfertig, wohl aber mit voller Klarheit über ihre Tragweite, und in dem Bewusstsein, dass sie nicht nur notwendig, sondern auch begründbar ist. Genau an diesem Punkt wird greifbar, was wir im Führungskontext mit unserem Algorithmus meinen: Muss ich eingreifen oder kann ich vorerst weiter beobachten? Und wenn ich eingreife, tue ich das über eine kommunikative Variante oder mit einer klaren Maßnahme?

Old Marten entscheidet nicht impulsiv, sondern auf Grundlage der Lagebeurteilung. Diese Form der Führung – das bewusste Abwägen zwischen Reden und Handeln – ist kein Zufallsprodukt, sondern Ausdruck einer klaren, methodisch fundierten Haltung.

Wer führen will, braucht einen inneren Kompass und einen klaren Entscheidungsbaum, der hilft, im Ernstfall nicht in

Aktionismus oder Passivität zu kippen, sondern klug und wirksam zu reagieren.

Und genau das ist Führungsarbeit: Entscheidungen treffen, die nicht bequem sind, aber richtig. Manchmal heißt das auch, jemandem ehrlich zu sagen: »Noch nicht. Nicht hier. Nicht jetzt.« Das hat nichts mit Demontage zu tun, sondern mit Sorgfalt, Weitblick und Verantwortungsbewusstsein.

Auch in der Arbeitswelt gilt: Nur weil jemand will, heißt das noch lange nicht, dass er kann. Und nicht jeder, der kann, passt automatisch in jede Rolle. Ihre Aufgabe als Führungskraft ist es, genau hinzusehen, differenziert zu beurteilen und dann mutig zu entscheiden – zum Wohl der Aufgabe und zum Schutz des Einzelnen. Denn wenn jemand an der falschen Stelle scheitert, ist niemandem geholfen. Führung bedeutet deshalb auch, das Potenzial zu erkennen und realistisch einzuschätzen, was heute schon möglich ist.

»Ein Beispiel zu geben ist nicht die wichtigste Art, wie man andere beeinflusst. Es ist die einzige.« Dieses Zitat, das Albert Schweitzer zugeschrieben wird, trifft den Punkt mit schmerzlicher Genauigkeit. Denn ganz gleich, ob Sie sich als Vorbild sehen oder nicht – Ihre Mitarbeitenden tun es. Jeden Tag. Und sie lernen von Ihnen. Im Guten wie im Schlechten.

Wie sieht das bei Ihnen aus? Warum sollte Ihnen jemand folgen wollen? Was genau macht Sie in Ihrer Führungsrolle nachahmenswert? Welchen echten Mehrwert liefern Sie? Und auf welche Menschen – bewusst oder unbewusst – üben Sie Wirkung aus?

Menschen lernen durch Imitation. Was sie sehen, prägt ihr Verhalten. Das gilt im Tierreich genauso wie in der Arbeitswelt. Old Marten führt nicht durch Anweisungen, sondern durch Verhalten. Er steht vorne, wenn es gefährlich wird. Er hält Regeln ein – auch dann, wenn keiner zuschaut. Und er begegnet seiner Herde mit Haltung. Genau dadurch wird er zum Vorbild – nicht durch Titel, sondern durch Tun.

Duldung ist stillschweigende Genehmigung.

Als Führungskraft sind Sie nie neutral. Ihr Verhalten formt die Kultur: Ihre Mitarbeitenden orientieren sich an Ihrem Umgangston, Grad an Verlässlichkeit und Umgang mit Fehlern. Sie spiegeln, was Sie selbst vorleben, und beobachten sehr genau, was Sie tolerieren – und was nicht. Seien Sie sich deshalb einer zentralen Führungswahrheit bewusst: Das schlimmste Verhalten, das Sie dulden, wird zum neuen Standard. Dieser Standard prägt nicht nur das Verhalten einzelner, sondern die gesamte Kultur Ihres Teams.

Wenn Sie eine starke, verlässliche und respektvolle Kultur wollen, dann beginnt sie genau dort: bei der Führungskraft, also bei Ihnen.

Auf einen Blick: Führen wie die Hartebeester

Tierherden und Organisationen mögen sich in vielem unterscheiden, doch die Führungsprinzipien der Hartebeester wirken über alle Unterschiede hinweg. Sie sind bestechend klar, praxisnah und gerade in ihrer Einfachheit hochgradig übertragbar. Sie zeigen, worauf es wirklich ankommt, wenn Führung Wirkung entfalten soll.

Wirkung statt Titel. Bei den Hartebeestern zählt keine Formalqualifikation, kein Titel, kein Statussymbol. Leittier ist, wer einen Mehrwert bringt. Und genau so sollten wir auch über Führung denken: nicht Macht aus Position, sondern Wirkung durch Verhalten. Führung auf Probe, jeden Tag.

Klare Regeln, keine Ausnahmen. In der Herde gilt: Regeln sind bekannt und Verstöße haben Konsequenzen. Keine Interpretationsspielräume, keine halbgaren Ansagen. Auch in Unternehmen braucht es klare Spielregeln und den Mut, diese durchzusetzen.

Führung = Orientierung + Schutz. Old Marten lebt das *Leuchtturmprinzip®*. Er zeigt Richtung und gibt Sicherheit – nicht laut, nicht aufdringlich, aber klar, stabil und konsequent. Das ist Führungsverhalten, das Vertrauen erzeugt.

Aufgaben müssen passen. Jedes Herdenmitglied hat seine Aufgabe. Das Leittier achtet darauf, dass diese Aufgaben sinnvoll verteilt sind. Wer überfordert ist, bekommt Unterstützung. Wer nicht will, muss gehen. Führung heißt auch: Die richtigen Menschen an die richtigen Stellen bringen – ehrlich, klar und mit Blick auf das Ganze.

Feedback ist Pflicht, nicht Kür. Old Marten gibt Feedback – auch bei Regelbrüchen, wie im Fall von Harry und Max. Aber er unterscheidet: War es ein Regelverstoß aus Egoismus oder aus Mut und Verantwortung? Gute Führung sieht den Unterschied und gibt Rückmeldung, die stärkt und steuert.

Mentoring schafft Integration. Neue Herdenmitglieder wie Liese bekommen erfahrene Tiere wie Gunni zur Seite gestellt. Kein Alleinlassen, kein Hineinstolpern, sondern kluge, begleitete Integration. Das spart Zeit, verhindert Konflikte und schafft Bindung.

Vorbildverhalten ist nicht optional. Führung geschieht immer durch Verhalten. Ihre Mitarbeitenden beobachten Sie, und sie übernehmen das, was Sie vorleben. Das schlimmste Verhalten, das Sie dulden, wird zur Kultur – das beste übrigens auch.

Organisation braucht Struktur. Führung funktioniert nur, wenn der Rahmen stimmt. Regeln, Rollen, Aufgaben, Ziele – all das ist nicht »nice to have«, sondern Voraussetzung. Ohne Struktur keine Führung – auch nicht in der Savanne.

Klarheit ist der Beginn von Vertrauen. Klarheit ist kein Stilmittel – sie ist Überlebensprinzip. Wer unklar führt, führt ins

Chaos. Und wer Klarheit lebt, schafft Sicherheit und Handlungsspielraum.

Führungskraft heißt: Kraft investieren. Führung ist Arbeit. Keine bequeme Beobachterposition, sondern aktives Tun. Verantwortung übernehmen, Entscheidungen treffen, Menschen begleiten. Nicht zufällig steckt im Wort Führungskraft das Wort Kraft.

Vielleicht möchten Sie dem Kapitel zum Abschluss noch einen Moment Raum geben. Hier finden Sie einige Übungen, Reflexionsfragen und Impulse, die das Gelesene in die eigene Führungspraxis hineinwirken lassen.

Sie brauchen nicht viel: einen Stift, ein bisschen Ruhe und die Bereitschaft, ehrlich hinzuschauen. Dies soll kein Pflichtprogramm sein, aber eine Einladung zum Mitdenken, Mitfühlen und Mitführen.

a) Ihre Persönlichkeit im Vergleich zu Arthur und Old Marten – wem fühlen Sie sich näher?

Eigenschaft	Das sagt Arthur (der Kämpfer)	Das sagt Old Marten (der Stratege)
Ich stelle mich Herausforderungen, auch wenn ich nicht sicher bin, ob ich gewinne.	Ja, ich kämpfe, auch wenn es riskant ist.	Ich wäge Risiken ab und handle überlegt.
Ich nehme Hilfe an, wenn ich nicht mehr weiterweiß.	Ich kämpfe oft allein, bis ich nicht mehr kann.	Ich baue auf mein Netzwerk und Delegation.
Ich bleibe auch unter Druck ruhig und überlegt.	Manchmal werde ich von Emotionen mitgerissen.	Ich behalte immer den Überblick und handle besonnen.
Ich habe schon Fehler gemacht, aus denen ich viel gelernt habe.	Ja, durch meine Erfahrungen bin ich gewachsen.	Ich versuche, Fehler zu vermeiden, indem ich vorausschaue.
Ich übernehme Verantwortung für andere.	Ich versuche zu helfen, auch wenn ich selbst angeschlagen bin.	Ich organisiere Hilfe und sorge für meine »Herde«.

b) Reflexion: Wo sehen Sie sich?

1. Welche Situationen in Ihrem Leben erinnern Sie an Arthur?
2. Wann haben Sie sich wie Old Marten verhalten?
3. In welchen Bereichen möchten Sie sich mehr wie Arthur verhalten? Wo eher wie Old Marten?
4. Welche Ihrer Stärken helfen Ihnen, in schwierigen Situationen zu bestehen?
5. Welche Herausforderung haben Sie zuletzt gemeistert, und welcher der beiden Hartebeester hätte das genauso gemacht?

c) Ihre Entwicklungsrichtung

- Ich möchte mehr von Arthur in mir haben, weil ... (z. B. mehr Mut, mehr Eigenverantwortung, mehr Durchhaltevermögen).
- Ich möchte mehr von Old Marten in mir haben, weil ... (z. B. mehr Weitsicht, mehr Strategie, mehr Gelassenheit).

Victorias Notizen: selbst erlebt

Ein Augenblick, der bleibt

Im Frühjahr, nachdem die Pegelstände der beiden Flüsse, die durch die Farm fließen, wieder ihren Tiefstand erreicht haben und die Überschwemmungsflächen so abgetrocknet sind, dass das Vieh darauf weiden kann, stellen wir jedes Jahr von neuem Weidezäune für unsere vielen Rinder auf. Das Vieh kann dort unbehelligt von Krokodilen das satte, saftige Gras fressen, weil beide Tierarten, Rinder und Krokodile, Stromschläge in stärkerem Ausmaß als sehr unangenehm betrachten und tunlichst meiden.

Die alten Reste des Zaunes sind meist durch abgeknickte Bäume und anderes Treibgut aus den Überflutungen sehr in Mitleidenschaft gezogen und werden komplett entfernt. Dafür haben wir das Drahtende am Sattelkopf des Pferdes befestigt und sind einfach losgeritten. Meist funktioniert der Trick – man darf nur nicht seine Finger in den Draht bekommen!

Auf diesen Überschwemmungsflächen sind auch immer dicke Hecken und lichtere Wälder, meist Teakholzwälder, worin sich der alte Draht auch gern verheddert. Dukat, mein Ponyhengst, und ich sind ein eingespieltes Team. Er ist zwar manchmal etwas frech mit ziemlichen Flausen im Kopf, hat nach ein paar Abmahnungen aber meist ein Einsehen, und die Arbeit geht dann schnell von der Hand.

Das Gute an Dukat sind seine bedingungslose Treue und hervorragende Wachsamkeit. Ihm entgeht nichts! Während andere Pferde durch das viele In-die-Luft-Schauen und die fehlende Aufmerksamkeit durchaus Gefahr laufen, auf eine Schlange zu treten, kann meinem Pony so etwas nicht passieren. Dukats Antennen sind immer auf Empfang. Seine spezielle Abneigung aber gilt den Krokodilen – er musste leider als ganz kleines Fohlen mit ansehen, wie einer seiner Artgenossen von einem solchen Zahnmonster ins Wasser gerissen wurde.

Nun sind wir schon seit dem frühen Morgen am Fluss und versuchen, alle Zaunreste zu beseitigen. Der Tag ist noch jung, aber meine Kräfte lassen langsam nach – ist das doch eigentlich eine Arbeit für unsere Männer. Ich lasse mir nichts anmerken, ziehe meinen Hut tiefer ins Gesicht und die Arbeitshandschuhe hoch und mache einfach weiter. Plötzlich stoppt Dukat mit einem Ruck aus dem vollen Lauf, der mich mit der Nase unschön auf seinen Hals aufschlagen lässt, und stemmt seine Vorderhufe in den losen Sand. Sofort ziehe ich das Gewehr aus dem Köcher vor mir – eine Reflexhandlung, denke ich doch an die bei uns überhandnehmenden Hyänen. Nur komischerweise habe ich zuvor kein Gekreische, Gekicher oder Hyänengelächter vernommen.

Dukat spitzt zu einer Hecke hinüber, in der sich drei Hartebeester aufhalten. Ja, die drei hatte ich schon die ganze Zeit zuvor gesehen. Dukat zeigt mir nun aber noch weitere fünf am nahen Teakwald. Er starrt dorthin, und ich war schon ein wenig missmutig, weil wir auf der Farm viele Hartebeester haben und mein Pferd diese Tiere eigentlich kennen und sie für wenig bis nicht gefährlich einstufen sollte. Unwillig wische ich mir mit dem Arbeitshandschuh das dünne Rinnsal Blut ab, das aus meiner Nase über das Kinn läuft und will schon eine unschöne Bemerkung machen. Da bemerke ich, dass die Hartebeester sich gar nicht bewegen. Ich nehme das Gewehr hoch und visiere durch die Optik, um besser sehen zu können. Dukat schnaubt nervös.

Jetzt bin ich doch neugierig. Trotz blutender Nase scanne ich die Gegend um den Teakwald ab. Da stehen fünf Hartebeester und äugen in den Wald. Das Ungewöhnliche ist nicht, dass die Tiere einfach nur dastehen, sondern dass sie nicht zu mir blicken, obwohl sie uns sicher schon wahrgenommen haben. Alle Hartebeester starren zum Wald hinüber. Ich schaue zu der Hecke, die sich im 90-Grad-Winkel zu uns befindet. Komisch, die drei Hecken-Hartebeester schauen auch in Richtung Wald. Ich suche in meiner Satteltasche nach einem Taschentuch oder irgendetwas Brauchbarem, das dieses Blutverschmieren mit dem Handschuh beenden kann, und finde zum Glück einen alten Lappen. Der geht zur Not und muss zunächst herhalten. Dukat hat sich seit seinem überragenden Stopp keinen Millimeter bewegt; es scheint auch nur noch in seinen Ohrspitzen Leben zu sein.

Also gut. Irgendwas ist da drüben im Teakwald! Dafür muss man kein Experte sein oder Dukat heißen, um das zu erkennen. Ich gebe Dukat die Sporen, und unwillig setzt er sich in einem langsamen Galopp in Richtung des Waldes in Bewegung. An einer Baumgruppe, kaum 200 Meter vor dem eigentlichen Wald, stoppe ich und schaue noch mal durch mein Zielfernglas am Gewehr. Sehen kann ich nicht viel, da es naturgemäß in den dichten Teakwäldern immer sehr dunkel ist.

Das Komische ist jedoch nicht, dass ich nichts sehen kann. Es ist das Verhalten der Hartebeester und meines Ponys, das mich endgültig stutzig macht. Ich überlege kurz, ob ich die anderen Arbeiter über Funk zu Hilfe rufen soll, entscheide mich dann aber dagegen. Ich bin hier allein auf weiter Flur, und es würde mindestens eine Stunde dauern, bis Harvey, der am nächsten östlich von mir arbeitet, bei mir eintreffen würde. Pa hätte ich auch nicht anfunken können. Wir waren mindestens 30 Kilometer vom Farmhaus weg. Ihn zu rufen – und dann vielleicht wegen einer Lappalie –, würde mir nicht nur eine Rüge einbringen! »Ich bin ja kein Baby mehr und kann auch schon Sachen allein machen«, denke ich. Ich erinnere mich nur noch an die eindringlichen Worte von Pa, der mir, seit ich bei einem Löwenangriff nicht nur mein Pony, sondern auch fast mein Leben verlor, eingebläut hat: »Geh niemals vom Pferd runter! Auf dem Pferd bist du nicht nur wesentlich schneller aus der Gefahrensituation wieder raus, sondern profitierst auch von der Wachsamkeit des Tieres. Alles ist dadurch zu deinem Schutz auf deiner Seite.«

Gut. Also reiten wir. Dass Hartebeester für Mensch und Pferd nicht gefährlich sind, wissen Dukat und ich. Also, was ist da drin im dunklen Teakwald? Dukat trabt jetzt erstaunlich flott, und durch das gleißende Licht außerhalb der hohen Bäume geblendet, kneife ich die Augen zusammen und starre in das nahe Dunkel unter den dicken Bäumen.

Was wirklich außergewöhnlich ist, ist die Tatsache, dass die drei Hartebeester, die wir jetzt an den Hecken passieren, weder fortlaufen noch ihre Blickrichtung ändern. Richtig: Sie starren förmlich ins Dunkel des Waldes. Gut, ich beachte die drei nicht weiter, und wir bewegen uns zielstrebig auf die vielen Bäume zu, deren

Rand die fünf anderen Hartebeester wie eine Art tierischer Wall säumen. Die fünf drehen sich nicht mal zu uns um, sie präsentieren uns ihre Hinterteile. Ich stoppe Dukat. Das ist mir zu viel des Komischen.

Wir stehen jetzt ungefähr 30 Meter von den fünf Tieren entfernt. Für alle nicht Natureingeweihten sei gesagt, dass man sich an Hartebeester mit viel Übung und optimalen Windverhältnissen bis auf eine Entfernung von ungefähr 150 Meter anpirschen kann – spätestens dann flüchten die Tiere.

Diese nicht, diese sind anders. Schon schießt mir der Gedanke an eine Erkrankung der Tiere durch den Kopf – Tollwut lässt Tiere auch sehr ungewöhnliche Dinge tun. Aber das ist es nicht, denn auch Tollwut oder andere schwere Erkrankungen treten nur punktuell auf, und dann meist nur an einem Tier zur selben Zeit.

Hier ist es offensichtlich so, dass diese sonst so scheuen Tiere nach Hilfe rufen. Tiere tun das, wenn sie sich nicht anders zu helfen wissen. Wir haben schon oft solche Hilferufe bekommen: von Elefanten, Büffeln, ja, auch von Löwen! Einmal sogar von einem Hippo. Die Tiere rufen in größter Todesangst und Not ihre Erzfeinde, die Menschen. Und wenn sie dann Hilfe bekommen, dann vergessen sie das nie!

Es ist ein Hilfeersuchen, da bin ich nun sicher. Noch immer kann ich nichts sehen. Dukat ist nun ruhiger und fast steige ich ab, um nachzusehen. Doch ich zwinge mich zur Ordnung und Vorsicht. Vielleicht sind hier doch Löwen am Werk – untypisch so tief im Wald, aber möglich. Ich muss nachsehen. Dukat geht nun richtig federnd und forsch voran, was mir einen Großteil meiner Angst nimmt. Wir reiten so dicht an den Hartebeestern vorbei, dass ich die Tiere beinahe mit dem ausgestreckten Arm berühren kann. Doch ich bin zu sehr auf das Dunkel konzentriert und auf die Arbeit meiner Augen, die alle Mühe haben, sich nahtlos an die neuen Lichtverhältnisse zu gewöhnen.

Mit dem unterladenen Gewehr in der Armbeuge und den Zügeln in der anderen Hand schreiten wir Meter für Meter in den kühlen Schatten der Baumriesen. Als ich ein Röcheln vernehme und zeitgleich noch den grünblassen Körper einer armdicken Schlange im Geäst über meinem Kopf verschwinden sehe, macht Dukat einen Satz nach links. Mein linkes Knie schrammt lautstark den Stamm eines Teakbaumes.

Autsch! Gut, dass ich das Gewehr rechts trage. Das Gewehr fallenzulassen, würde bei Pa schwer geahndet werden – mit vielen Extrastunden Rinderbrennen oder schlimmer noch: auf dem Tabakfeld. Es gibt Schöneres, und schon der Gedanke daran lässt mich erschaudern vor dieser schweißtreibenden Schinderei im immer feuchten und wie Kaugummi klebenden Tabakpflanzen-Revier in einem Biotop aus Mäusen, Ratten und ja: Schlangen!

Brrrrrrrhhhh, da bin ich viel glücklicher hier in dem herrlich-dunklen Wald voller frischer Luft! Ich scheuche die nutzlosen Gedanken beiseite und lausche dem Röcheln, das aus dem dunklen Nichts dringt. Das Geräusch klingt nach etwas, das Hilfe braucht. Das steht fest. Langsam gehen wir weiter. Schritt um Schritt, mein schmerzendes Knie fest an den Sattel gepresst und das Gewehr gut und sicher im Arm. Halb im Umdrehen sehe ich aus den Augenwinkeln die Hartebeester noch immer am Waldrand stehen. Wie eine Einzäunung haben sie sich aufgebaut. Von hier, aus dem Inneren des Waldes, sieht es anders aus: Die bewachen etwas! Nur was?

Vielleicht ist da eine Mutter zur Niederkunft im Wald? Sehr unwahrscheinlich, denn in der Natur dauert eine Geburt weniger als 15 Minuten. Dukat und ich beobachten aber nun schon viel länger diese Szene. Aber was ist es dann?

Je näher wir kommen, desto stärker wird das Röcheln. Ich bin mir jetzt sehr sicher, dass hier »jemand« schnell Hilfe braucht. Der Wald wird immer dichter. Unter den Teakbäumen mit Durchmessern von einem guten Meter und mehr wuchern Kletterpflanzen. Marulabäume und Hecken füllen die wenigen Lücken aus. Es wird immer schwerer, auf geradem Weg dem Röcheln näherzukommen. Dukat ist witzig. Da ich wirklich Angst um das Gewehr – vor allem wegen der Sanktionen – habe, lasse ich ihm freien Lauf. Er stellt sich vor einen Teakbaum, zwängt seinen Kopf durch die Kletterpflanzen und lugt durch die Hecken auf die andere Seite. Dann geht er zum nächsten Baum und wiederholt das Spiel so lange, bis er einen gangbaren Durchschlupf gefunden hat.

Nach einem weiteren Versuch einer grünlichen Schlange, die ich in der Kürze der Zeit gerade noch als Mamba identifizieren kann, sich aus dem grünen Blattgewirr auf das Reiter-Pferd-Kombo fallenzulassen und so eine günstige Mitfahrgelegenheit zu ergattern, springt

Dukat mit einem Quietschen beiseite. Diesmal nach rechts und ohne weitere Vorkommnisse. Da sehr viele Bäume hier sind – sozusagen Baum an Baum steht –, war der Sprung nicht allzu weit. Nun knirscht das andere Knie am Stamm entlang. Doch in dem Augenblick, in dem ich mich zur Seite lehne, um das Gewehr zu schonen, entdecke ich braune Beine. Die Fürsorge bezüglich des Gewehrs hat auch ihre guten Seiten.

Die Beine gehören zu einem Hartebeest – es war ja auch nicht anders zu erwarten. Das Tier liegt auf der Seite. Es ist ein großer, dunkelbrauner Bulle, der aber sehr geschwächt aussieht.

Jetzt steige ich ab, lege Dukat den Zügel um den Hals und mit dem Gewehr immer noch im Arm arbeite ich mich vorsichtig unter den Marulabäumen durch zu dem Tier. Der Geruch überreifer Marula-Früchte zieht durch die Luft, als ich einen dicken Ast vorsichtig beiseiteschiebe. Für einen Moment halte ich den Atem an, weil ich keine Geräusche mehr hören kann, doch dann kommt wieder ein lang gezogenes, tiefes Röcheln. Okay, jetzt muss es schnell gehen.

Das Tier ist im Todeskampf, das ist einfach festzustellen. Um den Hals hat es eine dicke Rolle Draht gewickelt, dessen Ende an einem abgebrochenen Teak-Ast verhakt ist. Das bewirkt, dass sich die Drahtrolle um den Hals des Tieres zugezogen hat und es kaum noch Luft bekommt.

Schnell schaffe ich mich zurück zu Dukat, platziere das Gewehr mit einem Schwung kopfüber in den Köcher zurück und reiße meine rechte Packtasche auf. Aus der Tasche ziehe ich die starke Drahtzange, die wir immer zum Entfernen von Verknotungen verwenden und versuche, so schnell wie möglich, aber auch so vorsichtig wie nötig, zu dem verletzten Tier zurückzukommen. Ich will es nicht unnötig erschrecken und verängstigen.

»Lass jetzt bitte keine grüne oder graue Schlange aus dem Blattwerk fallen, lieber Gott!« Für diese Späße ist jetzt keine Zeit. Mit einem leisen Pfeifen spreche ich das Tier vorsichtig an. So hat es Pa auch immer bei verschiedenen Rettungsaktionen gemacht. Der Bulle ist zu schwach für Reaktionen, er röchelt vor sich hin, leider schon sehr unregelmäßig. Als ich mich mit der Zange in der Hand über das Tier beuge, sehe ich, dass er mit einem Vorderbein zusätzlich in der Rolle Draht festhängt. Es sieht so aus, als wenn das Tier schon vor längerer Zeit mit dem Kopf irgendwie in die Drahtrolle gekommen und dann vielleicht im schnellen Galopp zusätzlich mit einem Vorderbein hineingeraten ist. Dadurch hat sich eine Art Schlinge um den Hals des Tieres gebildet, die sich immer weiter zuzog, je mehr Gewicht auf den Rest der Drahtrolle ausgeübt wurde.

Ich fange an, die Drähte durchzuknipsen – eine mühsame Arbeit, denn der Draht ist stark. Je weiter ich komme, desto wütender werde ich. Das ist unser Draht! Irgendein Idiot (ich hoffe, dass ich es nicht selbst war!) hat die Drahtrolle wahrscheinlich an einen Ast gehängt und sie dort vergessen. Unfassbar, was dadurch passiert ist.

Die schwere Drahtzange schneidet tiefe Kerben in meine Finger und Handflächen. Ich heule fast vor Wut und Angst, das Tier könnte unseretwegen elendig verenden. Mehr schreiend, als ich das wollte, rufe ich Harvey über Funk zur Verstärkung. Ich weiß, es wird mindestens eine Stunde dauern, bis Harvey hier ist, aber ich muss einfach mit jemandem reden.

Letztendlich schaffe ich es allein. Harvey gibt mir zwar viele Ratschläge über Funk, ja klar, ein Mann weiß sowieso immer alles besser, und Mädchen sind nicht nur schwach, sondern machen sich auch ständig in die Hose.

Nach gefühlt zwei Stunden einsamen Schuftens habe ich mit vielen Tränen der Wut und des Trotzes alles an Draht rund um den Hals des Tieres durchgeschnitten. Dukat stand einfach nur da und hat zugeschaut, hin und wieder wie zur Bestätigung mit dem Kopf genickt. Schlangen waren auch keine da. Ich war auch zu sehr mit dem Hartebeest und dem Überlebenskampf beschäftigt, als dass ich nach welchen Ausschau halten konnte.

Das Hartebeest lebt noch, atmet aber schwer. Ich gehe wie im Traum zu Dukat zurück und zögere am Köcher. Soll ich ihn erlösen? Nein!

Meine Hand gleitet vom Köcher automatisch in die Packtasche zu der großen Wasserflasche. Damit gehe ich zum verletzten Tier zurück. Er hat natürlich Einschnitte durch den scharfen Draht, der sich durch seine Haut tief ins offene Muskelgewebe gefressen hat. Vorsichtig lasse ich etwas Wasser über die Wunden laufen. Sie sind nicht entzündet. Immerhin: ein gutes Zeichen. Dann gieße ich mir eine kleine Menge Wasser in die Hand und benetzte damit sein Maul. Interessanterweise quittiert das (wilde) Tier das mit einem Seufzen und einer Geste, die mir wie ein Lächeln vorkommt. Also mache ich so weiter – Wasser auf die Wunden, Wasser vorsichtig ans, ums und etwas in sein Maul. Ich weiß nicht mehr, wie lange ich so neben dem kranken, halbtoten Tier kniete. Nach einer Weile schreckt mich das schrille Gebrüll von Harvey auf, der offensichtlich am Waldrand angekommen ist. Ich gebe ihm über Funk Anleitung, wie er zu mir gelangen kann. In dem Moment sehe ich das Lächeln wieder, den Kopf hebt der Hartebeestbulle nun auch etwas an.

Harvey erscheint fluchend im Teakwald. Fluchend deswegen, weil er sich mindestens dreimal verirrt hat und dazu noch x-mal mit seinen abstehenden Knien an den Bäumen angeschlagen ist. Aber dann steht er endlich neben mir und scheint nichts zu verstehen. Warum ich den denn nicht totgeschossen hätte, will er von mir wissen und deutet mit einer Kopfbewegung zu dem Hartebeestbullen vor mir. Ja, das weiß ich auf Anhieb auch nicht zu beantworten.

Es passierten so viele Dinge gleichzeitig: der Zusammenhalt und der Schutz der Artgenossen draußen vor dem Wald, die Hilferufe der Tiere, das Lächeln des verletzten Hartebeestbullen, der Dank in seinen Augen.

Man kann meine Gefühle über das soeben Erlebte unmöglich in Worte fassen, und daher sage ich nur: »Pack mal mit an, wir müssen das Tier aufrichten.« Wir mühen uns ab, den Bullen mit seinen geschätzten 250 Kilogramm von seiner Seitenlage hochzuhieven, seine Beine in eine normale Liegend-Lage unter seinen Bauch zu bekommen und ihn dazu so zu drehen, dass er sein Gewicht gegen einen nahen Teakstamm lehnen kann. Dies erscheint mir wichtig, um den beinahe zusammengebrochenen Kreislauf des stattlichen Tieres wieder etwas zu normalisieren. Bei Rindern machen wir das regelmäßig so.

Als wir endlich damit fertig sind, leere ich noch den Rest meiner Zwei-Liter-Wasserflasche über seinen Wunden aus und gebe noch eine kleine Extraportion des kühlen Nass über das Gesicht und rund ums Maul. Hiermit endet mein Werk. Mehr kann ich nicht für das Tier tun. Mein Blick fällt noch einmal auf die tiefen Drahteinschnitte rund um seinen Hals und den Vorderlauf. Ich habe so etwas noch nie zuvor gesehen. Auch nicht das Licht in den Augen des Tieres, als ich vorsichtig mit der mit Wasser benetzten Hand über die Wunden streiche.

Es ist einzigartig. Wir drehen uns zum Gehen. Dukat begrüßt mich freudig. Im Dunkel des Waldes ist es Pferden nie so ganz geheuer, und da verhalten sie sich wie kleine Kinder. Harvey flucht die ganze Zeit über wegen des »schönen Fleisches, das wir an einem dämlichen Baum zurückgelassen haben«. Er kann es nicht fassen, und er erklärt mir, dass er »unbedingt wieder Schießtraining mit mir machen muss, damit ich dann endlich auch mal lerne, wie man auf nahe Distanzen sicher schießen und auch treffen kann«.

Ich höre nicht auf die dümmlichen Kommentare. Vielmehr betrachte ich die zwei Hartebeester-Grüppchen. Sie stehen immer noch da, aber es scheint Bewegung in die Tiere gekommen zu sein. Sie quatschen nach Hartebeest-Art in ihrem Gegrunze. Haben sie die Rettungsaktion mitbekommen?

Der lange Nachhauseweg erweist sich als beschwerlich, weil es mittlerweile stockdunkel ist, wir an einem recht übergriffigen Löwenrudel mit übel gelauntem Chef vorbei und – bedingt durch die Dunkelheit – einen großen Umweg einschlagen müssen. Harvey flucht unentwegt und beschuldigt mich, dass er durch meine Hartebeest-Streicheleien nun sein schönes Abendessen verpassen würde, und überhaupt wäre er zu alt, um noch im Dunkeln zu reiten ...

In den nächsten Jahren werde ich im Teakwald aus der Ferne des Öfteren einen schönen schwarz-braunen Bullen beobachten können. Es ist der Alphabulle einer großen Hartebeester-Herde. Die vielen Tiere sind nur schwer als Individuen zu erkennen. Bei diesem einen Leittier jedoch, das mit der dicken, ringförmigen Narbe am Hals, aus der weiße Haare sprießen, habe ich immer das Gefühl, dass er mir über die Distanz zulächelt.

2

UNTER LÖWEN - DAS PRINZIP DER INNEREN HALTUNG

Abbildung 2: Ein männlicher Löwe im Profil – kraftvoll, ruhig und wachsam.

Wer sie wirklich sind: Löwen im Porträt

Zwischen Krone und Krise – das wahre Leben der Löwen

Kaum ein Tier steht so sehr für Stärke, Stolz und Herrschaft wie der Löwe. Doch das Bild des »Königs der Tiere« greift zu kurz: In Wirklichkeit ist der Löwe ein hochgradig soziales Tier, dessen Erfolg als Spitzenprädator eng mit dem Zusammenhalt und der Stabilität seines Rudels verknüpft ist. Löwen gehören zu den wenigen sozial lebenden Großkatzen. Ein Rudel besteht in der Regel aus mehreren Weibchen, die meist miteinander verwandt sind, deren Jungtieren sowie einem Männchen, das als Rudelführer auftritt. Während die Weibchen die Hauptlast der Jagd tragen, obliegt es den Männchen, das Territorium und das Rudel gegenüber konkurrierenden Männchen und anderen Beutegreifern zu verteidigen.

Dieses scheinbar stabile Gefüge ist alles andere als selbstverständlich. Die Existenz eines erfolgreichen Löwenrudels hängt von einer Vielzahl ökologischer und sozialer Faktoren ab und ist stets bedroht durch Veränderungen im Lebensraum, den Druck durch den Menschen und durch das komplizierte Spiel von innerartlicher Konkurrenz. In den offenen Savannen und Halbwüsten Afrikas muss jedes Rudel sein Jagdrevier gegen rivalisierende Gruppen behaupten. Löwen benötigen große Streifgebiete, die reich an Beutetieren sind. In der Trockenzeit, wenn viele Wasserstellen versiegen und die Beutetiere weiterwandern, geraten auch die Löwen unter erhöhten Druck. Ohne ausreichendes Nahrungsangebot wird selbst das stärkste Rudel anfällig für Schwächung und Zerfall.

Hinzu kommt, dass ein Löwenrudel kein statisches Gebilde ist: Männliche Löwen bleiben meist nur wenige Jahre in einer Führungsrolle. Jüngere, stärkere Konkurrenten fordern den Rudelführer heraus und versuchen, die Kontrolle zu übernehmen. Solche Kämpfe verlaufen erbarmungslos und entscheiden über Leben und Tod – nicht nur des Männchens, sondern auch der Jungtiere. In dieser fragilen Ordnung lebt der Löwe: als majestätischer Beutegreifer, aber auch als verletzliches Wesen, dessen Schicksal untrennbar mit dem Zustand seines Ökosystems verbunden ist. Verhalten, Bestand und Überleben sind eng miteinander verflochten, weshalb sein Platz an der Spitze zugleich Stärke und Verwundbarkeit bedeutet.

Macht auf Zeit – im Schatten der Nachfolge

Mit Eintritt der Geschlechtsreife verlassen die jungen Männchen ihre Mütter oder werden vom Rudelführer vertrieben. Allein wären sie kaum überlebensfähig, doch sie schließen sich mit Gleichaltrigen zu sogenannten Junggesellentrupps zusammen. In diesen Gruppen, in denen ausschließlich männliche Tiere leben, sammeln sie drei bis vier Jahre lang Erfahrungen: Sie üben Jagdtechniken, testen ihre Kräfte in Kämpfen und lernen, sich in wechselnden Allianzen zu behaupten. Am Ende dieser Wanderjahre entscheidet sich, ob ein Männchen stark und erfahren genug ist, ein Rudel für sich zu beanspruchen.

Die Übernahme eines Rudels bedeutet eine Zäsur. Der bisherige Anführer wird von jüngeren Rivalen herausgefordert. Verliert er den Kampf, bleibt ihm meist nur die Flucht, doch ein vertriebenes Männchen hat allein in der Savanne kaum Überlebenschancen. Ohne Rudel fällt es häufig Hyänen oder fremden Löwen zum Opfer oder verhungert, da es für die anstrengende Jagd ungeeignet ist.

Noch härter trifft der Machtwechsel die Jungtiere. Um die Weibchen schnell wieder paarungsbereit zu machen und die eigenen Gene durchzusetzen, tötet der neue Herrscher fast immer den Nachwuchs seines Vorgängers. Für die Löwinnen ist dies eine Zeit größter Gefahr, für die Jungtiere meist das sichere Ende.

So lebt jedes Rudel in einem fragilen Gleichgewicht: bedroht von äußeren Gefahren wie Lebensraumverlust und Wilderei – und zugleich von der ständigen innerartlichen Konkurrenz, die über Bestand und Zukunft der Gruppe entscheidet.

Der leere Tisch des Königs

Um in diesem Spannungsfeld zu bestehen, brauchen Löwen große, stabile Bestände an Beutetieren. Zu ihrer Hauptnahrung zählen mittelgroße bis große Huftiere wie Gnus, Zebras, verschiedene Antilopenarten und in einigen Regionen auch Büffel. Ein erwachsener Löwe benötigt im Schnitt rund sieben Kilogramm Fleisch pro Tag; ein Rudel mit mehreren erwachsenen Tieren und Jungtieren ist daher auf regelmäßige erfolgreiche Jagden angewiesen.

Die bevorzugte Jagdtaktik der Löwen beruht darauf, große Beutetiere durch Zusammenarbeit und strategisches Aufstellen zu erlegen. Weibliche Rudelmitglieder koordinieren sich dabei präzise, um Fluchtwege zu versperren und einzelne Tiere aus der Herde zu isolieren. Dieses Verhalten setzt jedoch voraus, dass es ausreichend große und gesunde Beutetierherden gibt, an denen solche Jagdtaktiken sinnvoll anwendbar sind.

Wenn der Bestand an Antilopen, Zebras und anderen Beutetieren einbricht, sei es durch Überjagung, Habitatverlust oder Klimaveränderungen, geraten Löwenpopulationen rasch in Bedrängnis. Mit schrumpfender Nahrungsgrundlage steigt der Konkurrenzdruck zwischen den Rudeln, Jagderfolge werden seltener, Jungtiere verhungern häufiger und das gesamte Sozialgefüge destabilisiert sich.

Fällt die Beutetierpopulation in einem Gebiet unter eine kritische Schwelle, folgt zwangsläufig auch der Zusammenbruch der Löwenpopulation. Ausgemergelte, isolierte Löwen versuchen dann zunehmend, alternative Nahrungsquellen zu erschließen, was sie in Konflikt mit menschlichen Siedlungen und Viehhaltern bringt – eine Dynamik, die vielerorts bereits zu beobachten ist. Ein intaktes Beutetiervorkommen bildet somit die unverzichtbare ökologische Grundlage für stabile und überlebensfähige Löwenrudel.

Der lange Riss durch Afrikas Herz

Doch die Herausforderungen gehen weit über das Nahrungsangebot hinaus. Straßen, Zäune, Siedlungen – all diese vom Menschen geschaffenen Strukturen durchziehen heute weite Teile der einst offenen Savannenlandschaften Afrikas. Für Löwen bedeutet dies weit mehr als bloße Einschränkungen im Bewegungsspielraum; ihr gesamtes Lebensmodell als großräumig streifender Spitzenprädator gerät dadurch unter Druck.

Löwen benötigen enorme Reviere. In Gebieten mit hoher Beutedichte reichen 20 bis 50 Quadratkilometer, doch in kargeren Regionen oder bei Rückgang der Beutetiere können sich die Territorien auf mehrere Hundert Quadratkilometer ausdehnen. In der Vergangenheit erlaubten weitläufige, ununterbrochene Savannenlandschaften den Löwen, den Wanderbewegungen ihrer Beutetiere zu folgen. Heute verhindern vielfach Zäune von Viehweiden, Nationalparkgrenzen, Straßen und die Ausbreitung landwirtschaftlicher Flächen diese natürliche Dynamik.

Habitatfragmentierung hat für Löwen mehrere kritische Folgen: Sie schränkt den genetischen Austausch zwischen Populationen ein, erhöht die Wahrscheinlichkeit von Inzucht und erschwert die Neubesiedlung leerer Lebensräume. Gleichzeitig zwingt sie die Tiere immer häufiger in Randzonen menschlicher Siedlungen, wo es zu Übergriffen auf Nutzvieh kommt und Konflikte mit Menschen eskalieren.

Besonders problematisch sind sogenannte »Hard Edges« – abrupt endende Schutzgebiete, die direkt an landwirtschaftlich genutzte Flächen grenzen. Löwen, die gezwungen sind, in solchen Zonen zu jagen, werden rasch als Problemtiere verfolgt oder getötet. Zusätzlich wächst die Gefahr von Verkehrsunfällen auf Straßen, die Löwenreviere zerschneiden.

Die Zerschneidung der Landschaft trifft nicht nur Einzeltiere, sondern destabilisiert auf Dauer ganze Rudelstrukturen. Junge Männchen finden seltener geeignete Territorien, Weibchen können isoliert werden, Wanderbewegungen stagnieren. Damit sinken langfristig die Überlebens- und Anpassungsfähigkeit vieler Löwenpopulationen.

Zukunft mit Ablaufdatum?

Der Fortbestand eines Löwenrudels hängt außerdem entscheidend davon ab, ob es gelingt, genügend Jungtiere bis zur Selbstständigkeit durchzubringen. Doch der Weg vom Neugeborenen bis zum ausgewachsenen Rudelmitglied ist voller Gefahren. Nur etwa die Hälfte aller neugeborenen Löwenjungen erreicht das erste Lebensjahr, und selbst danach bleibt die Sterblichkeit hoch.

In einem stabilen Rudel bringen die Weibchen ihre Jungen meist synchron zur Welt. Die ersten Wochen verbringen die Jungen gut versteckt in dichtem Gestrüpp oder Felshöhlen, abgeschirmt vom restlichen Rudel. In dieser Phase droht vor allem durch Hyänen, Leoparden und andere Löwen Gefahr.

Ab einem Alter von etwa sechs bis acht Wochen folgen die Junglöwen dem Rudel und lernen, sich im sozialen Gefüge zu behaupten und erste Jagdtechniken zu erproben. Doch auch dann sind sie noch anfällig für Krankheiten, Verletzungen und Nahrungsmangel.

Langfristig stabil bleiben Löwenpopulationen nur dort, wo es gelingt, genügend Jungtiere bis ins reproduktionsfähige Alter zu bringen. Dabei spielen nicht nur ökologische Faktoren wie Beutetierdichte und Lebensraumqualität eine Rolle. Zunehmend wirken sich auch menschliche Einflüsse aus: Vergiftungen durch Viehhalter, gezielte Tötungen sogenannter »Problemtiere« und Wilderei treffen vor allem jüngere und unerfahrene Löwen.

In vielen Regionen Afrikas zeigen sich dadurch deutliche Bestandstrends: Während einzelne Schutzgebiete relativ stabile Löwenpopulationen aufweisen, verzeichnen offene Wildlandschaften und Randzonen zunehmend Rückgänge. Wie sich diese Trends weiter entwickeln, hängt maßgeblich davon ab, ob es gelingt, den Lebensraumverbund für Löwen zu erhalten und Mensch-Tier-Konflikte wirksam zu entschärfen, denn ohne gesunden Nachwuchs und stabile Reproduktionsraten verlieren selbst die stärksten Rudel langfristig ihre Überlebensfähigkeit.

Im Reich der Löwen

Aaros – lautlos in Richtung Thron

Aaros beobachtet die Nacht. Die Jagd des Rudels, angeführt von Pascha Matayo, hat er aus sicherer Entfernung mitverfolgt. Er sah, wie sich die Löwinnen in eine Herde Hartebeester stürzten, ein Kalb zu Boden rissen und später sogar einen kräftigen Bullen zu Fall brachten. Seit Wochen folgen Aaros, Mbutu und Texos dem Rudel. Leise wie Schatten ziehen sie auf deren Spur, stets außerhalb der Gefahrenzone, jenem unsichtbaren Kreis rund um den Rudelführer, in dem jeder Fremde zum Feind wird.

Aaros ist sechs Jahre alt, geschmeidig und stark, seine Muskeln gestählt durch unzählige Kämpfe um Beute. Seine dichte Mähne ist Zeichen von Reife und Anspruch. Denn Aaros will mehr: sein eigenes Rudel.

Er beobachtet Matayo genau. Hört den Unmut im Rudel, sieht die Unzufriedenheit in den Blicken der Löwinnen, spürt das Misstrauen. Und doch darf er nichts tun. Noch nicht. Jeder Fehler könnte alles kosten. Wird er überrascht, endet sein Traum – keine Nachkommen, kein Rudel, keine Spur, die bleibt. Also wartet er. Wachsam, geduldig, bereit.

Mbutu und Texos – seine Gefährten – weichen ihm nicht von der Seite. Sie sind kein Rudel, aber eine Einheit. Brüder im Geiste. Sie haben gemeinsam Zebras gerissen, Elands gejagt, einem Krokodil die Stirn geboten. Aaros ist stolz auf das, was sie verbindet. Ihre Technik ist raffiniert: Mbutu und Texos treiben ein junges oder geschwächtes Tier aus der Herde, hetzen es durch natürliche Engstellen – zwischen Felsen, Abhängen, Buschwerk. Am Ende dieser Schneise wartet Aaros. Versteckt. Sprungbereit. Im entscheidenden Moment stößt er hervor, wirft das Tier zu Boden und tötet es mit einem gezielten Biss.

In letzter Zeit übernimmt Texos öfter seine Rolle. Erst zögerlich, dann entschlossener. Es ist Training. Er ist jünger und schneller, doch er muss lernen, wo der Biss sitzen muss. Ein Fehler, und die Beute entkommt. Dann war die Hetzjagd umsonst.

Aaros beobachtet auch Karambo, den jungen, trotzigen Löwen im Rudel Matayos. Noch ist er zu jung, um zu gehen, aber zu stolz, um sich zu beugen. Matayo greift ihn immer wieder an – aus Futterneid, aus Machtdemonstration. Karambo steckt es ein, bleibt seiner Mutter, einer ranghohen Löwin, treu. Doch seine Zeit wird kommen, und Aaros will, dass dieser mutige Löwe sich seinem kleinen Junggesellentrupp anschließt.

Dann wird er selbst diesen Trupp verlassen, Matayo herausfordern und, wenn alles gut geht, ein Rudel führen. Das ist der Plan. Noch aber heißt es warten, denn in dieser Welt entscheidet nicht der Schnellste, sondern der Geduldigste.

Matayo – König in der Komfortzone

Seit fast drei Jahren ist Matayo der unangefochtene Anführer des Rudels. Und das weiß er. Mehr noch: Er genießt es – mit jeder Faser, mit jedem Schritt, mit jedem Gebrüll.

Er ist ungewöhnlich groß, seine Mähne lang und dunkel wie die Schatten der Teak-Wälder, aus denen sich selbst scheue Waldbewohner nicht herauswagen, wenn er in der

Nähe ist. Seine Kraft kommt nicht aus Agilität, sondern aus schierer Masse. Monatelang hat er gefressen und geschlafen, gefressen und geschlafen – kaum eine Bewegung, keine Jagd, kein Einsatz. Sein Körper hat sich sichtbar verändert: breit, schwer, träge – und doch tritt er auf, als wäre er unbesiegbar.

Er geht langsam, beinahe feierlich, jeder Schritt ein Statement. Dabei brüllt er unaufhörlich – nicht um zu kommunizieren, sondern um zu dominieren. Sein Ruf hallt weit über das Land, bis in entlegene Schluchten, wo ihn keiner sehen, aber jeder hören kann. Der »gefährliche Schreihals«, wie ihn die Tiere des Waldes nennen, ist zur bedrohlichen Legende geworden.

Seine Macht gründet nicht auf Respekt, sondern auf Angst. Das Rudel wartet still unter den Moringabäumen, bis der Koloss sich endlich vom Fressplatz schleppt – erst dann wagen sie sich vorsichtig an die Reste. Die Regel ist klar: »Dem lieber nicht zu nahe kommen – der ist unberechenbar.« Manche versuchen es heimlich. Wenn Matayo schläft, schleichen sie sich an das Tier heran, das sie selbst erlegt haben.

Matayo kümmert das wenig. In seiner Welt dreht sich alles um die nächste Mahlzeit. Sieht er aus den Augenwinkeln ein Rudelmitglied näherkommen, antwortet er mit dumpfem, donnerndem Gebrüll. Manchmal demonstriert er seine Macht mit publikumswirksamen Attacken – bevorzugt gegen Schwächere. Ein schneller Schlag, ein Biss, etwas Blut und der Sieg ist ihm sicher, weil der Gegner nie ernst zu nehmen war.

Zur Jagd ist Matayo längst nicht mehr fähig. Seine Masse und Trägheit machen ihn zur Last. Mehr noch: Er wäre ein Risiko für die Jagdgemeinschaft, denn Beutetiere schlagen zurück. Lieber liegt er im Schatten der Msasabäume, döst, wartet. Und wenn die anderen Beute gemacht haben, schreitet er auf den Riss zu wie ein König zum Thron – und vertreibt alle, denen dort eigentlich ihr Anteil zustehen würde. Ohne das Rudel wäre er verloren, doch das scheint ihn nicht zu interessieren.

Die Savanne vor dem großen Regen

Die Trockenzeit streckt sich erbarmungslos über die Ebene. Das Gras verdorrt, die Erde reißt auf – und Matayos Rudel hungert. Die großen Pflanzenfresser sind längst fort, weitergezogen ins wasserreiche Sambesi-Delta oder nach Mana Pools. Zurück bleibt eine leere Bühne, auf der sich das Drama des Überlebens abspielt.

Beute ist rar. Wasser noch rarer. Um zu überleben, dehnen die Löwen ihr Revier aus, was unweigerlich zu Revierkämpfen mit benachbarten Rudeln führt. Der Instinkt drängt nach vorn, doch jeder Schritt kann der letzte sein. Wenn die Jagd scheitert, bleibt nur die Flucht – oder der Tod.

Nach jeder Mahlzeit müssen Löwen trinken. Ohne Wasser verklebt das Eiweiß im Darm – ein stiller, schmerzhafter Tod. Deshalb schlagen sie ihre Lager nahe an Wasserstellen auf, doch diese Oasen sind hart umkämpft. Ein gesättigter Mähnenlöwe schafft keine langen Distanzen am Stück – das Rudel dreht sich um die Wasserquellen wie Planeten um die Sonne.

Auch die Pflanzenfresser kennen diese tödlichen Knotenpunkte. Sie nähern sich mit Vorsicht, stets auf der Hut. Zu viele lauern im Schatten: Löwen, Leoparden, Hyänen, Wildhunde – und die lautlosen Killer der Urzeit, die Krokodile. Selbst sie verlassen in der Dürre ihr angestammtes Reich, tauchen plötzlich in Hotelpools oder fernen Farmreservoirs auf. Gefährlich bleibt gefährlich, egal wo.

Je trockener die Savanne, desto enger rücken die Beutetiere zusammen. Gnus, Zebras, Büffel, Elands, Impalas, Hartebeester, Paviane – ein Mosaik des Lebens, zusammengewürfelt aus Not. Viele Augen sehen mehr. Warnrufe – ob von Giraffen, Affen oder Erdmännchen – verbreiten sich wie ein elektrischer Impuls durch die Masse. Hier zählt nicht Rang, sondern Reaktion.

Für die Löwen werden diese Herden zur Prüfung. Ihre Wucht, ihre Wachsamkeit, ihre Fluchtreflexe machen die Jagd fast unmöglich. Hyänen und Wildhunde sind flinker, wendiger, besser organisiert. Löwen dagegen sind schwer, träge, aber mit gewaltigem Energiebedarf. Eine Löwin wiegt gut 130 Kilogramm, ein Mähnenlöwe kann bis zu 250 Kilogramm erreichen. Ein Rudel von 15 Tieren braucht täglich rund 300 Kilogramm Fleisch – mindestens.

Bleibt der Erfolg aus, wächst die Spannung. Jeder Fehlversuch kostet Kraft. Jeder leere Magen nagt am Zusammenhalt. Rivalitäten nehmen zu. Der Druck steigt. Und wenn der Pascha zu schwerfällig wird, wenn er den Anschluss verliert, passiert, was in der Natur unumstößlich gilt: Die Schwachen bleiben zurück.

Unmut im Löwenrudel mit einem untätigen Chef

Mit jedem Tag ohne Jagderfolg steigt die Anspannung. Die Hitze drückt, der Magen knurrt – und aus dem Rudel wird langsam eine Pulverkammer. Es ist nicht nur der Hunger, der an ihnen nagt; es ist auch die Enttäuschung über Matayo.

Der einst so imposante Rudelführer hat sich in einen Tyrannen verwandelt. Er kümmert sich nur um sein eigenes Wohl, beteiligt sich weder an der Jagd noch an der Verteidigung. Stattdessen attackiert er ohne Vorwarnung, schnappt nach Schwächeren, verbeißt sich in die, die ohnehin kaum noch Kraft haben.

Manchmal treibt er einzelne Tiere gezielt an die gefährlichsten Stellen – dorthin, wo das Flussufer steil abfällt, wo Krokodile im trüben Wasser lauern. Angeblich als Strafe, doch der Rest des Rudels spürt: Das ist keine Führungsmaßnahme, sondern reine Schikane.

Die Situation wird zermürbend. Jeder Versuch, ein Beutetier zu reißen, kostet Kraft – oft umsonst. Denn ohne Unterstützung gelingt die Jagd nur selten. Und obwohl der Erfolg ausbleibt, verpufft wertvolle Energie. Die Sprinter kehren erschöpft zurück, mit leerem Magen und sinkender Moral.

Rufe nach Matayo verhallen. Er antwortet nicht. Vielleicht hört er nicht. Vielleicht will er nicht hören.

Nombeko, die erfahrenste Löwin des Rudels, sieht die Veränderung. Ihre Gefährtinnen wirken gereizt, erschöpft, übernächtigt. Die Tage verlaufen nicht mehr in Ruhe und rhythmischer Trägheit. Stattdessen herrscht ein ständiges Knistern in der Luft. Kleinste Auslöser reichen, um Streit zu entfachen. Es wird gefaucht, gebrüllt, gezankt – und das bei Temperaturen, bei denen man eigentlich ruhen sollte.

Auch die Jungen spüren die Spannung. Sie drängen sich an ihre Mütter, quengeln, suchen nach Futter, das nicht da ist. Die Mütter sind gereizt, hilflos und voller Frust, denn auch sie bekommen nichts mehr vom Riss. Matayo frisst allein.

Früher verließ das Rudel das angestammte Gebiet, wenn die Trockenzeit einsetzte. Es folgte den großen Herden, die weiterzogen – dorthin, wo noch Gras wuchs, wo es Wasser gab. Dort war die Jagd einfacher, die Versorgung gesichert. Doch dieses Jahr ist alles anders. Matayo bleibt – und weil er bleibt, bleiben alle.

Die Jagd wird zur Geduldsprobe, denn die verbliebenen Beutetiere kennen das Rudel längst. Sie haben gelernt, wie die Löwen jagen, kennen ihre Taktiken. Wenn einmal eine Schlucht zur Falle wurde, meiden sie diesen Ort für immer.

Wer einmal überlebt hat, wird vorsichtig. Wer lange überlebt, wird klug.

Und so wird die Auswahl kleiner. Neue, »ahnungslose« Beute ist kaum mehr zu finden. Die meisten Tiere sind abgewandert – was bleibt, sind die Standhaften. Und die sind wachsam. Ein Teufelskreis hat sich geschlossen. Mit jeder erfolglosen Jagd sinkt die Energie, steigt die Aggression. Wer noch mitlaufen kann, tut es. Wer zurückbleibt, wird zur leichten Beute für Hyänen.

Und wer genau hinsieht, erkennt die feinen Signale: gesträubtes Fell, flackernde Blicke, unruhige Bewegungen. Ein Rudel, das an der Kante steht, kurz davor, in sich zusammenzufallen. Nicht wegen der Dürre, nicht wegen der Beute, sondern wegen dem, der führen sollte – und es längst nicht mehr tut.

Nombeko erinnert sich

Manchmal, in den Stunden zwischen Nacht und Hitze, wenn das Rudel zur Ruhe kommt, denkt Nombeko zurück. An den Anfang. An die Zeit, als Matayo noch neu war – groß, kräftig, unermüdlich. Und ein echter Anführer.

Damals war alles anders. Die Jagden waren ein gemeinsames Unterfangen. Sie selbst war noch keine tonangebende Löwin; sie spielte damals eine andere Rolle. Gemeinsam mit den erfahrenen Jägerinnen trieb sie ein Tier aus der Herde, trennte es geschickt vom Rest. Eine andere, besonders kräftige Löwin übernahm den gefährlichen Part: den Kampf mit den Verteidigern. Denn die Antilopen verteidigten ihre Schwachen, oft mit Mut, manchmal mit Verzweiflung. Doch meist hatten sie ein junges, krankes oder geschwächtes Tier im Visier. Der Kampf dauerte selten lange. Am Ende kam Matayo – kraftvoll, entschlossen, konzentriert. Mit einem gezielten Sprung beendete er, was begonnen worden war.

Dann kam die Ruhe nach der Jagd. Das Rudel fraß, gemeinsam. Jeder wurde satt, sogar die Kleinsten. Wenn die Jungen zufrieden waren und alle genug hatten, zogen sie weiter zur Wasserstelle. Ein Ritual. Still, vertraut, beinahe würdevoll.

Unter den großen Bäumen ruhten sie in der Mittagshitze. Der Atem der Savanne war schwer, aber friedlich. Andere Tiere zogen vorbei – Antilopen, Giraffen, Elefanten. Keine Angst, kein Angriff. An diesen Tagen war kein Platz für Blut. Der Hunger war gestillt, die Hitze zu groß.

So verliefen ihre Tage. Voller Rhythmus. Voller Vertrauen. Matayo war damals ein anderer – voller Ideen, voller Bewegung, mit einer Energie, die alle mitriss. Er hatte viel aus seiner Zeit als Einzelgänger mitgebracht: Strategien, Kampfgeist, Neugier. Und er führte das Rudel mit Respekt, nicht mit Angst.

Fast jede Jagd war erfolgreich. Es gab genug für alle. Niemand murrte. Selbst wenn am Ende ein paar Hyänen die Reste fanden, störte sich niemand daran.

Es war eine andere Zeit – eine gute Zeit.

Ein neuer Anfang

Die drei Freunde sitzen etwas erhöht auf einem verlassenen Termitenhügel. Von hier aus überblicken sie das Revier. Unten, unter dem knorrigen Moringa, liegt das Rudel. Ein Haufen aus Müdigkeit und Schweigen.

Alle Augen richten sich auf Matayo. Er steht ein Stück abseits über einem toten Hartebeest. Gierig reißt er Fleischfetzen aus dem Leib des Tieres, kaut hastig, schlingt, als müsse er gegen eine unsichtbare Uhr anfressen. Keiner der anderen traut sich näher. Nicht die Löwinnen, und schon gar nicht die hungrigen Jungtiere.

Aaros steht langsam auf, seine Zeit ist gekommen. Mbutu und Texos blicken ihn wortlos an. Sie wissen, was jetzt kommt. Er atmet tief durch, die Ohren zucken leicht. Dann steigt er die Böschung hinab. Schritt für Schritt – nicht schnell, nicht zögerlich. Sein Blick bleibt auf Matayo gerichtet.

Ein Adler in der Krone des alten Teakbaumes stößt einen durchdringenden Schrei aus. Für einen Moment hält alles inne. Dann erhebt er sich mit kraftvollen Flügelschlägen in die Luft und zieht seine Kreise über der Ebene. Es ist kein gewöhnlicher Ruf. Es ist ein Warnschrei. Ein Zeichen. Ein Kapitel, das endet – und ein neues, das in diesem Augenblick beginnt.

Unter Menschen – alles, bloß kein Pascha

Falls Sie die Löwen-Geschichte von Victoria nicht mehr ganz präsent haben oder direkt mit diesem Kapitel einsteigen: Hier finden Sie die wichtigsten Figuren kurz vorgestellt. Es genügt, die Rollen grob im Blick zu behalten – der Bezug zu den Führungsprinzipien wird sich im Laufe des Kapitels von selbst erschließen.

AAROS ist ein sechsjähriger, starker und erfahrener Löwe. Seit geraumer Zeit streift er gemeinsam mit seinen Gefährten Mbutu und Texos als fest eingespieltes Trio durch das Revier. Aaros verfolgt ein klares Ziel: eines Tages selbst die Führung eines Rudels zu übernehmen. Mit wachsamer Geduld beobachtet er das Rudel unter Pascha Matayo, studiert dessen Dynamik und wartet auf den richtigen Moment, um die Führung herauszufordern. Er weiß, dass nicht rohe Kraft allein, sondern kluges Timing und innere Gelassenheit darüber entscheiden werden, ob ihm dieser Schritt gelingt.

MBUTU ist Aaros' engster Gefährte. Gemeinsam haben sie zahlreiche Jagden bestritten, sich aufeinander verlassen und im Laufe der Zeit eine tiefe Verbundenheit entwickelt. Mbutu ist in Alter und Erfahrung Aaros ebenbürtig und steht ihm mit Loyalität und klarem Blick zur Seite. Er verkörpert in der kleinen Gruppe das Prinzip der zuverlässigen Partnerschaft auf Augenhöhe.

TEXOS ist der Jüngste im Trio. Er lernt von den beiden älteren Löwen, wird von ihnen behutsam gefördert und erhält zunehmend die Möglichkeit, eigene Rollen im eingespielten Jagdteam zu übernehmen. Aaros lässt ihm bewusst Raum zur Entwicklung, ohne dabei die eigene Führungsrolle vorschnell aus der Hand zu geben – ein feines Gleichgewicht, das beispielhaft zeigt, wie gute Führung junge Talente wachsen lässt.

MATAYO ist der derzeitige Führer des beobachteten Rudels. Ein massiger, dominanter Löwe, der seine Stellung mit Härte und Kontrolle sichert. Unter seiner Regentschaft beginnt Unmut unter den Löwen zu gären. Matayo verkörpert im Narrativ das Bild einer machterhaltenden, wenig entwicklungsorientierten Führung, deren Zeit sich dem Ende zuneigt.

KARAMBO ist ein junger, kraftvoller Löwe im zweiten Lebensjahr. Noch lebt er im Rudel unter Matayos Herrschaft, leidet jedoch zunehmend unter dessen willkürlicher Härte und dem ständigen Futterneid. Trotz dieser widrigen Umstände bleibt er seiner Mutter, einer ranghohen Löwin des Rudels, treu verbunden. In Karambos Figur zeigt sich das Potenzial junger Kräfte, die unter schlechten Bedingungen reifen und darauf warten, unter besseren Führungsverhältnissen aufzublühen. Aaros hofft, Karambo künftig in seinem eigenen Junggesellentrupp aufnehmen zu können.

KARAMBOS MUTTER ist eine erfahrene, ranghohe Löwin im Rudel von Matayo. Ihre enge Bindung zu Karambo ist geprägt von wechselseitigem Respekt und tiefer Loyalität. Für Aaros ist sie eine stille, aber wichtige Figur, denn gute Führung erkennt und achtet bestehende Bindungen – ein Prinzip, das er selbst im Umgang mit Karambo beherzigt.

Wenn Stärke allein nicht reicht

Die Dynamik im Löwenrudel ist nicht nur faszinierend, sondern voller Lehren für Führung und Zusammenarbeit. Löwen sind keine chaotischen Herrscher, sondern hochsoziale Tiere mit klaren Rollen und fein abgestimmten Abläufen. Auch ein Leitlöwe wie Matayo macht nicht alles falsch – ganz im Gegenteil.

Zu Beginn seiner Herrschaft beeindruckt er durch Stärke, Mut und Fokus. Er sichert das Revier, schützt sein Rudel, inspiriert mit Energie und setzt seine Erfahrung gezielt ein. Sein Kampfgeist, seine Präsenz und sein Mut zur Konfrontation schweißen die Gruppe zusammen. Für eine Zeit lang.

Doch Führung ist keine Konstante – und genau das macht Matayos Geschichte so wertvoll. Wir wollten bewusst keine idealisierte Tierwelt zeigen, sondern eine, die auch die Brüche kennt. Denn was passiert, wenn sich die Umstände ändern? Wenn Wasser knapp wird, Konflikte zunehmen, die Kräfte schwinden – und der Chef sich nicht mehr bewegt?

Matayos Verfall ist kein Einzelfall. Er zeigt, was in vielen Organisationen geschieht, wenn Führung stagniert: Wenn der Blick für das Team verloren geht. Wenn Fürsorge fehlt. Wenn Stärke zur bloßen Pose verkommt. Und deshalb lohnt sich der Blick auf diese Schattenseite – nicht um zu moralisieren, sondern um zu verstehen.

Führung ist kein Event, Führung ist ein Marathon.

Führung, das macht das Löwenrudel deutlich, ist ein Balanceakt zwischen Kraft und Kooperation, Selbstbehauptung und Verantwortung für andere. Ein starker Start allein reicht nicht – wenn Entwicklung ausbleibt, folgt Stagnation. Wer sich auf alten Erfolgen ausruht, lädt die Krise bereits zum Mitessen ein.

Führung ist kein Event. Auch kein Titel. Und kein Thron. Führung ist ein Marathon. Und der wird nicht im Schatten gewonnen. Gleichzeitig sehen wir aber auch Figuren wie Aaros – die jungen, stillen Mitläufer. Sie beobachten, lernen, warten. Sie drücken sich nicht in den Vordergrund, aber sie verstehen, wie wichtig Teamgeist, Geduld und Entwicklung sind, und sie sind bereit.

Der entscheidende Punkt ist: Wir müssen nicht Löwen sein, um von ihnen zu lernen, aber wir können sehr wohl aus ihren Geschichten Prinzipien ableiten, die auch in unserer Welt gelten.

Was sind also die gravierendsten Führungsfehler, die Matayo gemacht hat, und die wir allzu oft auch in unseren Teams sehen? Welche Dynamiken führen zu Unzufriedenheit, Rückzug oder sogar Aufstand? Und welche Strategien helfen, solche Situationen rechtzeitig zu erkennen und zu drehen? Schauen wir genauer hin.

Ignoranz gegenüber den Bedürfnissen des Teams

Matayo, der Rudelführer, vernachlässigt die Bedürfnisse seiner Gruppe. Er frisst als Erster, zeigt keinerlei Empathie und überlässt den Rest des Rudels dem Hunger und den Gefahren.

Führung bedeutet Triebverzicht.

Führen heißt verzichten, zumindest dann, wenn man es ernst meint. Wer führt, stellt das eigene Bedürfnis hinten an, um das Team nach vorne zu bringen. Nicht immer, aber immer wieder.

Echte Führungskräfte denken nicht zuerst an sich. Sie denken zuerst an die, für die sie Verantwortung tragen. Und das zeigt sich nicht erst in großen Entscheidungen, sondern oft in Momenten, die auf den ersten Blick banal wirken.

Schon in meiner Zeit an der Militärakademie wurde uns am ersten Tag eine entscheidende Lektion beigebracht: Der Kommandant isst immer zuletzt, niemals zuerst. Diese scheinbar simple Geste trägt eine große Wahrheit in sich: Sie macht klar, dass Führung nicht durch Privilegien entsteht, sondern durch Haltung. Wer führen will, muss bereit sein, zuerst zu geben – Zeit, Aufmerksamkeit, Schutz –, bevor er nimmt.

Im Arbeitsalltag sind es oft genau diese kleinen Situationen, die das große Ganze verraten: Wer steht beim Buffet ganz vorne? Wer parkt auf dem besten Platz? Wer bucht Business Class, während das Team mit dem Nachtzug reist? Es sind Kleinigkeiten, aber sie prägen Kultur. Denn wer ständig zuerst nimmt, verliert irgendwann das Recht, überhaupt zu führen.

Schlechte Kommunikation und Isolation

Matayo interagiert kaum mit seinem Rudel. Er beobachtet, befiehlt, beißt, aber er führt nicht. Seine Autorität basiert auf Furcht, nicht auf Vertrauen.

Führung muss Orientierung und Struktur bringen – auch im Chaos.

In Unternehmen erleben wir diese Form der Führung häufiger, als uns lieb ist: Führungskräfte, die ihre Position mit Distanz und Drohung sichern. Die Entscheidungen im stillen Kämmerlein treffen statt im Dialog. Die Kontrolle über Kommunikation stellen – und sich dann wundern, warum das Team innerlich kündigt.

Dabei ist Führung seit jeher ein soziales Prinzip. Sie ist aus der Not entstanden – aus dem Bedürfnis, das Überleben der Gruppe zu sichern. Vermutlich begann alles zu der Zeit, als die Menschen sesshaft wurden. Aus Jägern wurden Gemeinschaften. Und aus Chaos wurde Ordnung – dank Führung.

Stellen wir uns ein Szenario aus der Steinzeit vor: Ein Mitglied der Gruppe erlegt ein Tier und legt es in der Höhlenmitte ab. Ohne jemanden, der die Verteilung regelt, würde sich die gesamte Gruppe auf das Fleisch stürzen. Es gäbe Streit, Verletzte, Unklarheit. Und am Ende wären es vielleicht die Schwächsten, die zuerst verhungern.

Führung schafft hier Struktur. Wer entscheidet? Wer bekommt was? Wer wacht, während die anderen schlafen? Ohne diese Rollen, ohne Vertrauen in die Zuständigkeiten, wird die Gemeinschaft zur Gefahr für sich selbst.

Dieses Prinzip gilt bis heute. Wer jemandem einen Auftrag gibt, muss darauf vertrauen können, dass dieser auch erledigt wird. Wer nachts schlafen will, muss sicher sein können, dass der andere Wache hält. Führung heißt nicht nur, Entscheidungen zu treffen. Führung heißt, Verantwortung zu übernehmen – für Ordnung, Kommunikation, Vertrauen. Damals wie heute. Im Rudel. Im Büro. Im Leben.

Unfähigkeit, Fähigkeiten zu fördern

Aaros, der junge Löwe, tritt nicht laut auf. Er drängt sich nicht in den Vordergrund, stellt keine Forderungen. Aber er beobachtet, lernt, stärkt seine Gefährten und bereitet sich vor. Leise. Beständig.

Matayo tut das Gegenteil. Er unterdrückt Potenzial, bremst Talente wie Karambo aus – nicht, weil sie unfähig wären, sondern weil sie *zu* fähig sind. Er sieht in ihnen keine Verstärkung, sondern Konkurrenz.

Was im Tierreich noch mit der Sicherung der eigenen Dominanz erklärt werden kann, ist in der Arbeitswelt schlicht schlechte Führung. Denn wer seine besten Leute klein hält – aus Angst, sie könnten ihm gefährlich werden –, sorgt auf lange Sicht für zwei Dinge: Frust und Fluktuation. Talente, die man nicht fördert, gehen irgendwann, oder sie bleiben und drosseln ihre Leistung, was manchmal sogar noch schlimmer ist.

Ich habe unzählige Male Sätze gehört wie: »Unsere beste Mitarbeiterin wurde einfach übergangen.«, »Der macht uns klein, weil wir besser ausgebildet sind als er.« oder »Mein Chef hat Angst, dass ich ihm den Rang ablaufe.«

Die Gründe? Angst. Arroganz. Und oft eine giftige Mischung aus beidem. Dabei ist genau das Gegenteil nötig: Gute Führung bedeutet, Talente zu erkennen, zu fördern und ihnen Raum zu geben, zu wachsen. Nicht trotz der eigenen Rolle, sondern gerade deshalb. Denn echte Führungskräfte haben keine Angst vor starken Mitarbeitenden. Sie sorgen dafür, dass es mehr von ihnen gibt.

Führung durch Angst

Matayo sichert seine Position durch Machtdemonstrationen und aggressive Attacken auf Schwächere. Diese Taktik der Angst führt kurzfristig zum Machterhalt – langfristig jedoch zu Frustration und Aufständen. In Unternehmen kann ein autoritärer Führungsstil, der auf Einschüchterung setzt, kurzfristig funktionieren, doch langfristig entstehen Misstrauen und Fluktuation.

Christians Begegnungen: aus der Praxis

Führung durch Angst – der sichere Weg in den Abgrund

Die Stimmung im Seminar war schon einmal besser. Besonders am Anfang fiel mir auf, dass die Beteiligung und Interaktion deutlich lebhafter sein könnten. Die Führungskräfte in der Gruppe waren höflich, distanziert und erledigten ihre Aufgaben pflichtbewusst, aber ohne erkennbare eigene Impulse. Sie wirkten eher wie disziplinierte Abarbeiter als wie Führungspersönlichkeiten mit Ecken und Kanten.

Bei meinen Inputs erhielt ich ausschließlich zustimmendes Nicken, keine kritischen Rückfragen oder Widerspruch. Doch für mich ist Führung mehr als bloßes Abarbeiten – sie erfordert Klarheit, Haltung und den Mut, eigene Standpunkte zu vertreten. Also sprach ich es offen an: »Ich habe selten eine so angepasste Gruppe erlebt. Führungskräfte brauchen klare Kanten.«

Die nonverbale Reaktion verriet mir, dass ich einen wunden Punkt getroffen hatte. Schließlich meldete sich ein Teilnehmer zu Wort: »Ja, das stimmt. Aber wenn man bei uns langfristig bleiben will, sollte man besser den Mund halten.«

Neugierig fragte ich nach. Er erzählte, dass er meine Ansicht teilt, aber gelernt habe, kritische Meinungen für sich zu behalten – aus Angst um seinen Job und seinen Kredit. Dann berichtete er von einem Vorfall vor drei Monaten: In einem Projektstatus-Meeting sprach er als Projektleiter offen an, dass das Projekt hinter dem Zeitplan liegt und Lieferengpässe den Abschluss gefährden. Zudem wies er darauf hin, dass es bereits vor seiner Zeit Planungsfehler gab, die nun korrigiert werden müssten.

Die Reaktion? Der Programmmanager stellte ihn vor versammelter Runde bloß: »Nimm dir drei Minuten vor der Tür, um zu überlegen, ob du hier weiterarbeiten willst.«

Seitdem hat er seine Strategie geändert: Alle seine Projekte sind offiziell »grün«. Probleme meldet er nicht mehr – schon gar keine kritischen Entwicklungen. Und solange alle behaupten, dass alles gut läuft, scheint es keine Schwierigkeiten zu geben ... bis das Unternehmen plötzlich in die Insolvenz rutscht.

Wenn Führung die Emotion Angst benutzt, um kritische Fragen zu unterdrücken und Widerspruch zu vermeiden, führt das zu Stillstand und zur Lähmung der gesamten Organisation.

Vernachlässigung der körperlichen und mentalen Fitness

Matayo wird durch seinen Lebensstil träge. Sein Körper wird schwer, sein Geist müde und sein Einfluss sinkt. Er bewegt sich kaum noch – und wenn, dann spät und ungeschickt. Seine Führungsrolle leidet unter seiner Unbeweglichkeit.

Auch im echten Leben sieht es oft nicht anders aus: Führungskräfte, die sich selbst vernachlässigen – körperlich oder mental –, verlieren nach und nach ihre Kraft. Und mit ihr ihre Autorität. Denn Führung ist keine rein strategische Aufgabe – sie ist Selbstmanagement. Und sie beginnt genau dort, wo es weh tut: bei einem selbst.

Führungskräfte stehen unter Druck. Entscheidungen, Orientierung, Konflikte, Erwartungsmanagement – und das Tag für Tag. Wer dabei ständig für andere da ist, aber sich selbst aus den Augen verliert, brennt aus. Und wer brennt, kann kein Licht mehr geben.

Gute Führung beginnt bei einem selbst.

In meiner Arbeit als Führungstrainer habe ich viele Führungskräfte kennengelernt, doch nur wenige, die wirklich herausstechen. Die Besten haben eines gemeinsam: Sie sorgen für sich. Sie bewegen sich. Sie reflektieren. Sie schämen sich nicht für Fehler, sondern lernen aus ihnen. Und sie wissen: Im Wort Führungskraft steckt nicht ohne Grund das Wort Kraft. Diese Menschen stellen sich die entscheidende Frage: Woher kommt meine Kraft – und wie erhalte ich sie?

Der *Spiegel* titelte im Februar 2024:[1] Zwei Drittel aller Führungskräfte fühlen sich erschöpft. Besonders betroffen: junge Führungskräfte. Menschen, die noch ganz am Anfang stehen – und jetzt schon kurz vor dem Zusammenbruch. Das zeigt: Gute Führung beginnt nicht im Meetingraum. Sie beginnt bei einem selbst.

a. Mentale Gesundheit – ein klarer Kopf für kluge Entscheidungen

Stress, Dauerbelastung und To-do-Listen bis tief in die Nacht – das ist längst kein Ausnahmezustand mehr, sondern Alltag. Doch wer permanent im Reagieren bleibt, verliert den Blick fürs Wesentliche. Mentale Gesundheit ist kein Wohlfühlbonus – sie ist der innere Kompass. Wer ihn verliert, irrt. Achtsamkeit, Reflexion und bewusste Pausen sind keine Schwäche, sondern tragen dazu bei, die eigene Richtung zu halten.

b. Körperliche Fitness – der Akku für lange Tage

Keiner muss sich einen Ironman vornehmen, aber wer sich bewegt, bleibt beweglich – nicht nur körperlich, son-

1 https://www.spiegel.de/karriere/deutschland-zwei-drittel-der-fuehrungskraefte-sind-erschoepft-umfrage-a-249d1a4f-18cd-4216-b675-d9625c2b28e3

dern auch geistig. Körperliche Fitness ist der Akku, der durch herausfordernde Tage trägt. Sie senkt den Stresspegel, erhöht die Konzentration und gibt die Ausdauer zurück, die im Job oft über Leben und Tod einer Idee entscheidet. Ein fitter Körper ist kein Statussymbol, sondern eine Voraussetzung für klare Führung.

c. **Selbstführung – der unsichtbare Maßstab**

Führung heißt Vorbild sein. Punkt. Wer sich selbst nicht im Griff hat, kann kein Team führen. Selbstführung zeigt sich im Umgang mit Zeit, Energie, Emotionen – und mit Krisen. Wer ehrlich reflektiert, woher seine Kraft kommt – und was ihn auslaugt –, sendet ein starkes Signal: an sich, an sein Team, an die Organisation.

Eine gute Führungspersönlichkeit ist weder Getriebener noch Märtyrer, sondern jemand, der weiß, wann man stehen bleiben muss, um wieder loszugehen. Mit klarem Kopf und starkem Herzen.

Isolation von den Mitarbeitenden

Matayo frisst allein. Abseits. Den Rücken zum Rudel. Er reagiert nicht auf Rufe, nicht auf Signale, nicht auf Not. Er hat sich nicht nur körperlich entfernt; auch emotional hat er den Anschluss verloren. Und genau das passiert auch in der Arbeitswelt: Führungskräfte, die sich in ihren Büros verschanzen, Meetings nur noch aus der Distanz führen und den Kontakt zur Belegschaft verlieren, mögen denken, sie behalten den Überblick. In Wahrheit verlieren sie ihn, denn wer sich abschottet, verpasst, was wirklich passiert. Verpasst die Zwischentöne, die leisen Warnzeichen, die ersten Reibungen. Und wenn dann das Team auseinanderbricht oder die Ergebnisse kippen, ist es oft zu spät, um noch gegenzusteuern.

Führung braucht Nähe. Nicht Kontrolle, sondern Verbindung. Nicht alles sehen, aber rechtzeitig spüren. Wer nicht mehr zuhört, wird irgendwann nicht mehr gefragt.

Christians Begegnungen: aus der Praxis

Der faule Löwe Matayo im Unternehmen

Es war ein typischer Auftrag: Ich wurde gebeten, in einem mittelgroßen Unternehmen ein Führungsteam zu begleiten, in dem »die Stimmung schlecht sei« und sich inzwischen jemand als Mobbingopfer empfand. Die Geschäftsführung wollte wissen, woran es lag – und ob man die Dynamik noch drehen konnte.

Im Vorgespräch saß mir die Führungskraft des betroffenen Teams gegenüber. Ruhiger Typ, Anfang 60, freundlich im Ton, aber sichtlich müde. Nach ein paar Sätzen kam die ehrliche Botschaft: »Wissen Sie, ich bin in zwei Jahren in Pension. Ich will nur keine Probleme mehr.«

Dieser eine Satz erklärte vieles. Genauso agierte er im Alltag: keine Konfrontationen, keine unangenehmen Gespräche, keine Klarstellung von Rollen oder Verantwortlichkeiten. Er ließ die Dinge laufen – in der Hoffnung, es möge irgendwie gut gehen. Doch die Realität war eine andere: Aufgaben blieben unerledigt, Zuständigkeiten verschwammen und Spannungen wuchsen. Kleine Konflikte wurden nicht geklärt, sondern ausgesessen, bis sie eskalierten.

In dieser Atmosphäre geriet schließlich eine Mitarbeiterin unter Druck, fühlte sich zunehmend isoliert und meldete sich als Mobbingopfer. Der Rest des Teams war ebenfalls frustriert – nicht nur über die Situation, sondern vor allem über das fortgesetzte Wegducken der Führungskraft.

Was mich an diesem Fall besonders beschäftigte: Das Team hatte keine schlechten Leute. Im Gegenteil – es gab durchaus engagierte und kompetente Mitarbeitende. Aber ohne Führung drifteten sie auseinander. Niemand wusste mehr, woran er war. Orientierung? Fehlanzeige. Verlässliche Entscheidungen? Ebenfalls nicht.

Es war der klassische Fall des *faulen Löwen* Matayo – jener Löwe, der noch Rang und Status hat, sich aber längst nicht mehr bewegt, um das Rudel zu führen. Der sich in den Schatten legt und hofft, die Jungen regeln es schon irgendwie. Doch genau das passiert nicht: Ohne aktive Führung zerfällt das soziale Gefüge.

Auch hier: keine böse Absicht. Kein aktiver Schaden. Aber eben auch keine wahrgenommene Verantwortung mehr.

Die Geschichte zeigt, was im Tierreich glasklar wäre: Wer nicht mehr führt, verliert seine Rolle. Im Unternehmen hingegen wird dies oft toleriert – mit fatalen Folgen für die Teamkultur.

Wer nicht sichtbar wird, wird übersehen.

Das ist kein Einzelfall. Ich kenne viele Führungskräfte – gerade in den oberen Etagen –, die den Kontakt zur Basis verloren haben. Sie führen über Mails, PowerPoint und Sitzungen, aber nicht mehr über Begegnungen. Sie grüßen kaum noch auf dem Flur, kennen keine Namen mehr und wissen nicht, was die Menschen wirklich beschäftigt.

Aber Führung ist keine Schreibtischarbeit. Führung ist Beziehungsarbeit. Wenn ein Geschäftsführer nicht mindestens dreimal pro Woche durch die Büros, Hallen oder Werkstätten geht, wird er irgendwann nicht mehr gesehen, und das ist wortwörtlich gemeint. Und wer nicht gesehen wird, verliert an Glaubwürdigkeit und Präsenz – und letztlich die Verbindung zu denen, die den Erfolg überhaupt erst ermöglichen.

Ich habe es oft erlebt: Führungskräfte, die sich Zeit nehmen – für ein kurzes Gespräch am Kaffeeautomaten, ein ehrliches »Wie läuft's bei Ihnen?«, ein paar Minuten beim Mitarbeiter in der Werkstatt –, gewinnen nicht nur Respekt. Sie gewinnen Einsichten, auf die sie im Strategiemeeting nie gekommen wären.

Denn die besten Ideen kommen selten aus Hochglanzpräsentationen. Sie entstehen dort, wo die Arbeit passiert: im Alltag, im Gespräch, im Zwischenraum. Natürlich, Zeit ist knapp. Aber vielleicht hilft eine einfache Faustregel: drei Spaziergänge pro Woche. Nicht mit Agenda. Nicht mit Notizblock. Einfach mit echter Neugier. Fragen wie »Was läuft gut? Was nervt? Was würden Sie sofort ändern, wenn Sie könnten?« sind Führungsfragen. Führung ist kein Tower, von dem aus man Kommandos ins Funkgerät ruft. Führung ist Nähe, und manchmal beginnt sie mit einem einfachen Satz: »Wie geht es Ihnen?«

Wer Führung als Belastung sieht, sollte nicht führen.

Leider wird Führung auch heute noch viel zu oft als lästiges Beiwerk des täglichen Tuns wahrgenommen – als Zusatzbelastung im ohnehin schon vollen Kalender. Statt als das, was sie tatsächlich ist: ein zentraler Hebel für Erfolg.

Führungskräfte jonglieren dabei tagtäglich mit drei Aufgabenarten:

- **Fachaufgaben, also »die Arbeit«:** Hier geht es um Inhalte, um das fachliche Abarbeiten von Aufgaben. Um konkreten Output und sichtbares Tun.
- **Managementaufgaben – »die Arbeit an der Arbeit«:** Wie lässt sich Arbeit effizienter, ressourcenschonender, smoother gestalten? Hier wird geplant, strukturiert, organisiert – mit dem Ziel, Abläufe zu verbessern.
- **Führungsaufgaben – »die Arbeit an Menschen und Organisation«:** Es geht um Weiterentwicklung, um das Hinterfragen bestehender Strukturen, um Sinn, Klarheit und Orientierung. Um den Mut, unbequeme Fragen zu stellen, und um die Kunst, andere wachsen zu lassen.

Jetzt raten Sie mal, welche dieser drei Aufgabenarten in der Regel mit Freude und Leichtigkeit erledigt wird – und welche eher stiefmütterlich behandelt, aufgeschoben oder im Zweifel delegiert wird? Fachaufgaben werden am liebsten erledigt, Führungsaufgaben dagegen nur sehr ungern. Sie gelten als aufwendig, sperrig, emotional herausfordernd. Sie fordern Präsenz, Reflexion und Konsequenz – und ihr Erfolg lässt sich selten sofort messen.

Führung erzeugt nicht automatisch sichtbare Ergebnisse. Sie braucht Zeit, Geduld und Haltung. Während Fach- und Managementaufgaben rasch Wirkung zeigen, bleibt Führung oft diffus – und deshalb rutscht sie allzu leicht nach hinten auf der Prioritätenliste.

So wird Führung nicht als aktiver Erfolgshebel verstanden, sondern als Reaktion auf Probleme. Als Notprogramm, wenn etwas aus dem Ruder läuft. Kontakt zur Führung? Meist dann, wenn etwas nicht passt, wenn's hakt, wenn's kracht, doch genau hier liegt der Denkfehler.

Führung ist kein Feuerwehrdienst. Kein Reparaturbetrieb. Und auch kein weiches »nice-to-have«.

Führung braucht weder eine neue Methode noch eine weitere Toolbox, sondern eine bewusste Neubesinnung. Es geht um eine klare Neuausrichtung – hin zu Klarheit, Haltung, Wirksamkeit.

Führung ist eine Frage des Mindsets

Führungsfragen sind immer Haltungsfragen. Es geht nicht um Titel, Macht oder Status, sondern um die innere Haltung. Um die Bereitschaft, Verantwortung zu übernehmen, Klarheit zu schaffen und das Wohl des Teams über das eigene Ego zu stellen.

Die Geschichte von Matayo zeigt mit aller Deutlichkeit, was Führung *nicht* ist: Sie ist keine Selbstbedienung, kein Recht auf Bequemlichkeit, keine Lizenz zur Unnahbarkeit. Aus seinem Scheitern wird deutlich, worin der Unterschied zwischen dem reinen Besetzen einer Führungsposition und echtem, verantwortungsbewusstem Führen liegt. Sowohl in der Natur als auch im Unternehmen gilt: Wer führt, dient seinem Team – oder verliert es.

Erfolgreiches Führen heißt zunächst, Ziele zu erreichen. Matayo hatte einst das Überleben seines Rudels gesichert, doch ohne persönliche Weiterentwicklung geriet sein Wirken ins Stocken. Denn Führung ist keine statische Errungenschaft, sondern ein fortlaufender Prozess. Wer in alten Mustern verharrt, verliert mit der Zeit seine Wirksamkeit.

Echte Führung beginnt dort, wo der eigene Vorteil endet.

Dabei ist Führen im Kern nichts anderes als eine moderne Form des Dienens. Matayo jedoch nutzte sein Rudel aus, statt es zu unterstützen. Echte Führung stellt das Wohl des Teams in den Mittelpunkt und erkennt darin die eigene Verantwortung.

Diese Verantwortung wurzelt tief in der persönlichen Haltung. Es waren Matayos Selbstsucht und Trägheit, die das Rudel schwächten. Respekt, Demut und Verantwortungsbewusstsein aber sind Merkmale, die wahre Führung prägen.

Daraus folgt ein elementarer Grundsatz: Wer führen will, muss bereit sein, eigene Bedürfnisse zurückzustellen. Matayo fraß stets zuerst und ließ andere hungrig zurück. Ein wahrer Anführer sorgt erst für sein Team – und dann für sich selbst.

Doch selbst diese Haltung allein genügt nicht. Führen erfordert eine bewusste Entscheidung. Matayo wählte Passivität und zog sich aus seiner Führungsrolle zurück. Wer jedoch nicht entscheidet, bringt Stillstand – und damit Frust und Unsicherheit.

Gute Führung schafft Vertrauen, nicht Kontrolle. Matayo regierte mit Angst und Misstrauen. Doch Vertrauen ist das eigentliche Fundament, das ein Team durch schwierige Zeiten trägt und zusammenhält.

Darüber hinaus heißt führen, Entwicklung zu ermöglichen. Während Matayo stagnierte und damit das Rudel schwächte, bereitete Aaros gezielt Wachstum vor und förderte bewusst die Stärken seiner Gefährten.

Dabei reicht es nicht, auf Besserung zu hoffen. Führen heißt handeln – nicht hoffen. Matayo hoffte, dass alles beim Alten bliebe, doch wer wirklich führt, muss eingreifen, klären und gestalten.

Nicht zuletzt prägt das Verhalten an der Spitze die Kultur im Innersten. Matayos Willkür wurde zur Norm und vergiftete das Miteinander. Wer Fehlverhalten duldet, zerstört Vertrauen – und damit das Team von innen heraus.

Fazit: Führung ist mehr als Position – sie ist Haltung. Die Geschichte von Matayo zeigt eindrucksvoll, dass Führung nicht durch Stärke oder Dominanz definiert wird. Wahre Führungspersönlichkeiten zeichnen sich dadurch aus, dass sie Verantwortung übernehmen, Empathie zeigen und die Bedürfnisse ihres Teams über ihre eigenen stellen.

Führung bedeutet, Orientierung zu geben, Halt zu schaffen und Vertrauen aufzubauen. Und ein Umfeld zu gestalten, in dem Menschen ihr Potenzial entfalten können.

Matayo hingegen führte mit Angst und Selbstbezogenheit. Er sorgte nicht – er forderte. Er unterstützte nicht – er isolierte sich. Die Folgen waren Unmut, Frustration und schließlich die Erosion seiner eigenen Position. Diese Dynamik ist kein Einzelfall. Ob in der Savanne oder im Sitzungssaal: Führungskräfte, die nur sich selbst im Blick haben, säen Misstrauen und Unsicherheit – oft mit fatalen Konsequenzen.

Eine der wichtigsten Erkenntnisse daraus ist: Führung ist keine Rolle, keine Visitenkarte, keine Statusfrage. Führung ist eine Haltung.

Sie verlangt Demut und die Bereitschaft, Verantwortung nicht nur zu delegieren, sondern zu tragen. Sie bedeutet, eine Vision nicht nur vorzugeben, sondern sie gemeinsam mit dem Team zu leben. Es ist die Balance zwischen Klarheit und Mitgefühl, zwischen Konsequenz und Fürsorge, die aus einer Funktion eine Führung macht. Fehlt diese Balance, verliert eine Führungskraft das Vertrauen – und damit ihre Wirkung.

Matayos Scheitern ist deshalb keine bloße Warnung; es ist eine Lektion. Wer führen will, muss bereit sein, sich selbst zurückzunehmen, für andere einzustehen und den Erfolg des Teams an die erste Stelle zu setzen.

Denn Führung ist nicht die Kunst zu herrschen, sondern die Fähigkeit, zu dienen. Und das Beste in anderen zum Vorschein zu bringen. Nur so entsteht Vertrauen, Zusammenhalt und nachhaltiger Erfolg – im Löwenrudel genauso wie im Unternehmen.

Auf einen Blick: Führen wie die Löwen

Löwen wirken auf den ersten Blick wie geborene Anführer: stark, selbstsicher, wachsam. Sie strahlen eine ruhige Dominanz aus, und doch: Nicht alles, was ein Löwe tut, taugt als Vorbild für gelingende Führung. Deshalb lohnt sich ein zweiter Blick.

Denn manche der wichtigsten Erkenntnisse über gute Führung entstehen nicht dort, wo alles gut läuft, sondern dort, wo es kippt. Wo Stärke in Selbstherrlichkeit umschlägt, Nähe durch Angst ersetzt wird und Entwicklung durch Stillstand.

Die Geschichte von Matayo und Aaros zeigt uns beide Seiten: das Scheitern an der eigenen Trägheit und das stille Wachsen durch Haltung, Geduld und Bereitschaft zur Verantwortung. Matayo startete stark. Er war mutig, erfahren, ein Kämpfer. Er sicherte das Überleben seines Rudels, verteidigte seine Stellung gegen Rivalen und schuf Vertrauen durch Präsenz. Doch mit der Zeit verlor er den Anschluss. Ein Phänomen, das wir auch aus Unternehmen kennen: Führungskräfte, die einst mit Energie und Durchsetzungskraft beeindruckten, ruhen sich auf früheren Erfolgen aus. Sie haben den Punkt verpasst, an dem sich Stärke weiterentwickeln müsste.

Aaros hingegen weiß, dass Führungsanspruch nicht durch Lautstärke, sondern durch Klarheit entsteht. Nicht durch Angst, sondern durch Beziehung. Er beobachtet, analysiert, lernt – und bereitet sich vor. Nicht auf Kosten anderer, sondern mit ihnen. Er trainiert mit seinen Gefährten, stärkt Vertrauen, fördert Stärken. Echte Gefolgschaft entsteht nicht durch Hierarchie, sondern durch Haltung.

Führung ist kein Status, den man einmal erreicht und dann verwalten kann. Führung ist ein Prozess – ein ständiger Abgleich mit der Wirklichkeit. Wer sich nicht weiterentwickelt, bleibt nicht stehen, sondern fällt zurück. Matayo hat diesen Wandel verpasst. Aus Kraft wurde Trägheit, aus Erfahrung wurde Sturheit. Vielleicht kennen Sie auch solche Führungskräfte: Menschen, die noch immer nicht gut »mit dem Computer« umgehen können. Menschen, die sich digitalen Tools verweigern, die immer noch glauben, dass Künstliche Intelligenz eine Spielerei ist, oder die sagen: »Ich war eh schon auf genug Seminaren – das brauch ich nicht mehr.« Und dann merken sie plötzlich, dass sich die Welt auch ohne sie weiterdreht.

Aaros hingegen erkennt, dass Führung kein Denkmal ist. Sie ist Bewegung. Wer aufhört zu lernen, hört auf zu führen.

Ein Löwenrudel ist ein hochfunktionales Team. Die Jagd ist nur erfolgreich, wenn jeder seine Rolle kennt und das Zusammenspiel perfekt funktioniert. Doch genau hier liegt der Knackpunkt: Matayo hat sich aus dieser Verantwortung zurückgezogen. Er organisiert nicht mehr, unterstützt nicht mehr, kennt die Bedürfnisse seiner Löwinnen nicht. Er frisst zuerst – und lässt den Rest zurück.

Doch Führung ist kein Privileg. Sie ist ein Dienst. Wer nicht weiß, wie es den Mitarbeitenden geht, was sie brauchen und was sie bremst, führt nicht. Er verwaltet – oder schlimmer: Er behindert. Aaros hingegen lebt Teamarbeit. Er setzt auf Kooperation, unterstützt seine Gefährten und optimiert die Jagdstrategie mit ihnen gemeinsam. Führungskräfte sind keine bessere Sorte Mensch. Auch sie müssen lernen – und ja, manchmal tut das weh.

Ein starker Anführer inspiriert durch seine Taten, nicht nur durch seine Position. Führung bedeutet, das Rudel zu schützen, Nahrung zu beschaffen und Orientierung zu geben.

Aaros lebt vor, was er von anderen erwartet. Er trainiert, bleibt fokussiert, hält das Team zusammen. Seine Geduld, sein Einsatz und sein Respekt vor der Aufgabe machen ihn zu einem Leader, der langfristig erfolgreich sein wird.

Matayo ist ein Lehrstück – im Scheitern. Er hatte das Vertrauen seines Rudels. Und hat es verspielt. Nicht, weil er zu schwach war, sondern weil er aufgehört hat, sich zu kümmern. Trägheit, Egoismus und fehlende Fürsorge haben seine Position untergraben – und am Ende das ganze Rudel geschwächt. Der Führungswechsel ist unausweichlich.

Aaros steht für das Gegenteil: Geduld, Entwicklung, Verantwortung. Er weiß, dass Führung nicht durch Anweisung entsteht, sondern durch Vertrauen. Nicht durch Kontrolle, sondern durch Präsenz. Nicht durch Stärke, sondern durch Integrität. Wer führen will, muss bereit sein, sich selbst zurückzunehmen. Für andere einzustehen. Und das Beste im Team zu fördern. Führung ist nicht die Kunst zu herrschen. Führung ist die Fähigkeit, zu dienen und Menschen wachsen zu lassen.

Und *Sie*? Wie führen *Sie*?

Vielleicht haben Sie beim Lesen des Kapitels bereits gemerkt, dass sich manche Verhaltensmuster aus der Löwenwelt erstaunlich leicht auf die eigene Führungspraxis übertragen lassen. Manche Entscheidungen von Matayo kommen Ihnen vielleicht bekannt vor, ebenso wie die Haltung von Aaros.

Wie steht es mit Ihrem eigenen Führungsstil? Führen Sie eher im Geist von Matayo – kontrollierend, reaktiv, auf den eigenen Vorteil bedacht – oder haben Sie sich bereits Elemente von Aaros' Führung zu eigen gemacht – mit klarem Blick, respektvoller Haltung und Gespür für den richtigen Moment?

Eine Übung zur Reflexion. Kreuzen Sie an, was auf Sie zutrifft. Vielleicht entdecken Sie dabei neue Ansatzpunkte für Ihre eigene Führungsentwicklung.

1. Wann haben Sie das letzte Mal wirklich etwas Neues über Führung gelernt?

(A) In den letzten 6 bis 12 Monaten.

(B) Puh, gute Frage ... ich bin doch erfahren genug.

2. Was passiert, wenn jemand aus Ihrem Team eine Idee hat, die Ihre Strategie infrage stellt?

(A) Ich höre mir das an und überlege, ob es passt.

(B) Nervt, weil es unnötige Diskussionen auslöst.

3. Wie oft hinterfragen Sie bewusst Ihre eigene Wirkung als Führungskraft?

(A) Regelmäßig – ich will wissen, wie ich ankomme.

(B) Eher selten – wenn es läuft, läuft es.

4. Sagen Ihnen die Leute ehrlich ihre Meinung oder eher das, was Sie hören wollen?

(A) Sie sind direkt – manchmal unangenehm, aber wertvoll.

(B) Ich habe das Gefühl, dass viele eher vorsichtig sind.

5. Welche Art von Mitarbeitenden finden Sie anstrengender?

(A) Die, die sich beschweren, aber nichts ändern wollen.
(B) Die, die ständig Dinge infrage stellen und »besser wissen«.

6. Stellen Sie sich vor, Sie müssten Ihren Platz räumen: Würde Ihr Team Sie vermissen oder wäre die Erleichterung größer?

(A) Es würde sich schwertun, weil ich eine spürbare Lücke hinterlassen würde.
(B) Es würde sich arrangieren, vielleicht sogar aufatmen.

7. Wie oft bekommen Sie ungefiltertes, kritisches Feedback von Ihrem Team?

(A) Oft – und es bringt mich weiter.
(B) Eher selten – vielleicht, weil es nichts zu kritisieren gibt?

8. Wie oft in den letzten Monaten haben Sie sich aktiv mit der Weiterentwicklung Ihres Führungsstils beschäftigt?

(A) Immer wieder – Führung verändert sich ständig.
(B) Ich bin erfahren genug, das meiste läuft intuitiv.

9. Wenn Ihr Team heute anonym abstimmen könnte: Würde es sich bewusst für Sie als Führungskraft entscheiden?

(A) Ja, weil ich ihm Orientierung und Klarheit gebe.
(B) Ich hoffe es, aber sicher bin ich mir nicht.

10. Gibt es jemanden in Ihrem Team, der potenziell besser führen könnte als Sie?

(A) Vielleicht – und ich sehe das als Chance.

(B) Hoffentlich nicht – das könnte gefährlich für meine Position sein.

Auswertung:

meistens (A)	Sie sind eher wie Aaros – reflexionsstark, lernbereit und offen für Weiterentwicklung. Machen Sie weiter so!
gemischte Antworten	Sie haben sowohl Eigenschaften von Matayo als auch von Aaros. Die Frage ist: In welche Richtung wollen Sie sich entwickeln?
meistens (B)	Matayo lässt grüßen. Zeit für eine ehrliche Bestandsaufnahme. Führung ist kein Status, sondern eine Verantwortung.

Exkurs: Die häufigsten Führungsfehler – oder: Wie man ein gutes Rudel verliert

Vorab: Dieser Exkurs ist kein Bashing von Führungskräften. Im Gegenteil: Er ist eine Einladung zur Selbstreflexion. Die folgenden 15 Fehler sind keine Ausnahmen – sie begegnen uns in nahezu jeder Organisation. Nicht, weil Führungskräfte es böse meinen, sondern weil sie überfordert sind, schlecht vorbereitet oder schlicht zu sehr im Tagesgeschäft stecken. Führung scheitert selten an der Absicht, sondern am Faktor Aufmerksamkeit.

1. **Es wird zu wenig geführt.** Führung ist kein Bonus zur Facharbeit. Sie ist kein »auch noch«. Und keine Option, wenn Zeit bleibt. Trotzdem erleben wir tagtäglich, dass geführt wird, wenn der Kalender es erlaubt – zwischen Mails, Calls und Projektabgaben. Das Ergebnis? Entscheidungen, die nicht erklärt werden. Gespräche, die zu spät kommen. Reaktionen, die wirken wie Schadensbegrenzung.
2. **Es wird erst geführt, wenn der Hut brennt.** Statt Führung als vorbeugende Kraft zu nutzen, wird sie zum Notfallinstrument. Solange das Team »irgendwie« funktioniert, bleibt alles, wie es ist. Doch sobald Konflikte eskalieren, die Stimmung kippt oder Ergebnisse einbrechen, wird reagiert – hektisch, autoritär, oft planlos. Doch dann ist das Vertrauen meist schon erschüttert. Führung, die erst im Krisenmodus auftaucht, kommt immer zu spät.
3. **Lob und positive Rückmeldung fehlen.** Ein Rudel, das nur dann etwas hört, wenn etwas nicht passt, verliert die Motivation. Führung bedeutet auch, Stärken zu benennen, Fortschritt zu würdigen und Engagement zu sehen. Wer nur Fehler bemerkt, schafft ein Klima der Angst oder Gleichgültigkeit. Dabei ist Rückmeldung keine Nettigkeit. Sie ist Teil des Energiehaushalts. Und sie kostet nichts – außer Aufmerksamkeit.
4. **Schlechte Mitarbeitende werden zu lange mitgezogen.** In jedem Team gibt es Mitarbeitende, die mitdenken, mitziehen und Verantwortung übernehmen. Daneben gibt es diejenigen, die konstant unter dem Radar bleiben: Sie liefern nur das Nötigste, umgehen Verantwortung oder wirken sogar negativ aufs Team – durch Haltung, Verhalten oder Passivität.

Das Problem ist nicht ihre Existenz; solche Mitarbeitenden gibt es überall. Das Problem ist, dass sie oft viel zu lange mitgetragen werden. Aus Unsicherheit, Harmoniestreben oder weil sich Führungskräfte von der scheinbaren Erledigung der Fachaufgaben blenden lassen: »Aber er macht ja seine Aufgaben.« Doch Führung heißt nicht, nur auf die To-do-Liste zu schauen. Die Gesamtleistung eines Mitarbeitenden bemisst sich aus zwei Faktoren: dem Grad der Aufgabenerfüllung und der Mitwirkung und dem Einfluss auf die Team- und Unternehmenskultur.

Wer Letzteres ignoriert, übersieht den entscheidenden Hebel. Denn nichts demotiviert gute Mitarbeitende mehr, als wenn schwaches Verhalten dauerhaft toleriert wird. Wer sich anstrengt, Leistung bringt und Verantwortung übernimmt, will sehen, dass das zählt – und dass Untätigkeit oder destruktives Verhalten nicht folgenlos bleibt. Wird das ignoriert, kippt das System. Die Engagierten ziehen sich zurück. Die Stillen gewinnen Raum. Und die Kultur verlernt Leistung. Gute Führung bedeutet deshalb: genau hinsehen, konsequent unterscheiden und handeln, auch wenn es unbequem ist. Denn wer dauerhaft die Falschen mitzieht, verliert irgendwann die Richtigen.

1. **Mitarbeitende werden nicht als Mitgestaltende gesehen.** Viele Mitarbeitende erleben sich nicht als relevanten Teil des Unternehmens, sondern als ausführendes Glied. Als Räder im Getriebe. Dabei wächst Motivation nicht aus Kontrolle, sondern aus Verantwortung. Wer will, dass Menschen mitdenken, muss ihnen auch das Gefühl geben, dass ihr Denken zählt. Dass sie gebraucht werden. Dass sie nicht Teil des Apparats sind, sondern Teil des Erfolgs.

2. **Ziele sind unklar oder fehlen ganz.** Wohin wollen wir? Wofür lohnt es sich, morgens aufzustehen? In vielen Teams fehlt ein klares Zielbild. Stattdessen dominiert operative Hektik. Es wird gearbeitet, viel sogar, aber ohne erkennbare Richtung. Führung muss Orientierung geben. Sie muss Richtung stiften. Ohne Ziel kein Fokus. Ohne Fokus keine Energie.
3. **Kein gemeinsames Verständnis von Führung.** Was bedeutet Führung in unserem Unternehmen? Gibt es ein gemeinsames Verständnis? Eine klare Haltung? Oder macht jede Führungskraft, was sie will – je nach Prägung, Laune oder Vorbild? Wenn es kein gemeinsames Bild gibt, entsteht Willkür – und Willkür zerstört Vertrauen. Wer Führung ernst meint, braucht ein klares Leitbild – nicht nur auf Papier, sondern im Alltag.
4. **Führung ohne Vorbereitung.** In vielen Organisationen werden gute Fachkräfte zu Führungskräften befördert. Nicht, weil sie führen können, sondern weil sie fachlich überzeugen. Die Führungsrolle wird zur Belohnung für Kompetenz, nicht für Haltung. Und so landen Menschen in Positionen, für die sie weder vorbereitet noch sensibilisiert worden sind. Kein Wunder, dass sie überfordert sind. Führung braucht Vorbereitung – keine Vorschusslorbeeren.
5. **Human Resources ohne Führungsverständnis.** Viele HR-Abteilungen haben Einfluss auf die Auswahl, das Onboarding und die Entwicklung von Führungskräften. Und doch fehlt dort häufig das Verständnis für die echte Dynamik von Führung. Statt Klarheit und Haltung wird auf Zertifikate geschaut. Statt Potenzial zu erkennen, werden Karrierepfade geplant. Das Ergebnis: Führungs-

kräfte, die in der Theorie glänzen, doch in der Praxis straucheln.

6. **Auswahl nach den falschen Kriterien.** Wer wird Führungskraft? Häufig jemand mit der längsten Betriebszugehörigkeit. Oder mit der lautesten Stimme. Oder mit den besten Zahlen. Doch das heißt noch lange nicht, dass man Menschen führen kann. Führung braucht nicht nur Fachlichkeit, sondern mehr: Charakter, Klarheit, Reflexionsfähigkeit. Wer das ignoriert, züchtet Machtausübende, aber keine Verantwortungstragenden.
7. **Fehlende Kommunikation von Entscheidungen.** Entscheidungen werden getroffen, aber nicht erklärt. Veränderungen werden umgesetzt, aber nicht eingeordnet. Und dann wundert man sich über Widerstand. Doch Führung bedeutet auch: Kontext geben und Entscheidungen nachvollziehbar machen. Nicht jeder muss mitbestimmen, aber verstehen hilft. Immer. Denn dort, wo Verständnis fehlt, wachsen Spekulation, Frust und Misstrauen.
8. **Keine Feedbackkultur – weder nach oben noch zur Seite.** Führung findet nicht im Vakuum statt. Wer nicht regelmäßig Feedback erhält, verliert schnell das Gespür für Wirkung. Und wer kein Feedback gibt, lässt Verhalten eskalieren. Besonders fatal: Wenn sich niemand traut, der Führungskraft selbst den Spiegel vorzuhalten. Ohne Feedback keine Entwicklung. Und ohne Entwicklung keine gute Führung.
9. **Konflikte werden ignoriert oder ausgesessen.** Konflikte sind kein Zeichen von Schwäche. Sie sind Ausdruck von Spannung, Vielfalt und Energie. Wer sie ignoriert, lässt sie wachsen – bis zur Explosion. Viele Führungskräfte

hoffen darauf, dass sich Konflikte von selbst lösen. Tun sie aber nicht. Gute Führung konfrontiert klar, aber fair. Nicht später, sondern jetzt.

10. **Entscheidungen werden nicht durchgehalten.** Einmal entschieden, dann wieder revidiert. Heute so, morgen anders. Wer so führt, erzeugt Verunsicherung. Entscheidungen müssen nicht perfekt sein, aber sie müssen tragfähig sein. Wer ständig rudert, verliert Vertrauen. Denn Konsequenz ist kein Luxus – sie ist Führungsgrundlage.
11. **Zu wenig Vorbildfunktion.** Führung beginnt beim eigenen Verhalten. Wer pünktlich sein will, muss pünktlich sein. Wer Vertrauen erwartet, muss vertrauen. Wer Einsatz fordert, muss ihn vorleben. Viele Führungskräfte unterschätzen, wie stark ihr eigenes Verhalten das Team prägt. Worte wirken, aber Verhalten wirkt stärker.

Fazit: Diese Fehler sind nicht spektakulär. Sie sind alltäglich – und das macht sie so gefährlich, denn sie schleichen sich ein. Sie werden geduldet und irgendwann zur Kultur. Wer führt, muss hinschauen. Nicht nur nach vorn, sondern auch nach innen. Denn gute Führung beginnt immer mit einer Frage: Was tue ich – und was lasse ich zu?

Ein Wort zum Umgang mit destruktiven Mitarbeitenden: Man bekommt, was man toleriert. Wenn jemand seine Aufgaben nicht erledigen *kann*, fördern und unterstützen Sie ihn. Das ist Ihre Verantwortung. Wenn jemand nicht *will*, handeln Sie – so schnell wie möglich.

Viele Trainierende und Ratgeber betonen den Wert von Empathie, Wertschätzung und Geduld. Das ist richtig – bis zu einem Punkt. Es gibt Dinge, die nicht verhandelbar sind: Grundrespekt, Leistungsbereitschaft, konstruktives Verhalten. Wer diese Basis verweigert, stellt sich gegen das Team – und damit auch gegen die Führungskraft.

Führung bedeutet nicht, dauerhaft um Mindestverhalten zu bitten, sondern Rahmen und Richtung zu setzen. Wer nicht bereit ist, sich daran zu halten, darf gehen. Nicht aus Härte, sondern aus Verantwortung gegenüber den anderen. Denn oft ist die Kündigung die effektivste Maßnahme zur Personalentwicklung – nicht für den, der geht, sondern für die, die bleiben.

Niemand muss motiviert werden, seine Aufgaben zu erledigen. Zeigen Sie Ziel, Sinn und Notwendigkeit auf – ja. Aber führen Sie keine Endlosgespräche über Selbstverständlichkeiten. Und wenn es nicht wirkt, werden Sie klar: »Herr/Frau Maier, ich habe ein klares Bild davon, wie Zusammenarbeit bei uns laufen soll. Ihr Verhalten widerspricht dem klar. Sagen Sie mir bitte, wie wir diese Lücke überbrücken – oder ob das gar nicht mehr Ihr Anspruch ist.« Haben Sie keine Scheu vor Ausflüchten wie »Er ist bald in Pension« oder »Wir sind von ihr abhängig«. Kulturelle Zersetzung beginnt leise – bei genau solchen Ausnahmen. Deshalb: Führen Sie. Legitimieren Sie kein destruktives Verhalten. Und wenn nötig: Ziehen Sie die Konsequenzen – früh, klar und verantwortungsvoll.

Leben und Überleben im Busch

Wenn die Fluten der großen Lebensadern Gwayi, Sanyati oder Sambesi in den Monaten vor der Regenzeit wenig Wasser führen, dann bedeutet das – vor allem am Sanyati –, dass der Strom auf weniger als die Hälfte seiner Breite zusammenschrumpft und in manchen Jahren sogar zu einem Rinnsal verkommt. Alle Wildtiere der Gegend, hunderte Zebras, Gnus, Hartebeester, Rappenantilopen, Elands, Elefanten, aber auch große Raubtiere wie Löwen, Leoparden, Hyänen und Wildhunde brauchen das lebensnotwendige Nass. Sie alle müssen das kostbare Wasser mit dem Vieh der Menschen wie Rindern, Ziegen, Eseln oder Pferden teilen. Es kommt zu einem Rendezvous am Wasser, teils mit verheerenden Folgen. Es ist wie ein Spießrutenlauf.

Am Uferrand liegen in aller Ruhe die Krokodile, zig weitere sind in dichten Schilfgürteln versteckt. In der Mitte des Flusses räkeln sich Nilpferde auf den Sandbänken, die durch den Wassermangel entstanden sind, und sonnen sich behäbig. Ruhig fließt der Sanyati nordwärts in Richtung des Karibasees, einem der größten Stauseen der Welt. In den späteren Nachmittagsstunden, wenn die Sonne sich dem Horizont neigt, beginnt der Andrang. Die ersten kleineren Gruppen von Zebras und Gnus, meist vermischt mit Eland-Antilopen zur Verstärkung ihrer Verteidigungskraft, bilden sich in der Nähe des Gewässers. Auch die sehr wehrhaften Rappenantilopen mit ihren starken Hörnern finden sich ein. Kleinere Gazellen gesellen sich dazu, die Grasfresser sind friedlich untereinander. Sie beäugen die Gegend rund um das Wasser, denn sie haben Durst. Niemals würde ein Tier einfach so zum Fluss hinunterlaufen!

In dieser Situation gehen wir mit einer Herde von 500 Kühen jeden Abend zum Wasser. Wir sind beritten, denn anders geht es in unserem Gebiet nicht. Zu groß ist die Gefahr, von Löwen, Hyänen oder Hippos angefallen zu werden. Das wäre ein kurzes und dummes Ende. Wir begleiten die trächtigen Mutterkühe bis zu einem sandigen Streifen, ungefähr 30 Meter von der Uferkante des Flusses entfernt, und warten.

Die Sonne ist in doppelter Baumkronenhöhe und die Kühe sind unruhig, wollen zum Ufer. Mit den Pferden versperren wir ihnen den Weg. Warten.

Als Kind auf meinem Pony konnte ich zunächst das lange Warten nicht verstehen. Erst viel später habe ich begriffen, wie wichtig das Zusammenspiel und die Hilfe von allen Tieren sind. Im Hinterland heulen die Hyänen, und ein ungutes Gefühl durchfährt die Magengegend. Hyänen sind weit gefährlicher als Löwen, weil sie in sogenannten Packs angreifen und ihre Beute anders überwältigen, als Löwen das tun. Das musste ich selbst erfahren, und wir haben daher stets die Hyänen sehr genau beobachtet.

Die Sonne hat jetzt die Baumkronen der am anderen Ufer stehenden Marulabäume erreicht. Nach langem Warten und dem Beobachten der Herden von Antilopen auf der einen Seite und dem Flussufer auf der anderen

Seite werden die Pferde unruhig. Die Ohren der Tiere sind auf den nahen Teakwald gerichtet.

Ein leichtes Streicheln über den unteren Hals des Ponys beruhigt das Tier etwas. Nervös schnaubt das Pony und springt unruhig auf der Stelle hin und her. In der nächsten Minute erscheinen wie aus dem Nichts die grauen Riesen auf der Bildfläche: Elefanten.

Nun kommt Bewegung in die ganze Landschaft. Alle Tiere um uns herum beginnen, sich zu vermischen, umeinander zu kreisen – ein ewiges Hin und Her. Sie scheinen unter sich auszumachen, wie die Schlange zu bilden ist, die sich bald zum Wasser des Flusses begeben wird. Wie eine ausgelassene Horde Teenager, die sich die besten Plätze beim Popkonzert suchen, um ihrem Idol ganz nah zu sein, nur alles sehr viel ruhiger und recht friedlich. Ich sitze auf meinem Pony und warte, lasse die grauen Riesen an uns und den Kühen hinter uns vorüberziehen. Die Kühe sind allerdings in dieser Minute die lautesten Tiere.

Die Matriarchin, eine mächtige Elefantenkuh, schaut zu uns herüber und hebt die Ohren etwas an, um zu zeigen, wer hier die Vorherrschaft über das Gebiet hat, geht aber in ungefähr 30 Metern Abstand ruhig zum Uferrand weiter. Vier Krokodile, die dort gerade ein Sonnenbad genossen haben, huschen in die Fluten und beäugen den grauen Riesen aus der Flussmitte heraus. Nur die Augen der Krokodile sind zu sehen; ihren Körper halten sie unter Wasser versteckt. Hinter mir werden die Kühe derweil ungeduldig, trampeln und muhen herum. Die Sonne wirft jetzt längere Schatten der Bäume über das Wasser.

Die Kühe kennen die Prozedur um das abendliche Tränken und bringen sich in Stellung, gehen ein paar Schritte vor. Aber Robertson, unser Chefhirte, schnalzt mit der Zunge, dreht sein Pferd abrupt herum und stellt sich zwischen die Kühe und das Flussufer mit den Elefanten. Noch nicht. Wir müssen noch warten.

Inzwischen sind weitere Elefanten dazugekommen, eine Herde aus zehn weiblichen Dickhäutern trinkt nun am Ufer des Sanyati. Sogar ein ganz kleines Kalb im Alter von vielleicht drei Wochen ist dabei. Die Mutter des Kälbchens ist entsprechend nervös und trompetet laut – sie hat Angst um das Neugeborene. Zebras, Gnus, viele Elands und eine Gruppe von Buschböcken kommen langsam näher – immer noch in sich kreisend. Sie haben ihre Schlange zum Anstellen noch nicht richtig gefunden. Die Elefanten trinken und bespritzen sich mit Wasser.

Siwela, ein jüngerer Arbeiter auf einem sehr feurigen Pferd, das die ganze Zeit unruhig scharrt und Anzeichen macht zu steigen, versucht, das Tier zu beruhigen. Das Pferd ist mit fünf Jahren noch sehr unerfahren und muss sich erst an den Nervenkitzel mit Krokodilen im und am Wasser, Elefanten vorn, Kühen hinten und vielleicht 300 Antilopen seitlich gewöhnen.

Geplätscher und das dumpfe Aufschlagen von den Wasserfontänen der Dickhäuter auf ihren Rücken dringen vom Ufer zu uns herüber. Außer dem Kälbchen und dessen Mutter baden nun alle grauen Riesen in den Fluten.

Jetzt ist der richtige Zeitpunkt gekommen!

Robertson wendet sein Pferd und macht den Weg für die Kühe frei, um zum Ufer zu gelangen. Siwela und ich tun es ihm gleich und reiten unsere Tiere ein Stück nach oben in Richtung der vielen Wildtiere. Die durstigen Kühe hetzen zum Ufer – ganz in der Nähe der Elefanten, aber immer noch so weit weg, dass die »Herrscher des Gebietes« nicht gestört werden. Gierig trinken die Kühe in einer langen Reihe am Ufer von dem kühlen Nass. Einige von ihnen stehen mitten im Fluss, und wir halten angestrengt Ausschau nach den Krokodilen.

Mein Pony ist auf einmal störrisch, will bocken. Springt hin und her, dreht sich um die Hinterhand in Richtung Heimweg und versucht loszurennen. Irgendetwas stimmt nicht.

Seine Blicke gehen dabei immer wieder zu einem Schilfgürtel nahe dem Uferbereich, hinter dem die Elefanten gerade trinken. Ich beruhige ihn mit leisen Worten und klopfe vorsichtig seinen Hals. Bald habe ich das Tier wieder unter Kontrolle. Robertson folgt dem Blick des Ponys, Siwela auch. Wir können aber nichts sehen.

Robertson hebt die Hand zum Zeichen des Abwartens und der Ruhe. Wir dürfen jetzt noch nicht zurück. Erst müssen sich alle Kühe satt trinken. Hyänen kichern und jaulen aus Richtung des Teakwaldes. Sie kommen näher, sind aber noch weit entfernt von uns. Doch das ist nicht die Gefahr. Etwas anderes beunruhigt mein Pony. Auch das erfahrene Pferd von Robertson schnaubt wild und spitzt seine Ohren in Richtung Schilfgürtel.

Robertson zieht sein Gewehr aus dem Köcher am Sattel und lädt es durch. Zum Glück, denn in dem Moment schnellt etwas Hellbraunes, geduckt und wie eine Rakete aus dem Schilf – eine Löwin!

Ungefähr 200 Meter von uns und den Kühen entfernt läuft sie in hoher Geschwindigkeit direkt auf uns zu. Mein Pony macht einen Bocksprung und stellt sich danach kerzengerade auf die Hinterbeine. Angst!

Ein ohrenbetäubender Knall durchschneidet die Luft. Robertson feuert eine Ladung aus der .300 Win Mag, die er immer dabeihat, der Löwin direkt vor die Vorderpranken. Sand und kleine Kieselsteinchen stoben ihr ins Gesicht und lassen sie abrupt stoppen. Sie schreit, was sich nicht gerade vornehm anhört, aber sie hält in ihrem Angriff inne. Legt sich nieder, die Schwanzspitze ruht am Boden. Ein gutes Zeichen.

Aus den Augenwinkeln nehme ich wahr, dass die Herdentiere in wilder Flucht abdrehen. Der Schuss hat sie panisch werden lassen. Das Gerumpel von Tausend Hufen auf Sand und über Steinchen fliegt zusammen mit einer dicken Staubwolke durch die Abendluft.

Robertson hat sofort repetiert und Siwela reißt ebenfalls sein Gewehr aus der Packtasche und zielt auf die Löwin.

»Erstaunlicherweise steht sein Pferd auf einmal still«, denke ich noch, als ich die zweite Löwin von rechts, da, wo zuvor noch hunderte von Grasfressern auf die Trinkgelegenheit gewartet hatten, heranspurten sehe.

Aber Robertson hatte sie schon längst bemerkt, und während ich noch mit meinem Pony um die Tatsache kämpfe, wer hier wann entscheidet, wo wir hingehen, bekommt auch die zweite Löwin eine Ladung vor ihre

Krallen in den hellen Sand mit den weißen Kieselsteinchen.

Zu gerne hätte ich damals auch schon ein Gewehr gehabt, aber ich war zu dieser Zeit noch »im Schießtraining« unter der persönlichen Aufsicht meines Pas und durfte daher noch keine Waffe mitführen. Außerdem wäre ein Gewehr zu lang für einen Köcher auf dem Pony gewesen. Mein Pa hat immer gesagt, dass der Winkel für so einen »Stoppschuss« das Entscheidende ist. Ist er zu steil, dann fliegt der Sand nicht – und die Wirkung des Schusses ist verfehlt. Robertsons Schüsse saßen exzellent da, wo sie hinsollten.

Doch es waren nicht allein die Schüsse des erfahrenen Mannes, die die beiden Raubkatzen von ihrem Vorhaben, unseren Kühen oder uns etwas zuleide zu tun, abhielten.

Jetzt kommen die Elefanten ins Spiel. Verärgert durch die unverblümte Störung ihres Badeaufenthaltes, dreht sich die riesige Anführerin auf ihren Hinterfüßen um und sprintet in einer Geschwindigkeit, die man diesen Dickhäutern nie zutrauen würde, in Richtung der ersten Anführer-Löwin. Diese liegt immer noch geduckt und zum Sprung bereit an der gleichen Stelle – in einem spitzen Winkel von der Matriarchin auf halber Höhe zwischen Schilf und uns. Andere Elefantenkühe folgen ihrer Chefin und rennen unter dröhnendem Trompetenlärm und mit aufgeklappten Ohren auf die Löwin zu.

Das wird zu viel für die Miezekatze, und sie trollt sich nach einer kurzen Überdenkzeit, nicht ohne sich mehrfach verwundert abwechselnd nach uns und den Elefanten umzudrehen, in Richtung des Teakwaldes. Ihre Komplizin von der anderen Angriffsrichtung folgt ihr, ohne Anstalten für eine erneute Attacke zu machen. Die Elefanten sind zu übermächtig.

Siwela will hinterherschießen, aber Robertson befiehlt ihm, das Gewehr zurückzulegen. Er tut es schließlich, murrend.

Wir durften damals schon nur im äußersten Notfall Löwen töten – nur dann, wenn unser eigenes Leben in Gefahr war. Das ist jetzt über 40 Jahre her, und schon zu dieser Zeit hatte unsere Regierung erkannt, wie wichtig der Schutz aller Tiere in der freien Wildbahn ist.

Die Lust am Baden war den Elefanten nach dieser »Löweneinlage« grundlegend vergangen.

Elefanten können nicht so gut sehen – genauer gesagt sehen sie alles, was weiter weg ist als 25 Meter, nur schemenhaft, und nehmen im Prinzip nur Bewegungen wahr. Die Gruppe der Elefantenkühe will nichts riskieren, vor allem wegen des kleinen Kalbes, das sich ständig unter dem Bauch seiner Mutter versteckt. Bald, nach einigem Hin und Her und ein paar wütenden Trompetern, verschwinden sie auf für Viertonner erstaunlich leisen Sohlen im Teakwald. Genau dorthin, wo auch die Löwinnen das Weite gesucht hatten.

Unsere Kühe waren unterdessen leider nicht so nervenstark wie wir und sind in wilder Flucht direkt am Ufer des Sanyati davongerast. Die Sonne war da schon hinter dem Horizont in einem knallroten Ball verschwunden. Wir sind noch bis zum Einbruch der Dunkelheit geritten, bis wir die aufgebrachte Kuhherde wiederfanden und sie in Sicherheit in unsere starken Abzäunungen treiben konnten.

Hatten sich jetzt die Kühe vor den Schüssen oder vor den Löwen erschrocken? Das wissen nur die Kühe selbst. Damals begleitete uns das Glück durch die Hilfe der Elefanten. Diese sehr aggressiven Löwen haben uns noch einmal verschont. Glück und Gefahr liegen im Busch immer eng beieinander. Und während wir am Fluss den Löwen entkamen, warteten schon die nächsten Prüfungen – diesmal nicht am Wasser, sondern auf den Feldern.

Die Regenzeit kam vier Wochen zu früh, und wir waren spät dran. Der Weizen musste noch in den Boden, doch der ständige Regen machte die Arbeit zur Schlammschlacht. Das Saatgut verklebte in der Drillmaschine, musste immer wieder von Hand entfernt werden. Wenn der große Regen kam, mit 30 bis 50 Litern pro Tag, war es vorbei mit der Feldbestellung.

Wir warteten auf den Traktor. Der unbestellte Acker lag vor uns, schwarz und unendlich. Dann endlich tuckerte der Ferguson heran. Pa war gereizt – die Arbeiter hatten getrödelt. Jetzt war es kurz nach zwölf Uhr. Mboroboro, unser Traktorfahrer, ein ruhiger Tonga-Mann mit unerschütterlicher Gelassenheit, half schweigend, die Saatgutsäcke ins Innere des Traktors zu verfrachten, damit sie nicht völlig durchnässt wurden.

Plötzlich zischte Mboroboro leise: »Mister, Leo.« Sein Blick ging zu einer Baumgruppe. Erst jetzt sahen wir sie – zwölf erwachsene Löwen, keine 150 Meter entfernt, direkt am Fahrweg, den wir eben passiert hatten. Sie lagen unter den Moringabäumen, dösend, aber mit Blick auf uns.

Pa griff instinktiv nach seinem Gewehr, reichte mir sein Fernglas und brachte sich in Stellung. Sein Gesicht war angespannt. Ein Angriff mit so vielen Tieren? Keine Chance. Mein Herz pochte, als ich durch das Fernglas schaute. Alle Löwen beobachteten uns.

Dann grinste Mboroboro und rieb sich den Bauch. »Mister, no problem. Leo finish eating.« Ich blinzelte. Erst jetzt sah ich es: 300 Meter hinter den Löwen ragten Hörner aus dem Gras. Ein totes Gnu. Das Rudel hatte gefressen. Sie waren satt, und ihr Weg zum Wasser führte genau an unserem Feld vorbei.

Pa sah es auch. »Rein ins Auto!« Wir sprangen auf die Sitze, kurbelten die Fenster hoch, trotz der unerträglichen Hitze. Klimaanlage? Gab es damals nicht. Mboroboro blieb gelassen, startete den Traktor und fuhr weiter, als wäre nichts gewesen.

Mir lief der Schweiß in den Nacken, als wir langsam auf die Löwen zufuhren. Mboroboro fuhr absichtlich langsamer. Ich versuchte, mich unsichtbar zu machen. Die Löwen lagen entspannt da. Eine Löwin hob träge den Kopf, sah mir direkt in die Augen. Ich hielt den Atem an. Dann rollte sie sich auf den Rücken und gähnte.

Das Rudel ignorierte uns. Der Pascha lag mit Resten seines Mahls im Bart im Schatten. Nicht einmal er beachtete uns. Pa schüttelte den Kopf und murmelte: »Löwen! Satte, vollgefressene Löwen!«

3

UNTER ERDMÄNNCHEN UND BORSTENHÖRNCHEN – DAS PRINZIP DER ERGÄNZENDEN UNTERSCHIEDLICHKEIT

Abbildung 3: Zwei kleine Meister der Anpassung – Erdmännchen und Borstenhörnchen leben in ständiger Balance zwischen Aufmerksamkeit, Nähe und Distanz.

Wer sie wirklich sind: Erdmännchen und Borstenhörnchen im Porträt

Sie wiegen kaum mehr als eine Trinkflasche, doch sie gehören zu den aufmerksamsten Tieren Afrikas: Borstenhörnchen und Erdmännchen leben in den offenen Savannen des südlichen Afrikas, vor allem in der Kalahari, wo Schatten rar, Raubtiere häufig und Fehler tödlich sind. Was sie eint: ihr Lebensraum. Was sie trennt: alles andere.

Das Borstenhörnchen

Ein kleines, gedrungenes Nagetier mit auffallend langem, buschigem Schwanz. Es lebt vor allem in Namibia, Botswana und im nördlichen Südafrika – bodenbewohnend, mit weit verzweigten unterirdischen Bauten, die als Rückzugsort und Schutz vor Hitze und Feinden dienen. Tagsüber ist es aktiv und oberirdisch unterwegs. Sein Fell ist sandfarben bis grau, die namensgebenden »Borsten« sitzen auf dem Rücken und wirken wie eine Schutzbürste gegen Angreifer.

Besonders ist sein Verhalten: Meist allein oder in kleinen Gruppen unterwegs, verlässt es sich auf seine eigenen Sinne, kennt jeden Fluchtweg, beobachtet ununterbrochen. Der buschige Schwanz wird im Stehen wie ein Sonnenschirm über den Rücken geklappt – ein natürlicher Hitzeschild in der prallen Savanne. Wissenschaftlich heißt es *Xerus inauris* und gilt als Meister individueller Reaktionsschnelligkeit.

Das Erdmännchen

Mit seinem schlanken Körper, den großen Augen und dem fast menschlich wirkenden aufrechten Stand zählt das Erdmännchen *(Suricata suricatta)* zu den bekanntesten Tierarten des südlichen Afrikas. Es wird etwa 25 bis 35 cm lang, hat einen langen, spitzen Schwanz von weiteren 15 bis 25 cm und wiegt rund 700 bis 1.000 Gramm. Das Fell ist hellbraun bis grau mit dunklen Streifen am Rücken – perfekt angepasst an die sandige Umgebung. Auffällig sind die dunkel umrandeten Augen, die nicht nur putzig wirken, sondern grelles Sonnenlicht dämpfen – wie eingebaute Sonnenbrillen.

Erdmännchen leben bevorzugt in trockenen, offenen Lebensräumen: Kalahari, Namib, südliches Botswana, Nordkap-Provinz – überall dort, wo es wenig Vegetation, aber gute Grabbedingungen gibt. Ihre unterirdischen Bausysteme bestehen aus bis zu 90 Eingängen und mehreren Metern an Tunneln und Kammern. Tagsüber sind sie fast durchgehend aktiv – sie graben, wühlen, suchen nach Insekten, Skorpionen, Eiern, kleinen Reptilien.

Was sie besonders macht, ist nicht ihr Aussehen, sondern ihr Verhalten: die hochsoziale Gruppenstruktur, eine klare Rollenverteilung und permanente Wachsamkeit. Die Tiere wechseln sich beim Wachdienst ab, erkennen bis zu 30 verschiedene Laute, unterscheiden präzise zwischen Bedrohungen aus der Luft oder vom Boden. Bei Gefahr schlagen sie Alarm – und die Gruppe reagiert in Sekunden, oft mit perfekter Rückzugsordnung.

Im Vergleich zum Borstenhörnchen wirkt das Erdmännchen fast wie ein kleiner Generalstab auf vier Pfoten: diszipliniert, synchronisiert, vorausschauend. Doch auch hier gibt es

Eigenwillen, etwa, wenn rangniedere Jungtiere plötzlich die Führung übernehmen. Das macht sie für die Führungsdebatte so interessant: strukturiert, aber mit Spielraum.

Zwei Tierarten, zwei Führungsprinzipien

Beide Arten leben im selben Raum, doch sie antworten unterschiedlich auf dieselbe Bedrohung: das eine individuell, schnell, unberechenbar; das andere strukturiert, abgestimmt, ritualisiert. In dieser Gegenüberstellung liegt ihr Reiz und ihr Erkenntniswert für die Führungsarbeit: Hier treffen Autonomie und Organisation, Spontanität und Verlässlichkeit aufeinander. Beide Strategien sichern das Überleben, aber auf ganz verschiedene Weise.

Leben im Schatten der Savanne: zwischen Überhitzen und Übersehenwerden

Es ist ein Lebensraum, der keine Fehler verzeiht: offenes, flirrendes Land, nur spärlich durchsetzt mit Büschen und Termitenhügeln. Kein Schatten, keine Deckung, kein Versteck. Wer hier lebt, muss wacher sein als der Tod – und schneller. Mitten in dieser glühenden Weite bewegen sich zwei Tierarten, kaum faustgroß und doch Meister im Überleben: Borstenhörnchen und Erdmännchen. Sie teilen sich die gleiche Hitze, das gleiche Risiko, den gleichen Staub – aber nicht die gleiche Strategie.

Das Borstenhörnchen duckt sich, friert ein, prescht los. Es verschmilzt mit dem Boden, verschwindet im Nichts – und ist plötzlich wieder da. Jedes Muskelzucken scheint gespeist von Ahnung, Erfahrung, einem inneren Radar. Es lebt nicht in der Gruppe, sondern neben ihr. Witterung, Geräusch, Schatten – alles wird einzeln bewertet, jeder Fluchtweg im Kopf tausendfach geprobt. Nichts daran wirkt planvoll, aber alles ist zweckmäßig.

Das Erdmännchen dagegen steht aufrecht, ruht nicht in sich, sondern im System. Einer gräbt, einer wacht, einer zieht die Jungen groß. Gefahren werden angesagt, nicht vermutet. Aufgaben verteilt, nicht erraten. Wo das eine Tier auf Spontaneität setzt, vertraut das andere auf Struktur. Hier wird nicht reagiert, hier wird koordiniert.

Beide Arten leben unter der Erde, verborgen in verzweigten Bauten, klimatisiert durch Tiefe, gesichert durch Fluchtröhren. Doch das Entscheidende spielt sich darüber ab: Dort, wo Sonne brennt, Schatten fehlt, Raubvögel kreisen. Und dort, wo die Frage, ob man eine Sekunde zu früh oder zu spät war, alles entscheidet.

Es ist keine Frage der Intelligenz, sondern der Haltung. Das eine lebt vom Alleinentscheiden, das andere vom Zusammenspiel – und beide haben recht.

Das Prinzip der ergänzenden Unterschiedlichkeit – zwei Antworten auf dieselbe Frage

Borstenhörnchen und Erdmännchen leben kaum fünf Meter voneinander entfernt – und doch in zwei völlig verschiedenen Welten. Ihre unterirdischen Bauten liegen oft im selben Sand, ihr Aktionsradius überschneidet sich täglich, ihre Fressfeinde sind dieselben. Und trotzdem könnte ihr Verhalten kaum unterschiedlicher sein.

Das Borstenhörnchen ist allein unterwegs. Nicht aus Arroganz oder Eigensinn, sondern weil es gelernt hat, dass Geschwindigkeit und Überraschung manchmal mehr retten als Ordnung und Absprachen. Es verlässt sich auf sich selbst, beobachtet, rechnet mit dem Schlimmsten, ist immer eine halbe Sekunde vor der Gefahr.

Das Erdmännchen kennt keine solche Einsamkeit. Es ist eingebettet in ein Rollensystem, das funktioniert, weil es ständig geübt wird. Jeder in der Gruppe weiß, was zu tun ist: wer gräbt, wer schaut, wer ruft, wer führt. Dieses Tier handelt nicht instinktiv auf Zuruf, sondern bewegt sich in einem eingeübten Protokoll, das trotzdem Raum für Flexibilität lässt.

Beide Systeme funktionieren. Das eine lebt vom plötzlichen Sprint, vom Reaktionsvermögen des Einzelnen; das andere von der vorhersehbaren Verlässlichkeit, von geteiltem Risiko, von gemeinsamer Wache. Sie beweisen, dass es im selben Raum nicht nur eine richtige Art zu leben gibt, sondern mehrere. Wer Führung verstehen will, muss erkennen, dass sich auch Menschen in solchen Parallelwelten bewegen. Der eine entscheidet schnell, leise, allein. Die andere ruft das Team zusammen, verteilt Aufgaben, denkt im Verbund. Beide können richtig liegen, solange sie wissen, in welcher Welt sie sich bewegen.

Alarm ist nicht gleich Alarm – zwischen Stille und System

Gefahr ist allgegenwärtig. Greifvögel, Schakale, Schlangen – die Savanne kennt keine Pausen. Doch wie man auf Gefahr reagiert, unterscheidet Borstenhörnchen und Erdmännchen grundlegend. Nicht in ihrer Angst, sondern in der Art, wie sie Alarm begreifen.

Beim Borstenhörnchen ist Alarm kein kollektives Ereignis, sondern eine individuelle Wahrnehmung. Es hört ein Rascheln, sieht einen Schatten, spürt eine Veränderung im Wind – und friert ein. Oder es rennt. Oder es täuscht. Was genau es tut, hängt vom Moment ab, vom Instinkt, vom Gedächtnis der Muskeln. Es ruft nicht, es warnt nicht – es rettet sich. Und manchmal, ganz nebenbei, auch andere.

Das Erdmännchen hingegen hat ein ganzes Repertoire an Alarmrufen. Es unterscheidet präzise zwischen Bedrohung aus der Luft und Gefahr vom Boden. Die Tonhöhe, die Rhythmik, sogar der Standort des Rufenden sagen der Gruppe, was zu tun ist. Alle hören hin, alle reagieren – koordiniert, fast wie ein eingeübtes Fluchtballett. Die Jungen werden zuerst in Sicherheit gebracht, die Gruppe zieht sich geordnet zurück, die Wache bleibt bis zuletzt.

Doch auch Systeme haben Schwächen. Wenn der Wächter unkonzentriert ist, wenn das Signal zu spät kommt, wenn sich alle auf das Protokoll verlassen und keiner hinsieht, dann versagt das ganze Kollektiv. Das Borstenhörnchen dagegen macht keine Absprachen. Es macht sich auch keine Vorwürfe. Es ist nur für sich verantwortlich – und dadurch manchmal schneller, manchmal einsamer, manchmal sicherer. Was auf den ersten Blick nach einem Gegensatz aussieht, ist in Wahrheit ein Denkmodell: Alarm ist keine Frage des Ob, sondern des Wie. Und wer führt, muss wissen, ob er gerade mit Borstenhörnchen oder mit Erdmännchen spricht.

Der Fluchtweg im Kopf: Bewegung als Denkform

In der Savanne ist Flucht keine Ausnahme, sondern Alltag. Wer hier lebt, lebt auf Abruf. Doch wie man sich bewegt, sagt viel darüber aus, wie man denkt – und worauf man vertraut.

Das Borstenhörnchen bewegt sich in kleinen, ruckartigen Etappen. Es hält inne, späht, rennt los, bleibt wieder stehen. Kein Muster, keine Vorhersehbarkeit. Seine Bewegungen wirken wie zufällig, fast nervös – und doch liegt darin Methode. Es kennt sein Terrain, seine Fluchtrichtung, seine Lücken. Der Weg ist nicht abgesprochen, sondern vorgedacht. Jedes Tier hat seinen eigenen Plan, oft mehrfach abgespeichert, immer abrufbereit. Es gibt keine Führung, aber viele Entscheidungen – klein, schnell, unmittelbar.

Das Erdmännchen verlässt sich auf anderes. Die Gruppe rückt vor, nicht als Masse, sondern als abgestimmte Einheit. Einer sichert links, einer rechts, einer hinten. Wenn sich die Lage ändert, ändert sich auch das Muster. Die Fluchtwege sind bekannt, eingegraben, markiert. Wenn das Kommando kommt, verschwindet die ganze Gruppe in Sekunden – nicht durcheinander, sondern sequenziell. Die Jüngsten zuerst, die Wächter zuletzt. Was hier wirkt wie ein Reflex, ist in Wahrheit das Ergebnis ständiger Übung. Jeder weiß, wo er hinmuss – und wann.

Beide Systeme haben ihre Logik: Das eine setzt auf Autonomie, auf individuelle Reaktionsintelligenz; das andere auf Struktur, auf geteilte Verantwortung, auf Vorhersehbarkeit. Wer hier wen überlebt, lässt sich nicht pauschal sagen, denn der entscheidende Unterschied liegt nicht im Tempo, sondern im Denken. Manche Führungskräfte agieren wie Borstenhörnchen: wachsam, beweglich, fluchtbereit. Andere wie

Erdmännchen: planend, absichernd, eingebettet. Die Frage ist nicht, was besser ist, sondern was wann passt.

Risiken und Feinde: Leben mit der permanenten Bedrohung

Der Himmel über der Savanne ist weit, aber nie leer. Irgendwo dort oben zieht immer ein Schatten seine Kreise. Für Tiere, die kaum höher sind als ein Strauch, bedeutet das: Gefahr ist keine Ausnahme, sondern ein Zustand. Borstenhörnchen und Erdmännchen sind keine Jäger, keine Kämpfer, keine Fluchttiere im klassischen Sinn. Und doch entkommt kaum jemand so zuverlässig wie sie, wenn sie rechtzeitig sehen, hören, spüren. Die Liste ihrer Feinde ist lang: Adler, Bussarde, Schakale, Mangusten, Schlangen – jede Art auf ihre Weise perfekt angepasst, leise, schnell, tödlich. Und jedes Versäumnis, jede Sekunde Unachtsamkeit kann das Ende bedeuten.

Für das Borstenhörnchen ist der größte Feind oft die Vorhersehbarkeit. Es weiß, dass Regelmäßigkeit gefährlich ist – daher kehrt es selten auf demselben Weg zurück, verändert ständig seine Laufmuster, bleibt unberechenbar. Tarnung ist keine Frage der Farbe, sondern der Bewegung. Es vertraut auf Irritation, auf Verwirrung, auf die eigene Fähigkeit, unsichtbar zu werden, ohne sich zu verstecken. Sein Gegner ist die Routine – sein Schutz ist das Improvisieren.

Das Erdmännchen wählt einen anderen Weg: Es stellt sich der Gefahr mit Organisation. Mehrere Tiere halten gleichzeitig Wache, wechseln sich nach festen Zeiten ab, geben Alarmrufe, unterscheiden präzise zwischen Bedrohungen aus der Luft und vom Boden. Die Schwächsten der Gruppe werden zuerst in Sicherheit gebracht. Der Rückzug folgt einem Muster, das nicht abgesprochen wird, aber eingeübt ist. Was von außen wirkt wie reiner Instinkt, ist in Wahrheit ein soziales Handlungssystem auf höchstem Niveau.

Und doch: Beide sind verletzbar. Ein übermüdeter Wächter, ein abgelenktes Muttertier, eine zu lange Futterpause – und schon bricht das System. Auch das Borstenhörnchen täuscht sich, verliert manchmal den Blick für das größere Ganze, läuft in eine Falle, die es selbst nie aufgestellt hätte. Sicherheit gibt es nicht, nur Wahrscheinlichkeiten. Und Strategien, um mit ihnen zu leben.

Wer genau hinsieht, merkt: Diese Tiere kämpfen nicht gegen die Gefahr – sie führen mit ihr ein tägliches Gespräch. Sie haben keine Garantie, aber sie haben ein System. Oder einen Instinkt. Und manchmal beides. Führung heißt in dieser Welt nicht, die Bedrohung zu vermeiden, sondern sie zu kennen und ihr standzuhalten.

Im Reich der Erdmännchen und Borstenhörnchen

Ausbildung im Morgengrauen

Der Sand ist noch kühl, als der erste Pfiff durch das Dornendickicht gleitet – kurz, hell, präzise. Er streift über Termitenhügel, durch Dornbüsche, zwischen den Ästen des Kameldornbaums hindurch, hinunter in die verschachtelten Gänge der Anlage. Wer ihn hört, weiß: Es ist Zeit. Zeit für das, was sie Ausbildung nennen, auch wenn niemand es so nennt.

Kevin blinzelt. Die Luft im Bau ist dicht vom Atem der anderen, von Wärme, von Schlaf. Neben ihm die vertrauten Bewegungen seiner Geschwister, das Nest aus Körpern, das ihn umhüllt wie eine Decke. Doch dann: ein zweiter Pfiff – tiefer, länger. Seine Mutter hebt sofort den Kopf. Kein Wort. Nur ein Blick. Kevin versteht. Und trottet los.

Am Exerzierplatz, einem sandigen Abschnitt unter dem weit ausladenden Kameldorn, warten schon die ersten. Der Boden ist gesprenkelt von winzigen Spuren. Manche davon gehören nicht zu den Erdmännchen. Nicht zu den Borstenhörnchen. Irgendwann in der Nacht, erzählt jemand, sei ein fremder Vogel gelandet – einer mit sandfarbenen Federn und einem Halm im Schnabel, den er minutenlang drehte, prüfte, schließlich ablegte und dann wieder davonflog. »Hat nicht mal geguckt, ob einer zuschaut«, sagt ein Junges. »Hat einfach gebaut, mitten in den Wind rein.« Niemand weiß, was das bedeuten soll, aber die Szene bleibt hängen.

Kurz darauf, kaum sichtbar, verändert sich das Licht. Der Himmel im Westen bekommt diesen matten Glanz, der nichts

Gutes verspricht. Der Schatten des Kameldorns kippt in sich zusammen, als würde er sich ducken wollen. Kevin sieht es nicht, aber Herr Pfeifer hebt ganz kurz den Kopf. Kein Laut, nur ein kurzer Blick in die Ferne. Dann zurück zur Gruppe.

Herr Pfeifer ist da – wie immer vor allen. Breit, wach, mit diesem aufmerksamen Innehalten, das keine Hektik kennt. Neben ihm: ein größeres Erdmännchen, sein Assistent für heute. Falco und sein Bruder tollen noch ein letztes Mal im Staub, springen über Halme, schnappen nach unsichtbaren Feinden. Kevin beobachtet sie – neidlos, aber mit Abstand. Er spielt nicht. Er sieht. Vor allem einen: Falco. Schneller als die anderen, aufrechter, sicherer. Als hätte er verstanden, wie man steht, ohne sich aufzublähen.

Ein kurzer Grunzer durchbricht das Gewusel. Herr Pfeifer hebt nur leicht die Vorderpfote – das ist genug. Die Gruppe formiert sich in Reihen, Halbkreise und Schattenlinien. Keine Stimmen mehr, nur Haltung.

»Schlangentraining«, sagt Herr Pfeifer – mehr nicht.

Kevin spürt, wie sein Magen sich verengt. Schlangen. Schon wieder. Geschichten von Zähnen, von Giften, von glitschigen Körpern, die sich durch schmale Spalten drücken. Die Erdmännchen scheinen sich zu freuen. Sie flüstern, schubsen einander. Die Borstenhörnchen sind stiller. Ihre Augen wandern, ihre Körper sind bereit, aber anders.

Der Weg führt über sandige Lichtungen, vorbei an Dornbüschen, an abgebrochenen Ästen, die wie vergessene Waffen im Sand liegen. Irgendwo in der Ferne röhrt ein Löwe – gedämpft, schwer, fast gelangweilt. Niemand bleibt stehen. Es ist nicht nah, nicht heute, aber die Wächter hören ihn. Und Kevin merkt: Auch ein einzelner Laut kann etwas ändern, ohne dass jemand reagiert.

Sie erreichen den Termitenhügel, dort, wo Herr Pfeifer zuletzt eine frische Spur gesehen hatte. Die Gruppe hält an. Die Kinder setzen sich. Die Großen bleiben aufrecht. Der Assistent sichert den Rücken. Herr Pfeifer nähert sich dem Bau. Dann stoppt er.

Im roten Sand eine Spur. Breit, gedrückt, mit scharfen Rändern. Wie eine Linie, die sich durch die Oberfläche gegraben hat. Herr Pfeifer folgt ihr mit den Augen. Sie endet an einem dunklen Loch im Hügel – höher gelegen, windgeschützt. Er knurrt. Tief. Dumpf. Es klingt wie ein Stein, der in einen engen Gang rollt.

Kevin duckt sich instinktiv. Er kennt diesen Ton noch nicht gut, aber sein Körper reagiert schneller als sein Denken. Er rutscht ein wenig näher an Falco heran. Der steht aufrecht und blickt ruhig auf den Termitenhügel.

Keine Panik. Kein Wort. Nur die Gewissheit: Die Schlange ist da – und sie ist nicht klein.

Zurück bei der Gruppe beginnt der theoretische Teil. Herr Pfeifer erklärt: Die ausgewachsene Schlange, vermutlich eine Kapkobra, schläft im Inneren des Baus. Zu groß und zu gefährlich, um sie anzugreifen, aber man kann sie vertreiben.

Jetzt folgt die Praxis: der »Himmelblick«. Die Erdmännchen stellen sich in einer Linie auf ihre Hinterläufe, Seite an Seite, ganz nah. Dann beginnt der La-Ola-Tanz: Die ersten ducken sich, die Nachbarn folgen, dann richtet sich einer nach dem anderen wieder auf. Eine Welle aus auf- und abtauchenden Körpern entsteht.

Kevin beobachtet fasziniert. Sein buschiger Schwanz wippt im Takt. Die älteren Kinder wissen, wie es weitergeht. Aus der Linie wird ein Halbkreis. Im Ernstfall wird dieser immer enger gezogen. Die Schlange verliert den Überblick, erkennt kein einzelnes Tier, wird durch die Bewegung verunsichert. Springt hin und her, stellt sich auf, doch irgendwann erkennt sie: Sie kann nicht gegen alle kämpfen. Sie spart ihr Gift, beruhigt sich. Wenn der richtige Moment gekommen ist, öffnet sich der Kreis – die Schlange kann abziehen. Kevin kann sich das nur schwer vorstellen. Aber der Tanz macht Spaß, und das Signal für »große Schlange« merkt er sich.

Ein Ernstfall am Abend

Später, kurz vor Sonnenuntergang, spielen Kevin und seine Geschwister am Bau. Plötzlich durchschneidet ein schriller Pfiff die Luft. Alarm – aus Richtung des Mopanewaldes. Kevin zuckt zusammen, will fliehen, doch seine Mutter reißt ihn mit. Andere rennen bereits. Vor einem Tunnelausgang hat sich eine Menge versammelt: im Zentrum eine große, gelbbraune Kapkobra.

Sie wollte gerade in die Anlage kriechen, wurde aber rechtzeitig entdeckt. Nun steht sie aufgerichtet, das breite Schild glänzt im goldenen Licht. Der Alarm-Chef beginnt mit dem La-Ola-Tanz; der Rest folgt instinktiv.

Der Kreis wird enger. Die Schlange richtet sich auf, peitscht hin und her. Die Erdmännchen bleiben ruhig. Kevin steht hinten, geschützt von den Erwachsenen. Neben ihm andere Kinder. Vorne singen die Älteren im Takt – ein rhythmischer Singsang begleitet die Wellenbewegung. Auch Kevins Mutter tanzt und singt.

Zunächst wirkt die Schlange aggressiv. Dann erschöpft sie sich, rollt sich zusammen, regungslos. Der Kreis öffnet sich langsam. Zentimeter für Zentimeter. Schließlich gleitet das Reptil davon – lautlos ins Gebüsch. Zurück bleibt nur die breite Spur im Sand.

Kevin steht noch immer da, blickt nachdenklich auf das, was war. Herr Pfeifer tritt zu ihm.

»Hattest du Angst?«, fragt er leise.

Kevin nickt zögernd. »Zuerst ja. Aber mit den anderen … nicht mehr so.«

Pfeifer lächelt. »Angst ist normal. Aber wenn du weißt, woher sie kommt und was du tun kannst, dann kannst du sie beherrschen. Wer in Panik gerät, gefährdet alle. Du hast heute gelernt, ruhig zu bleiben. Gut gemacht.«

Kevin strahlt. Er fühlt sich ein bisschen größer und will noch viel mehr lernen – über Schlangen, über Signale, über das, was eine Gemeinschaft stark macht.

Die Engstelle

Die Hitze war eine andere geworden. Nicht mehr dieses trockene, brennende Weiß, das jeden Gedanken zu Asche machte. Sondern ein schwelendes Gären, das unter der Erde begann, in den Wurzeln, in den Löchern, in den Gängen. Die Luft roch nach Bewegung. Und nach Aufbruch.

Bakari war der Erste, der es sah. Oder besser gesagt: der Erste, der es benannte. »Da dampft was«, sagte er, die Stimme nur halb hörbar, mehr in den Wind gesprochen als zu irgendwem.

»Du meinst da hinten?«, fragte Malu, ohne von ihrer Grabearbeit aufzusehen. »Nein. Nicht hinten. Seitlich. Rechts von diesem … Felsen, der aussieht wie ein müder Schakal.«

»Du meinst den mit dem Spalt? Der, wo du letztes Jahr meintest, er sieht aus wie deine Tante?«

Bakari grinste. »Der genau.«

Es war ein altes Spiel zwischen ihnen. Malu, die Strukturelle, die Verlässliche, und Bakari, der Unberechenbare, der aus Prinzip keine Wache übernahm. Und doch war er da. Immer dann, wenn es brenzlig wurde. Oder interessant.

Sie waren Erdmännchen, ja, aber sie waren nicht gleich.

Der Hügel, auf den Bakari zeigte, lag am Rand des bekannten Gebiets. Dahinter begannen die Sandkuppen der östlichen Senke, und niemand aus der Kolonie hatte einen Grund gehabt, sich in diese Richtung zu bewegen. Zu offen. Zu wenig Deckung. Keine bekannten Fluchttunnel.

Aber nun war dort etwas anders. Der Fels hatte sich verändert. Zwischen den Rissen glänzte feuchter Boden. Ein Geruch hing in der Luft, dumpf und süß – Termiten. Frisch aufgebrochen.

»Wir müssen das melden«, sagte Malu, und war im nächsten Moment schon aufgerichtet. Ihre Vorderpfoten still, der Rücken kerzengerade, die Nase angespannt.

Bakari zuckte nur mit den Ohren. »Oder wir schauen zuerst.«

»Baka… «

»Nur kurz.«

Er war schon losgelaufen.

Die Stelle war enger, als sie von Weitem gewirkt hatte. Zwei große Steine, vielleicht mal ein Teil eines eingestürzten Termitenhügels, lagen so, dass sich zwischen ihnen eine schmale Passage geöffnet hatte. Genau dazwischen begann der Eingang zum Nest. Ein Frischbau – oder einer, der nach

Jahren wieder freigelegt worden war. Die Erde war aufgeworfen, Spuren führten hinein und hinaus, und über dem ganzen Ort summte es.

Termiten. Riesige Mengen. Leicht zugänglich, kaum Widerstand. Ein Vorrat, der für mehrere Tage reichen konnte, vielleicht länger.

Bakari sog die Luft ein. »Wir brauchen das«, sagte er. Nicht zu Malu. Einfach nur so.

»Wir brauchen das«, sagte auch Binta – drei Stunden später – mit ganz anderer Stimme.

Binta war eine der Älteren. Wenn sie etwas sagte, hörte man zu. Nicht, weil sie lauter war, sondern weil sie nicht oft sprach. Sie stand nun am Eingang der Passage, hinter ihr versammelten sich acht, neun Erdmännchen, einige mit Jungtieren im Nacken, andere mit Spähblicken in alle Richtungen.

»Wir sichern das Areal, legen eine Schichtordnung fest, graben einen zweiten Notausgang und errichten ein Beobachtungsposten dort oben.« Sie deutete auf den kleineren der beiden Felsen.

»Und dann?«, fragte Bakari. »Dann arbeiten wir systematisch. Gruppe A von Sonnenaufgang bis Mitte des Schattens, Gruppe B ab dann bis zum Umkehrpunkt. Jeweils mit zwei Wächtern und einem Kommunikationsläufer.« Bakari schnaubte leise. »Kommunikationsläufer«, murmelte er. »Ich liebe unsere Worterfindungen.«

Über dem ganzen Ort summte es. Termiten, frisch aufgebrochen – und für die Erdmännchen ein Fest. Doch wo für sie eiweißreiche Beute lockte, roch es für andere nach ganz etwas anderem. Sie hatten gerade begonnen, den Wachposten zu beziehen, als das erste Borstenhörnchen auftauchte. Es war klein, nicht mehr ganz jung, das Fell borstig und schmutzig wie getrocknetes Gras nach drei Tagen Wind. Es sagte nichts. Schaute nur.

»Was will das da?«, fragte Sita, eine der Jüngeren.

»Wahrscheinlich das Gleiche wie wir«, sagte Bakari und schob sich halb aus dem Sichtkegel.

Das Borstenhörnchen hatte sich aufgerichtet, die Vorderpfoten eng an den Bauch gezogen, den Schwanz wie einen Fächer über den Rücken geklappt. Es schnupperte, machte drei Schritte, verharrte. Dann drehte es sich um – und verschwand.

»Das war's?«, fragte Sita.

»Das war ein Sondierer«, sagte Bakari. »Er holt die anderen.«

Und er hatte recht.

In den folgenden Stunden erschienen mehr von ihnen. Manche gruben nach Knollenstücken, andere fraßen hastig Grasreste, die zwischen den Steinen sprossen. Kein Gruß, kein Blick, keine Kommunikation. Für sie war das kein Insektenfest, sondern ein Wurzel- und Knollenvorrat. Doch der Engpass blieb derselbe – ein schmaler Durchgang, den nun beide Gruppen nutzten. Mal für Insekten, mal für Wurzeln. Mal gleichzeitig.

Die Erdmännchen waren irritiert.

»Das funktioniert so nicht«, sagte Binta.

»Was genau?«, fragte Bakari.

»Der Zugang. Der Rhythmus. Die Absprache.«

»Vielleicht funktioniert es ja. Nur eben nicht so, wie wir es kennen.«

Am dritten Tag kam es zum ersten Zusammenstoß. Ein Jungtier der Erdmännchen, Fari, war gerade auf dem Rückweg, den Termitenkropf prall gefüllt, als ein Borstenhörnchen von der Seite durch den Spalt preschte. Es streifte Fari, riss ihn fast zu Boden, rutschte über den Kies – und verschwand im Eingang. Fari schrie. Nicht aus Schmerz, sondern aus Schreck. Aber es reichte. Binta war sofort bei ihm. Zwei andere Erdmännchen bauten sich auf, Brust nach vorne, Blick starr in die Richtung, in der das Borstenhörnchen verschwunden war.

»Das war Absicht«, zischte jemand.

»Oder Dummheit«, sagte jemand anderes.

»Oder einfach das Normalverhalten«, murmelte Bakari.

»Wir brauchen Regeln«, sagte Binta.

Und genau in diesem Moment, als hätte er sie gehört, trat das Borstenhörnchen aus dem Schatten. Es war nicht dasselbe wie zuvor. Größer, massiger, mit einer Narbe quer über das linke Ohr. Es blieb stehen. Sah nicht weg.

»Was wollt ihr?«, fragte Binta.

Es schwieg. Dann: »Fressen.«

»Wir auch. Aber nicht so.«

»Wie dann?«

»Geordnet. Abwechselnd. Mit Wache. Mit Rücksicht.«

Das Borstenhörnchen schnaubte. »Dann dauert's zu lange. Dann ist alles weg.«

Die Fronten waren klar. Die Situation war verfahren. Und der Zugang blieb eng.

Knapp vorbei ist trotzdem drauf

Der Tag begann mit einem Knall. Kein gefährlicher, keiner, bei dem jemand blutete, aber einer, der blieb.

Es war Tembo, ein stattliches Erdmännchen mit zu breitem Brustkorb und zu wenig Geduld. Und ein Borstenhörnchen, das sich später als Dieter vorstellte. Beide hatten exakt denselben Moment für ihren Durchgang durch die Engstelle gewählt. Tembo im Dauerlauf aus der Nordlinie, Dieter im Zickzack aus dem Seitengrund. Sie sahen einander zu spät – oder wollten einander nicht sehen.

»Du passt hier nicht durch!«, brüllte Tembo, bevor sie aufeinanderprallten.

»Dann mach Platz, Plüschvieh!«, konterte Dieter, der weder Respekt noch Bremsen kannte. Der Aufprall war spektakulär. Staub, Gekreisch, eine Pirouette von Dieter, ein unfreiwilliger Salto von Tembo. Beide landeten auf dem Rücken. Fari johlte laut. Bakari zuckte zusammen, aber dann musste auch er lachen. Malu war weniger begeistert.

»Das eskaliert!«, sagte sie, während sie Fari am Nacken packte, um ihn zur Seite zu ziehen.

»Nein«, sagte Bakari, »das ist nur das Geräusch, wenn zwei Welten sich gegenseitig nicht ernst nehmen.«

»Wir brauchen Regeln.«

»Sie werden ihre eigenen machen. Wir müssen nur lange genug danebenstehen, bis sie es merken.«

Später saßen drei Borstenhörnchen nebeneinander auf einem flachen Stein. Sie wirkten wie eine Verschwörung.

Franzi, die zierlichste der drei, aber mit der giftigsten Zunge, schnüffelte in die Richtung des Engpasses. »Die stellen sich da auf wie bei der Wasserstelle. Warten, bis einer winkt.«

Ulrich, ihr älterer Bruder, schnaubte. »Als ob jemand winken würde.«

Gustav, der Dritte im Bunde, ein massiger Typ mit einem zerfledderten linken Ohr, sagte nur: »Ich hab Hunger.«

»Die meinen das ernst mit dem Wachsystem«, sagte Franzi.

»Und mit den Rangfolgen«, ergänzte Ulrich.

»Rangfolgen wovon? Bei uns gewinnt, wer zuerst an die Wurzeln kommt.«

»Oder wer am schnellsten wieder weg ist.«

»Oder wer am wenigsten fragt.«

Alle drei lachten.

Währenddessen organisierte Malu eine neue Laufordnung. »Fari läuft nicht mehr allein«, sagte sie. »Bakari, du bleibst bei ihm.«

»Er ist schneller als ich.«

»Dann streng dich an.«

»Oder ich werf ihn einfach vor.«

Malu schnaubte. »Du wirst irgendwann noch ein brauchbarer Wächter, Bakari. Wenn du aufhörst, alles zu kommentieren.«

»Dann bin ich also verloren«, sagte Bakari und war schon unterwegs.

In der Nähe des Spalts standen zwei Tiere Rücken an Rücken: Tembo, immer noch beleidigt, und Dieter, deutlich amüsiert.

»Also ...«, begann Dieter.

»Was?«, blaffte Tembo.

»Bist du öfter so zart im Umgang?«

»Du bist fast auf meinen Kopf gesprungen.«

»War knapp. Aber knapp vorbei ist trotzdem drauf.«

Tembo knirschte. Dieter grinste. Dann stand Bakari plötzlich daneben.

»Wir brauchen 'ne Art ... Wellenordnung«, sagte er.

»Was ist das?«, fragte Dieter.

»Er geht, du gehst. Ich geh, du gehst. Nicht alle auf einmal. Keine Gehirnakrobatik.«

»Und wenn ich keine Lust hab?«

»Dann gibt's wieder Staub auf dem Pelz.«

Dieter zuckte die Schultern. »Na gut. Aber nur, weil du's so charmant erklärt hast.«

Am Nachmittag brannte die Luft. Das Gras stand reglos, die Felsen gaben Hitze ab wie Feuersteine. Franzi hatte sich in den Schatten zurückgezogen und zählte laut Borsten im Bauchfell – ein Spiel, das sie angeblich zur Beruhigung erfunden hatte. Gustav lag platt im Sand und gab sich tot. Ulrich war verschwunden.

Bis er rannte.

Er kam von Osten, mit aufgestellten Nackenhaaren, die Augen groß, der Körper tief. Kein Wort. Kein Laut. Aber alle sahen es.

»Fuchs?«, fragte jemand.

»Oder Falke?«

»Nein«, sagte Bakari. »Das ist anders.«

Dann kam der Geruch.

Ein junger Löwe, allein, wahrscheinlich aus dem Rudel verdrängt. Nicht auf Jagd – auf Irrfahrt. Aber hungrig genug, um nicht wählerisch zu sein.

»Bau!« rief Malu.

»Engstelle blockieren!«, rief Tembo.

»Laufen!«, rief Gustav – und meinte sich selbst.

Was jetzt geschah, war keine Absprache. Kein Plan. Nur Reaktion. Aber sie zeigte, was ging, wenn niemand Zeit zum Streiten hatte. Dieter sprang auf den Spalt zu – nicht rein, sondern daneben. Er stellte sich quer. Nicht groß, aber sichtbar.

Bakari sah's – und lief nicht weg. Er rannte frontal auf Dieter zu, als wolle er ihn angreifen. Dann, im letzten Moment, drehte er ab – links. Dieter rechts. Sie kreuzten. Hielten. Und gaben Sichtschutz.

Dahinter rutschten Franzi und Fari gleichzeitig durch den Engpass. Ulrich blieb stehen, sah zurück.

»Los!«, brüllte Bakari.

Ulrich sprang.

Der Löwe tauchte nie auf. Er zog ab. Vielleicht war der Lärm zu viel; vielleicht hatte er anderes im Sinn.

Aber in diesem Moment standen acht Tiere auf einer Linie. Ohne Worte. Ohne Rang. Nur mit dem Restpuls von etwas, das fast gekracht hätte.

Später, als die Schatten lang wurden, saßen Gustav, Franzi, Tembo und Bakari im Staub. Nicht nebeneinander, aber nah genug, dass keiner weglief.

»Wäre blöd gewesen, wenn der durchgezogen hätte«, sagte Gustav.

»War 'ne schöne Formation«, sagte Franzi.

»Hast du mich absichtlich fast gerammt?«, fragte Dieter.

»Niemals«, sagte Bakari. »War ein Gruß.«

Tembo schnaubte. »Ihr seid irre.«

»Und ihr seid berechenbar«, sagte Franzi.

»Und das ist manchmal auch nicht schlecht«, sagte Ulrich, der leise dazugestoßen war.

»Vielleicht«, sagte Malu von hinten. »Aber nur, wenn beide Seiten wissen, wann man besser mitläuft – oder ausweicht.«

Eine Quelle für zwei Welten

Der Tag nach dem Beinahe-Löwen kam still. Die Kolonie war früh wach, aber keiner sprach darüber. Selbst Fari, der sonst morgens gerne mit Geräuschen experimentierte, war stumm. Er lief nicht, er trottete. Tembo schaufelte Sand, ohne zu grummeln. Malu kontrollierte die Notröhre, obwohl sie wusste, dass sie in Ordnung war.

Und Bakari saß wieder da – wie immer zu früh, wie immer scheinbar zufällig – auf seinem Beobachtungsfelsen.

Der Spalt war leer. Bis Franzi kam.

Sie bewegte sich wie immer – tief, schnell, plötzlich da. Aber diesmal bremste sie. Sie blieb am Rand der Engstelle stehen, setzte sich auf ihre Hinterbeine, kämmte sich die Brusthaare mit zwei kurzen Bewegungen und sagte dann laut in die Gegend: »Wenn heute wieder einer meint, er ist die Einbahnstraße in Person, beiß ich.«

Bakari hob eine Augenbraue. »Ich dachte, du beißt nur verbal.«

»Ich hab dazugelernt.«

»Und ich dachte, du frisst nur, wenn keiner zuschaut.«

»Auch das war gestern.«

Sie trafen sich auf halber Strecke – nicht physisch, sondern im Ton. Für zwei Sekunden stand etwas im Raum, das man fast Koordination hätte nennen können.

Dann liefen beide gleichzeitig los. Die Engstelle hatte sich verändert. Nicht der Spalt – der war immer noch eng, immer noch rutschig, immer noch zu schmal für zwei. Aber das, was davor und danach geschah, war neu.

Ein Borstenhörnchen stellte sich heute von selbst schräg an den Rand, um Sicht zu geben. Ein Erdmännchen wartete, bis der andere durch war – auch wenn keiner es sagte. Einmal rutschte Gustav aus und krachte frontal gegen Tembo. Beide lachten. Niemand biss.

Und der Hügel war offen.

Drinnen wimmelte es vor Termiten, Wurzeln und Knollenresten. Die Erde vibrierte förmlich. Und beide Gruppen fraßen: die Erdmännchen das, was krabbelte, und die Borstenhörnchen das, was spross. Gleichzeitig, aber auf Abstand. Jeder auf seiner Seite des Nestes. Es gab keine Absprache, aber eine stille Linie. Ein unsichtbarer Rand, der von allen respektiert wurde. Fari nannte ihn »unsichtbarer Zebrastreifen«. Niemand wusste, was ein Zebra war, aber das Bild funktionierte.

Später, als der Schatten des großen Dornbuschs sich über die Grasebene zog, standen Bakari und Franzi nebeneinander. Nicht absichtlich, aber doch.

Franzi schnüffelte. »Ihr seid echt organisiert. Also … richtig krass organisiert.«

Bakari zuckte mit der Schulter. »Ihr seid echt … spontan.«

»Heißt das: chaotisch?«

»Kommt drauf an, wer fragt.«

»Ich frage.«

»Dann nein.«

Sie schwiegen.

Dann sagte Franzi: »Ich glaub, ich könnte nicht so leben wie ihr. Immer mit Posten, Zeitplänen und Wachen.«

»Ich glaub, ich würde wahnsinnig, wenn ich nie wüsste, wer wann wo ist.«

»Klingt anstrengend.«

»Ist es auch.«

»Klingt sicher.«

»Ist es manchmal.«

Wieder Schweigen. Dann ein Kichern von Fari, der weiter hinten mit einem Grashalm kämpfte.

Ulrich kam vorbei. »Ich hab mit Tembo gesprochen.«

Bakari sah auf. »Und?«

»Er will nicht, dass ich das sage, aber ... er findet dich weniger schlimm als vorher.«

»Er wird weich.«

»Oder du hart.«

Franzi grinste. »Vielleicht rutschen wir ja alle ein Stück.«

Am Abend saßen alle weiter auseinander. Nicht im Streit, nur im Muster. Erdmännchen zusammen. Borstenhörnchen verteilt. Das war okay.

Bakari hatte sich einen kleinen Schattenplatz gesucht. Franzi saß auf dem Stein, den sie »Chefsessel« nannte, obwohl ihn keiner so benutzte.

»Du wirkst viel beweglicher, als du tust«, sagte Franzi plötzlich.

Bakari sah auf. »Wie meinst du das?«

»Na du. Immer auf dem Sprung. Die Augen überall. Kaum hast du dich gesetzt, steht dein Blick schon wieder auf.«

»Ich bin ein Erdmännchen. Wir machen das so.«

»Malu nicht. Die bleibt stehen, auch wenn's brennt. Und Fari? Der fragt erst, wie's allen geht, bevor er überhaupt schaut, wo wir sind. Du bist ... du machst dein eigenes Ding. Und dann bist du trotzdem irgendwie da, wenn's drauf ankommt.«

Bakari schwieg. Dann sagte er: »Und du? Du kommst nie zweimal vom selben Ort. Und redest, bevor du angekommen bist.«

Franzi grinste. »Ich bin Franzi. Das reicht.«

In der Nacht schliefen sie getrennt – wie immer. Aber leiser. Keine Fremdkörperwarnungen. Kein Geklapper am Spalt. Und irgendwo, unter der Oberfläche, in einem Gang, der nie geplant, aber oft benutzt worden war, lagen ein Borstenhörnchen und ein Erdmännchen Rücken an Rücken. Nicht nah. Nicht fern. Nur dort, wo es in Ordnung war.

Die Termitenquelle versiegte ein paar Tage später. Wie alles in der Savanne. Doch die Engstelle blieb offen. Nicht als Zugang, sondern als Erinnerung. Und manchmal, wenn jemand zu laut war, zu schnell, zu sehr von sich überzeugt, dann sagte einer der anderen: »Engstelle, Bruder. Engstelle.« Und alle wussten, was gemeint war.

Unter Menschen – gemeinsam sichtbar, gemeinsam sicher

Für alle, die die Erdmännchen-Borstenhörnchen-Geschichte nicht (mehr) präsent haben, hier ein kurzer Überblick über die zentralen Figuren: ihre Eigenarten, ihre Wirkung – und das, was sie zwischen den Zeilen so wertvoll macht.

MALU (Erdmännchen) ist die ruhige Mitte ihrer Gruppe. Sie ist keine Chefin im klassischen Sinn, aber ohne sie würde vieles auseinanderfallen. Strukturiert, zuverlässig, mit einem Blick für das Ganze. Wenn Gefahr droht, ist sie die Erste, die den Notausgang prüft. Wenn Fari Unsinn macht, ist sie zur Stelle, bevor jemand schimpft. Malu denkt nicht laut – sie führt durch Haltung. Und sie bleibt stehen, auch wenn es brennt.

BAKARI (Erdmännchen) ist anders. Wacher Blick, schneller Kopf, eigensinnig. Er übernimmt keine Wache – aus Prinzip. Aber wenn der Löwe kommt, steht er genau richtig. Er hat ein Gespür für das, was unter der Oberfläche brodelt, bei Tieren wie bei Stimmungen. Oft ironisch, nie zynisch. Wer ihn zu früh bewertet, hält ihn für unzuverlässig. Wer genau hinschaut, erkennt: Er ist der, der geht, wenn alle noch zögern, und bleibt, wenn's darauf ankommt.

TEMBO (Erdmännchen) ist stark gebaut, schnell auf 180, aber sehr loyal. Einer, der Regeln braucht – und durchsetzt, wenn's sein muss. Ordnung bedeutet für ihn Sicherheit. Was ihn nervös macht, ist nicht das Risiko, sondern das Ungeklärte. Wenn zwei Tiere gleichzeitig durch die Engstelle wollen, ist Tembo der, der zuerst »Stopp!« brüllt – nicht, weil er Recht haben will, sondern weil er Chaos nicht leiden kann.

BINTA (Erdmännchen) redet wenig, aber niemand überhört sie. Sie ist alt genug, um nichts mehr beweisen zu müssen, und klug genug, um zu wissen, wann ihre Stimme gebraucht wird. Wenn sie etwas sagt, entsteht sofort Bewegung. Ihre Führung ist leise, aber tief verankert. Für viele ist sie das Gewissen der Gruppe, für andere: der Spiegel.

SITA (Erdmännchen) ist jung, neugierig, engagiert – und manchmal einen Tick zu schnell. Sie will dazugehören, beobachtet aufmerksam, fragt viel. Noch kein Leittier, aber eins mit Potenzial. Sie ist das Tier, das zuerst ruft »Was war das?«, und zwei Sekunden später schon eine Lösung vorschlägt, bevor sie die Frage verstanden hat. Aber: Sie will lernen – und das spürt man.

FARI (Erdmännchen) ist das jüngste Erdmännchen. Ein bisschen frech, sehr klug, immer aufmerksam und mit feinen Antennen für das, was zwischen den Tönen liegt. Er denkt spielerisch und erkennt Muster, bevor andere sie sehen. Der Begriff »unsichtbarer Zebrastreifen«, den alle übernehmen, stammt von ihm. Fari steht für das, was passiert, wenn man Lernen nicht unterbricht, sondern laufen lässt. Und er ist oft dort, wo man ihn nicht erwartet, aber dann genau richtig.

HERR PFEIFER (Erdmännchen) ist wachsam und unaufgeregt. Ein Wächter im klassischen Sinne, aber kein lauter. Er redet wenig, bewegt sich sparsam, aber wenn er einmal die Pfote hebt, formiert sich die Gruppe. Sein Stil ist nicht dominant, sondern klar. Er führt nicht durch Lautstärke, sondern durch Selbstverständlichkeit. Seine Art zu delegieren wirkt fast beiläufig, aber sie verändert.

KEVIN (Borstenhörnchen) ist anders als die anderen. Noch kein voll integriertes Mitglied der Gruppe, eher ein Suchender. Beobachtend, verunsichert, aber wach. Als Herr Pfeifer ihm eine Aufgabe überträgt, spürt man: Er will das

Richtige tun, aber er weiß nicht, ob er es darf. Sein Magen zieht sich zusammen, wenn jemand »Schlangentraining« sagt. Doch er bleibt – und das zählt. Kevin steht für den Lernenden inmitten der Ordnung. Für das fragile Zwischenstadium zwischen Anpassung und Entwicklung.

FRANZI (Borstenhörnchen) ist klein, schnell, bissig. Ihre Zunge ist schärfer als ihre Krallen – und sie weiß das. Sie ist nicht respektlos, aber kompromisslos. Franzi kommentiert alles, vor allem das, was sie durchschaut. Sie redet, bevor sie landet, und rennt los, bevor jemand fragt. Aber sie hat ein Gespür für Dynamik, das kaum jemand erreicht. Und wenn sie sich schräg hinstellt, um anderen Sicht zu geben, dann ist das kein Zufall, sondern Entwicklung.

ULRICH (Borstenhörnchen) ist Franzis Bruder – und ihr Gegenteil im Ton. Still, wach, mit klarem Blick. Einer, der nicht viel sagt, aber genau weiß, wann etwas wichtig ist. Er taucht manchmal einfach auf – und manchmal einfach ab. Aber wenn es darauf ankommt, ist er da. Seine Stärke ist nicht Präsenz, sondern Tiefe. Ulrich wirkt nicht laut, aber lange.

GUSTAV (Borstenhörnchen) ist massig, schweigsam und unterschwellig charmant. Er legt sich oft einfach hin, aber wenn er loslegt, bringt er Wucht mit. Gustav ist der stille Taktgeber. Weniger spontan als Franzi, aber auch weniger flüchtig. Er bringt Erdung ins Chaos. Seine Ruhe ist kein Desinteresse – sie ist eine Entscheidung.

DIETER (Borstenhörnchen) ist der, der rennt, bevor einer ruft. Laut, schnell, manchmal chaotisch, aber herzlich. Er sagt Dinge wie »Mach Platz, Plüschvieh«, kracht in Tembo – und steht trotzdem wieder auf. Dieter ist der Beweis, dass Reibung nicht Feindschaft bedeutet. Er lebt Impuls, aber er reagiert auf Haltung. Und wenn Bakari auf ihn zurennt, dann dreht er nicht ab. Dann läuft er mit.

UNBENANNTE BORSTENHÖRNCHEN tauchen auf, schauen, verschwinden. Keine Namen, aber Funktion: Sie stehen für Beweglichkeit, Individualität, Reibung. Sie fragen nicht nach Regeln – sie reagieren. Und zwingen die Erdmännchen damit zur Auseinandersetzung.

Führung ist kein modernes Konzept – die Natur war zuerst da

Gute Führung hat nichts mit modernen Managementtrends zu tun. Sie ist ein Prinzip, das in der Natur seit Millionen Jahren funktioniert. Man fragt sich unwillkürlich, wie all die Wildtiere in Afrika ohne je ein Buch über Führung gelesen, ohne ein einziges Führungstraining besucht oder ohne ein Harvard-Business-Manager-Abo überhaupt überleben konnten. Und bei Weitem ist Führung nicht immer laut und dominant. Das muss sie auch nicht sein – so wie im echten (Menschen-)Leben auch. Besonders eindrucksvoll zeigen das die Erdmännchen und Borstenhörnchen. Sie überleben nicht, weil sie die Stärksten oder Schnellsten sind, sondern weil sie Teamwork, kluge Arbeitsteilung und vorausschauendes Risikomanagement perfektioniert haben.

Und darin liegt die Parallele zur Unternehmenswelt: Erfolg entsteht nicht durch permanente Kontrolle, sondern durch Strukturen, die es Teams ermöglichen, ihr volles Potenzial auszuschöpfen.

Was also können Führungskräfte von diesen tierischen Strategen lernen? Eine ganze Menge. In den folgenden Abschnitten schauen wir uns an, welche Führungsprinzipien direkt aus ihrem Verhalten abgeleitet werden können – und warum sie in der Praxis funktionieren.

Starke Teams brauchen Vielfalt, nicht Gleichheit

Erdmännchen sind exzellente Jäger und Verteidiger, Borstenhörnchen hingegen wahre Baumeister. Ihre Stärken sind grundverschieden – und deshalb funktioniert ihr Zusammenspiel so perfekt.

Dies gilt auch für Teams im Arbeitsleben: Erfolg entsteht nicht durch Gleichförmigkeit, sondern durch gezieltes Zusammenspiel unterschiedlicher Talente. Gute Führung heißt, diese Stärken zu erkennen und strategisch einzusetzen – nicht, selbst alles am besten können zu wollen. Doch genau hier liegt eine der größten Hürden: Viele Führungskräfte tun sich schwer damit, echte Diversität zuzulassen. Unterschiedliche Sichtweisen erfordern Offenheit, Flexibilität und manchmal auch das Eingeständnis, dass andere in gewissen Bereichen besser sind. Wer sich dieser Herausforderung stellt, erschafft Teams, die wirklich leistungsfähig sind.

Christians Begegnungen: aus der Praxis

Der Prozess, den keiner wollte

In einem mittelständischen Versicherungsunternehmen, Kundenservice, zehn Leute im Team, alle über zehn Jahre dabei. Eingespielt, loyal, keine Fluktuation. Die Quote? Stimmte. Der Ton? Freundlich. Die Prozesse? Alt, aber stabil.

Dann kam Lea.

Ende 20, Wirtschaftsinformatik, Ex-Start-up, analytisch, direkt. Ihre erste Idee nach zwei Wochen: ein automatisierter Rückrufprozess. Kundinnen und Kunden sollten online eine Rückrufbitte hinterlassen können, das System würde daraus ein Ticket generieren, es nach Thema und Dringlichkeit priorisieren, automatisch einem verfügbaren Mitarbeitenden zuweisen und mit einer festen Reaktionszeit versehen. Die Reaktion? – »Wozu?«

»Das dauert länger, als einfach schnell zurückzurufen.«

»Das ist wieder so ein Ding, das keiner braucht.«

Lea dokumentierte, fragte, blieb ruhig. Der Teamleiter lobte ihre Initiative – intern. Aber er spürte, dass jeder weitere Push sein Standing im Team gefährden würde. Also tat er: nichts.

Nach vier Monaten war das Thema durch. Der Prozess war implementiert, aber deaktiviert.

Dann kam das, womit keiner gerechnet hatte: Drei Teammitglieder waren gleichzeitig raus – einer auf Reha, einer mit Grippe, der dritte mit einem lädierten Knie nach einem Gartenunfall. Und natürlich: Urlaubszeit. Die Rückrufliste wuchs ins Unermessliche. Der Leiter ging auf Tauchstation. Und Lea? Aktivierte stillschweigend den digitalen Workflow. Schrieb das Eskalationsprotokoll um. Schaltete den Prozess scharf.

Am nächsten Morgen wurden 37 Rückrufanfragen automatisiert verteilt – nach Verfügbarkeit und Thema.

Die Kollegen? Überrumpelt. Genervt. Aber: Es funktionierte.

Am dritten Tag fragte einer: »Wie hast du das noch mal gemacht?« Am fünften Tag: »Kann man das auch für E-Mails nutzen?« Nach zwei Wochen war der automatisierte Prozess Standard.

Der Teamleiter lobte in der Bereichsleitung »das starke Eigenengagement im Team«. Lea wurde nicht erwähnt.

Sie blieb noch acht Monate, dann wechselte sie intern in ein anderes Team. Heute läuft der Kundenservice mit Prozessen, die niemand mehr infrage stellt. Aber kaum einer erinnert sich daran, wer sie eingeführt hat.

Hierarchie und klare Rollenverteilung

In unserem Beispiel übernimmt eine Matriarchin die Hauptverantwortung. An ihrer Seite: ein »Alarm-Chef«, zuständig für Sicherheit und Kommunikation. Klare Rollen, eine strukturierte Hierarchie – das ist keine Frage von Tradition, sondern von Funktion. Gerade in kritischen Situationen braucht es eindeutige Zuständigkeiten und kurze Wege.

Struktur ist kein Widerspruch zu Agilität, sondern ihre Voraussetzung.

In der Arbeitswelt dagegen hat Hierarchie einen schweren Stand. Sie gilt als Relikt, wird mit Machtmissbrauch, Bürokratie und lähmender Starrheit assoziiert. Flach soll sie sein, modern, agil. Selbstorganisation klingt nach Freiheit, doch ohne Struktur wird sie zur Illusion. Besonders im Trend liegt derzeit die sogenannte Schwarmintelligenz. Ein Aufruf auf Social Media – und schon meldet sich »der Schwarm«: Alle, die sich irgendwie berufen fühlen, etwas beizutragen. Klingt nach kollektiver Intelligenz, ist aber oft nur gut organisierte Ahnungslosigkeit. Denn wer seine Bubble fragt, bekommt selten neue Perspektiven, nur mehr vom Gleichen. Schwarmintelligenz? Manchmal. Schwarmdummheit? Leider auch.

Fakt ist:

- In Krisen braucht es Führung. Wenn es brennt, muss jemand entscheiden – nicht diskutieren.
- Klare Rollen verhindern Stillstand. Endlose Abstimmungen bremsen jedes Team aus.
- Menschen brauchen Orientierung. Gute Führung schafft Sicherheit. Schlechte verwandelt Hierarchie in ein Problem.

Warum also der Widerstand? Schlechte Führungserfahrungen, verletztes Vertrauen, ein romantisiertes Bild von Gleichheit – all das prägt uns. Aber: Nicht Hierarchie ist das Problem – schlechte Führung ist es.

Richtig gelebt gibt Hierarchie Klarheit. Sie gibt Halt, wenn es unübersichtlich wird. Und sie stärkt Teams, statt sie zu bremsen.

Christians Begegnungen: aus der Praxis

Selbstorganisation ohne Führung? Ein Rezept für Chaos

In einem Unternehmen, das ich vor einiger Zeit beraten habe, wurden Führungskräfte komplett abgeschafft. Stattdessen gab es nur noch agile Coaches – Moderatoren, die begleiten, aber keine Entscheidungen treffen sollten. Die Idee: maximale Selbstorganisation, volle Eigenverantwortung. Die Realität? Das reinste Chaos.

Teams diskutierten endlos, weil niemand das letzte Wort hatte. Konflikte schwelten, weil sich keiner zuständig fühlte. Wichtige Entscheidungen – etwa zur Produktentwicklung – zogen sich über Monate, weil jede Meinung gleich gewichtet wurde, aber niemand eine klare Richtung vorgab.

Erst als das Unternehmen erkannte, dass Agilität Führung nicht ersetzt, sondern eine neue Art von Führung braucht, änderte sich die Dynamik. Klare Verantwortlichkeiten wurden eingeführt, ohne die Selbstorganisation aufzugeben. Entscheidungen fielen schneller, Prozesse liefen reibungsloser – und plötzlich funktionierte es.

Wissensweitergabe und Ausbildung

Erdmännchen und Borstenhörnchen machen es vor: Junge Tiere werden früh ins Überlebenstraining eingebunden, und zwar artenübergreifend. Erdmännchen unterrichten nicht nur Erdmännchen. Stattdessen gibt es strukturierte Trainings mit praktischen Erlebnissen und Simulationen. »Learning by Doing« ist essenziell. Führung bedeutet, Menschen durch Erfahrung wachsen zu lassen und ihnen Sicherheit in ihrem Handeln zu geben.

In vielen Unternehmen lässt sich das Gegenteil beobachten: Wissen wird bewusst zurückgehalten, oft aus Angst vor Konkurrenz. Führungskräfte fürchten, dass gut ausgebildete Mitarbeitende ihnen irgendwann den Platz streitig machen. Statt Talente zu fördern, werden sie klein gehalten. Gleichzeitig schafft Intransparenz Macht: Wer als Einziger ein komplexes System versteht, macht sich unentbehrlich.

Dazu kommt, dass Schulungen oft nur als Kostenfaktor gesehen werden. Es scheint kurzfristig effizienter, Mitarbeitende »einfach machen zu lassen«, anstatt Zeit und Ressourcen in gezielte Ausbildung zu investieren. Doch dieses Denken rächt sich: Sobald Schlüsselmitarbeitende das Unternehmen verlassen, reißen sie wertvolles Wissen mit sich und hinterlassen Flaschenhälse, ineffiziente Prozesse und Chaos.

Gute Führung weiß: Ein Team wird stärker, wenn Wissen geteilt wird – nicht, wenn es gehortet wird. Unternehmen, die in gezielte Wissensweitergabe investieren, sind langfristig erfolgreicher, innovativer und stabiler.

Effektive Kommunikation bei Erdmännchen und Borstenhörnchen – und warum wir sie dringend brauchen

Während sich Führungskräfte in Seminaren noch fragen, ob man Klartext reden darf – oder ob das nicht gleich wieder als »toxisch« gilt –, pfeift ein Erdmännchen vom Felsen, und zehn andere sprinten los. Kein Zweifel, keine Nachfrage, keine Mail mit CC. In der Savanne ist Kommunikation keine Option. Sie ist Überlebenssache. Und deshalb: eindeutig, schnell, unmissverständlich. Ohne Smalltalk, ohne Umwege. Wer zögert, fliegt raus – aus dem Rhythmus, aus der Formation, aus der Gefahrenzone.

In der Savanne überlebt nicht der Sensible, sondern der Verständliche.

Genau das macht den Unterschied: Während Kommunikation in der Wildnis das stärkste Führungsinstrument ist, verkommt sie in vielen Organisationen zur Nebenaufgabe. Gespräche als Pflichtübung. Rückmeldungen mit Schleifchen. Konflikte in Watte. Dabei ist Gesprächsführung kein Soft Skill, sondern das Rückgrat jeder Führungsbeziehung. Wer nicht spricht, führt nicht, und wer nicht klar spricht, wird falsch verstanden – oder gar nicht.

Bei Erdmännchen und Borstenhörnchen funktioniert Kommunikation, weil sie konsequent ist. Ein Warnruf bedeutet: Jetzt. Nicht gleich. Nicht: »Ich wollte nur mal kurz sagen ...« Sondern: Bewegung. Reaktion. Handlung. Wenn Bakari etwas ruft, rennt keiner zurück, um noch schnell Feedback zu geben. Sie hören, verstehen, tun.

Drei Dinge müssen dabei zusammenkommen – nicht wahlweise, sondern gleichzeitig. Denn halbe Kommunikation ist wie halber Sichtschutz vor dem Löwen: gut gemeint, aber nutzlos.

Wirklich erfolgreich ist Führungskommunikation nur dann, wenn …

1. **sie wirklich verstanden wird.** Nicht nur akustisch wahrgenommen, sondern auch so gefühlt und empfunden wird. Wer spricht, trägt die Verantwortung dafür, dass das Gesagte auch ankommt. Nicht ungefähr, sondern eindeutig. Alles andere ist Monolog. Und Monologe helfen niemandem – erst recht nicht, wenn es ernst wird.
2. sie **in eine Vereinbarung mündet.** Ein Erdmännchen ruft nicht, um gehört zu werden. Es ruft, weil etwas zu tun ist. Führung ohne Verbindlichkeit ist wie Franzi mit einem Tagesplan – sie wird ihn nicht lesen. Kommunikation braucht Klartext: Wie machen wir es jetzt? Wer macht was – und bis wann? Alles andere ist Absichtserklärung mit Verfallsdatum.
3. **die Beziehung zwischen den Gesprächspartnern nach dem Gespräch immer noch intakt ist.** Auch wenn es um unangenehme Themen oder Konflikte geht. Gerade dann. Wer führt, muss sagen dürfen, was gesagt werden muss – und was sich ändern soll. Nicht verletzend, aber unmissverständlich. Bei Borstenhörnchen gibt es ständige Kontaktlaute – nicht, weil sie gesprächig sind, sondern weil sie Verbundenheit absichern.

Kevin hat das anders erlebt. In seiner Szene mit Herrn Pfeifer – beim sogenannten »Schlangentraining« – war alles da, was Kommunikation schwierig macht: Unsicherheit, Interpretation, Körpersprache unter Strom. Herr Pfeifer sagt nichts weiter als »Schlangentraining« – vier Silben, kein Tonfall, keine Mimik, und doch verändert sich alles. Die Gruppe formiert sich. Die Körper richten sich auf. Reihen entstehen. Schattenlinien. Und Kevin? Steht da. Der Magen eng, die Gedanken voll mit dem, was man vielleicht meinen könnte. Er denkt an Zähne, an Gifte, an glitschige Körper. Aber keiner sagt es. Niemand erklärt. Die Erdmännchen scheinen zu wissen, was jetzt zu tun ist. Die Borstenhörnchen verhalten sich stiller als sonst. Nur Kevin steht da – zwischen Signal und Bedeutung.

Sein Dilemma ist kein Einzelfall. Es ist Alltag in Unternehmen. Kommunikation, die nichts falsch macht, aber auch nichts klärt. Ein Wort, das zu spät kommt. Ein Blick, der nicht reicht. Ein Impuls, der im Inneren hängen bleibt, weil keiner sicher ist, was er bedeutet. Kevin erlebt, was viele erleben: Wenn Kommunikation unklar bleibt, fängt das Grübeln an. Und Grübeln führt selten zu Klarheit, sondern zu Interpretationen, Annahmen und Irrtümern. Wer nicht klar kommuniziert, überlässt dem anderen die Deutungshoheit, und das ist das Gegenteil von Führung.

In der Engstelle hat niemand gefragt, ob der Tonfall gepasst hat, aber jeder hat gespürt, ob man sich aufeinander verlassen konnte. Ob das Verhalten stimmig war. Ob einer nur für sich durchwollte oder mitgedacht hat, wer hinter ihm kommt. Auch das ist Kommunikation: nonverbal, instinktiv, wirksam.

Diese Tiere zeigen uns: Kommunikation ist nicht das Beiwerk zur Führung – sie ist Führung. Und sie ist erst dann gelungen, wenn alle drei Bedingungen erfüllt sind: verstanden – vereinbart – verbunden. Nicht nett, nicht diplomatisch, sondern wirksam.

In der Savanne wird nicht moderiert. Da wird gesprochen – oder geschwiegen. Und wenn gesprochen wird, dann zählt jedes Wort. Denn dort hat Kommunikation eine andere Währung: Relevanz. Die Tiere verschwenden keine Zeit mit diplomatischen Schleifen. Sie sagen, was ist. Und was zu tun ist. Ohne Formulierungshilfe, aber mit Wirkung.

Wir haben aus diesen Beobachtungen ein einfaches, aber wirksames Werkzeug entwickelt: die *6 MUSTs der Gesprächsführung®*. Keine Zauberformel, aber ein klarer Rahmen für alle, die führen wollen, ohne sich hinter Floskeln zu verstecken.

Die 6 MUSTs der Gesprächsführung® – radikale Ehrlichkeit, klare Führung

Der Tag beginnt mit einem Pfiff. Kurz, hell, präzise. Kein Kommentar. Kein Zweifel. Nur ein Signal: Jetzt. Wer ihn hört, weiß, was zu tun ist. Keine Runde um den Bau, kein Debattieren. Einfach: raus, antreten, bereit sein. Es ist ein Moment, der mehr sagt als Worte. Und genau darum geht es: Klarheit. Denn wer führt, muss verstanden werden – sofort, vollständig, unverkennbar.

Wir nennen es das Konzept der radikalen Ehrlichkeit und Klarheit. Nicht, weil es bequem ist, sondern weil es nötig ist. Klarheit schafft Vertrauen, verhindert Missverständnisse und spart Zeit, weil sie die Dinge auf den Punkt bringt.

1. Sagen Sie, was Sie wollen – und nennen Sie Ihr Motiv.
Am Anfang steht die Absicht. Wer führt, muss sagen können, was er will, und zwar nicht erst am Ende, nicht verkleidet, nicht durch die Blume, sondern gleich zu Beginn. Zwei Sätze, zwei Ebenen: »Ich will mit dir über deine Unpünktlichkeit sprechen.« Und: »Ich möchte, dass du künftig pünktlich bist.« Der kleine Balken: heute. Der große Balken: das Ziel. Beide gehören zusammen – und beide gehören an den Anfang.

So wie Herr Pfeifer früh am Morgen keinen Zweifel daran lässt, worum es geht. Nicht: »mal sehen, ob ihr bereit seid«, sondern: »Schlangentraining«. Ein Wort – und alle wissen: Es wird ernst.

2. Sagen Sie, was Sie *nicht* wollen – und geben Sie Orientierung.
Klarheit heißt auch: abgrenzen. Was nicht passieren soll, gehört auf den Tisch. »Ich will nicht, dass unser Verhältnis durch dieses Gespräch leidet.« Es ist kein Zeichen von Schwäche, sondern von Verantwortung. Wer nur sagt, worum es geht, lässt Raum für Irrtümer. Wer auch benennt, was nicht gemeint ist, gibt Orientierung. Das schafft Sicherheit. So wie Bakari, der nie um Worte verlegen ist, aber in der Engstelle weiß, wann es besser ist, nicht der Erste zu sein.

3. Sprechen Sie aus, was Sie spüren – verbal und nonverbal.
Ein Gespräch ist mehr als gesprochene Sätze. Es geht um Haltung, Blick, Tonfall. Wer führt, muss sehen, hören, spüren und benennen. »Ich habe den Eindruck, du bist überrascht – stimmt das?« Oder: »Ich spüre Widerstand – liege ich damit richtig?« Das öffnet und führt in Resonanz. Aber nur, wenn

man auf mehr achtet als auf Worte. Denn Menschen nicken – und meinen Nein. Sie sagen Ja – doch ihre Mimik verrät etwas anderes.

Die älteren Erdmännchen wissen das längst. Sie erkennen an einem winzigen Stirnrunzeln, wenn ein Junges gleich fliehen wird. Wer das übersieht, verliert Kontrolle. Wer es sieht, gewinnt Handlungsspielraum.

4. Sorgen Sie für eine klare Zielvereinbarung.
Schlange hin oder her – am Ende zählt, was passiert. Wer führt, führt in die Zukunft. Nicht in die Vergangenheit, nicht ins Protokoll, sondern in Entscheidung und Bewegung. »Was machen wir jetzt?« ist die zentrale Führungsfrage. Ein »Warum schon wieder?« ändert nichts. Das Gespräch braucht eine Landung. Wie der Tanz um den Termitenhügel: eine Formation mit Ziel – Bewegung, die etwas bewirkt.

5. Klären Sie, wer die Verantwortung trägt, und geben Sie die Krone weiter.
Zu Beginn trägt die Führungskraft die Krone. Doch wer alles selbst steuert, bleibt allein. Führung ist kein Monolog, sondern ein Rollenwechsel. »Was schlägst du vor?« ist mehr als eine Geste – es ist ein Akt der Verantwortungsteilung. Wer seinem Gegenüber die Krone aufsetzt, lädt zum Mitdenken ein. So wie Bakari in der Engstelle sagt: »Wellenordnung. Einer geht. Dann der Nächste.« Keine Anweisung, sondern ein Vorschlag – und Dieter, das Borstenhörnchen, zieht mit.

Das ist Führung: Richtung geben und Platz lassen für eine Antwort.

6. Holen Sie sich die Ampel – und erkennen Sie die rote. Am Ende zählt: Passt es – oder passt es nicht? Und das muss ausgesprochen werden. Keine Andeutungen. Kein: »eh klar.« Führung braucht eine explizite Ampel. »Bist du einverstanden?« – und dann zuhören. Nicht nur auf das Wort, sondern vor allem auf Ton, Blick und Körperspannung. Ein zögerndes »Ja« ist eine rote Ampel mit grünem Lack. Wer das übersieht, wird später überrascht, und zwar unangenehm.

Die Erdmännchen kennen das: Wenn der Alarm kommt und einer nur »wird schon nix sein« murmelt, dann ist es meist zu spät. Besser einmal zu viel aufstehen als einmal zu wenig. Führung heißt: Klarheit schaffen, bis zum letzten Satz. Und notfalls noch einmal ansetzen, bis es wirklich passt.

Fazit: Die *6 MUSTs der Gesprächsführung®* sind kein Kommunikationsstil. Sie sind ein Werkzeug für Führung – klar, echt, verbindlich. Sie bringen Struktur in Gespräche, die sonst verlaufen. Und sie schaffen Raum für echte Verbindung, weil sie sagen, worum es wirklich geht – und worum nicht. So wie am Termitenhügel: Wenn beide Seiten wissen, was sie wollen und was nicht, dann geht es plötzlich, selbst in der Engstelle. Denn Klarheit ist keine Härte; sie ist ein Dienst. An der Sache. Und am Gegenüber.

Rituale für Stabilität – was der La-Ola-Tanz gegen die Schlange für Führung bedeutet

Krisen erzeugen Angst und Unsicherheit, sei es im Tierreich oder im Unternehmen. Wenn Personal abgebaut wird, entsteht Chaos: Wer bleibt? Was kommt als Nächstes? Wer trifft die Entscheidungen?

Erdmännchen und Borstenhörnchen haben dafür eine Strategie: den La-Ola-Tanz gegen Schlangen. Statt panisch auseinanderzulaufen, stellen sie sich eng nebeneinander auf und bewegen sich in rhythmischen Wellen. Die Schlange kann kein einzelnes Ziel fixieren, wird verwirrt und zieht sich zurück. Dieses Ritual schützt die Gruppe und gibt Sicherheit.

Warum Rituale in Krisenzeiten überlebenswichtig sind

Gerade in Umbruchphasen brauchen Unternehmen eines mehr als alles andere: Verlässlichkeit. Regelmäßige Meetings und klare Rituale geben Halt – auch dann, wenn es scheinbar nichts Neues zu sagen gibt. Es geht nicht nur um Inhalte, sondern um Orientierung. Ein verlässlicher Takt reduziert Unsicherheit, weil er zeigt: Wir sind dran. Wir sind verbunden. Wir bleiben im Gespräch.

Krisen werden nicht durch hektischen Aktionismus bewältigt, sondern durch Stabilität und Wiederholung. Führung heißt, Orientierung zu geben: Ein Erdmännchen-Clan, der bei Gefahr kopflos in alle Richtungen rennt, verliert Mitglieder. Ein Unternehmen ohne klare Führung verliert Vertrauen. Struktur und Routine halten Teams zusammen.

Der La-Ola-Tanz zeigt: Gemeinsam nach einem klaren Muster handeln, statt in Panik zu verfallen, macht selbst große Bedrohungen bewältigbar. Wer in Krisen Sicherheit schafft, führt sein Team gestärkt aus der Krise heraus.

Wir sind wir – die sind die

Es war ein Unternehmen im klassischen Mittelstand, solide aufgestellt, zwei zentrale Abteilungen, die im Tagesgeschäft eigentlich eng verzahnt sein sollten. Doch in der Praxis erlebte ich bei meinem ersten Besuch etwas ganz anderes: *Wir sind wir – die sind die.*

Die Fronten waren klar. Jede Abteilung sprach von der anderen als denen da drüben. Abstimmungen fanden nur auf Zwang statt, Informationen wurden bewusst zurückgehalten, Schnittstellenprobleme regelmäßig beklagt, aber nie wirklich gelöst.

Das Fatale: Die Führungskraft, die beide Teams offiziell führte, hatte diese Dynamik nicht nur zugelassen, sondern über Jahre stillschweigend genährt. Im direkten Gespräch sagte sie: *»Es ist halt so, die ticken unterschiedlich – und ein bisschen Konkurrenz belebt ja auch das Geschäft.«*

Diese Haltung wurde durch ein MbO-System noch weiter verstärkt. MbO – Management by Objectives – bedeutet: Führung über Zielvereinbarungen. Im Unternehmen waren diese Ziele allerdings strikt abteilungsbezogen definiert und zudem monetär hinterlegt. Jede Abteilung hatte ihre eigenen KPIs (Kennzahlen zur Leistungsbewertung), deren Erreichen sich unmittelbar auf Prämien und Boni auswirkte.

Die Konsequenz: Jeder schaute auf seine eigenen Ziele. Der Erfolg der anderen Abteilung war faktisch irrelevant. Im Gegenteil: Wenn *die anderen* schlecht dastanden, schadete das der eigenen Abrechnung nicht im Geringsten. Zusammenarbeit? Unerwünscht. Eine perfekte Vorlage für systemisches Silodenken.

Als ich das Mandat erhielt, war schnell klar: So würde es nicht weitergehen. Der erste Schritt war daher, das MbO-System grundlegend umzubauen. Weg von reinen Abteilungszielen, hin zu einem verbindenden Ansatz. Künftig musste jede Abteilung konkret festhalten und berichten: *Was tun wir, damit die andere Abteilung erfolgreich arbeiten kann?*

Ein kompletter Paradigmenwechsel. Plötzlich ging es nicht mehr um Abgrenzung, sondern um Beitrag. Nicht mehr um Schuldzuweisungen, sondern um Verantwortung für das Ganze. *Die da drüben* gab es in dieser Logik schlicht nicht mehr.

Natürlich war dieser Change kein Selbstläufer. Manche Führungskräfte und Mitarbeitende kamen gut damit zurecht, andere taten sich schwer, insbesondere jene, die es sich über Jahre bequem im eigenen Silo eingerichtet hatten. Denn eines war schlagartig verschwunden: das bequeme Ausweichen in Schuldzuweisungen. Man konnte sich nicht mehr dahinter verstecken, dass die anderen halt nie liefern. Jetzt galt: *Was tragen wir dazu bei, dass sie liefern können?*

Nicht jeder ging diesen Weg mit. Manche verließen das Unternehmen, andere wuchsen spürbar an der neuen Verantwortung. Doch eines wurde deutlich: Erst als wir die Symbiose systematisch eingefordert und verankert hatten, begann echte Zusammenarbeit zu entstehen.

Manchmal muss man in den Bau der Erdmännchen und Borstenhörnchen blicken, um zu begreifen: Ohne abgestimmte Rollen und klare gegenseitige Beiträge bleibt selbst das geschickteste Team unter seinen Möglichkeiten.

Wachstum durch Zutrauen

Herr Pfeifer sieht, dass Kevin zögert, und gibt ihm trotzdem die Aufgabe. Nicht, weil Kevin schon alles kann, sondern weil er spürt: Jetzt ist der Moment. Für Entwicklung braucht es keinen Motivationsspruch. Es braucht Raum. Und das leise Zutrauen, dass jemand mehr kann, als er selbst gerade glaubt.

In der Wirtschaft nennt man das *Delegation.* Klingt nüchtern, ist aber in Wahrheit eines der feinfühligsten Führungsinstrumente überhaupt, wenn man es richtig einsetzt.

Denn Delegation heißt nicht »Mach du halt mal«, sondern Verantwortung und Entscheidungskompetenz so zu übergeben, dass sie fordert, aber nicht überfordert. Es geht nicht nur darum, Aufgaben abzugeben, sondern echte Handlungsfreiheit zu ermöglichen. Wer delegiert, muss auch loslassen können. Dass eng geführt wird, wenn nötig, und losgelassen wird, wo möglich. Und dass jene Grenze ernst genommen wird, die am schwersten zu verschieben ist: die der eigenen Kontrolle.

Gute Führung delegiert bis zur Schmerzgrenze, und zwar zur eigenen. Nicht zu der des Mitarbeitenden. Denn dort, wo es für die Führungskraft ungemütlich wird, beginnt oft der eigentliche Wachstumsraum für andere. Nicht durch Druck, sondern durch Zutrauen. Durch echtes Übertragen und bewusstes Aushalten, dass nicht alles so läuft, wie man es selbst tun würde.

Wirklich entwicklungswirksam wird Delegation nur dann, wenn nicht bloß Aufgaben wechseln, sondern Verantwortung wandert. Und das tut sie selten geräuschlos. Ein verlässlicher Orientierungsrahmen dafür sind die *fünf Stufen der Delegation.* Sie machen sichtbar, was sonst oft diffus bleibt: Wie viel Einfluss gebe ich ab? Wo setze ich Grenzen? Und wie reagiere ich, wenn jemand es anders macht, aber trotzdem gut?

Gute Führung delegiert nicht das, was leichtfällt, sondern das, was schwer loszulassen ist.

Delegation ist kein Führungsstil. Sie ist ein Gradmesser für Haltung. Und ein stilles Bekenntnis: Ich traue dir das zu – nicht, weil ich muss, sondern weil ich glaube, dass du daran wächst.

Die fünf Stufen der Delegation – vom Durchführen bis zum eigenverantwortlichen Steuern

Delegation ist kein Machtinstrument, sondern ein sichtbarer Vertrauensbeweis. Und manchmal auch ein kleiner innerer Kontrollverlust, der sich groß anfühlen kann. Wer führt, gibt nicht nur Aufgaben ab, sondern Verantwortung weiter. Stück für Stück. Immer so viel, wie der andere tragen kann, aber auch: immer so viel, wie man selbst gerade noch loslassen kann. Dass das nicht nur in Sitzungszimmern gilt, zeigt sich auch in der Tierwelt, besonders dann, wenn es ernst wird.

Stufe 1: Was tun – und wie genau? Kevin, noch neu in der Gruppe, bekommt von Herrn Pfeifer eine Aufgabe. Keine Rede, kein großes Vertrauensritual. Nur ein klarer Blick und eine präzise Anweisung: »Dort entlang. Bleib bei der Linie. Und wenn du nichts hörst, bleib ruhig.« Kevin weiß, was wie zu tun ist. Aber das Ergebnis – wann es »genug« war –, das muss er selbst herausfinden. Genau da beginnt Führung: nicht beim Erklären, sondern beim Tun-Lassen.

Ähnlich funktioniert es in einem Kundenservice-Team: Eine neue Kollegin bekommt den Auftrag, ein konkretes Problem mit einem verärgerten Kunden zu lösen – samt Gesprächsleitfaden, Zielvorgabe und Formulierungshilfe. Alles ist vorbereitet. Sie muss es nur umsetzen. Und dann spüren, wann es wirklich gelöst ist – nicht nur pro forma, sondern in der Wirkung.

Stufe 2: Einarbeiten und Optionen entwickeln. Ein paar Tage später: Kevin soll einen neuen Spähposten erkunden. Unsicheres Gelände. Keine Karte. Der Auftrag lautet: »Schau dir das an, finde mindestens zwei mögliche Wege, und dann besprechen wir, welcher Sinn ergibt.« Kevin läuft los, zögert, beobachtet, rechnet mit Schatten. Als er zurückkommt, hat er drei Ideen – keine davon perfekt, aber durchdacht. Herr Pfeifer nickt kaum merklich. Genau darum ging's.

Auch das gibt es im Arbeitsleben: Ein Trainee bekommt die Aufgabe, sich in eine neue Softwarelösung einzuarbeiten. Das Ziel ist, mehrere praxistaugliche Optionen für digitale Zeiterfassung zu entwickeln. Er recherchiert, testet, erstellt eine Gegenüberstellung und bringt sie ins Gespräch. Noch keine Entscheidung, aber eine gute Vorbereitung.

Stufe 3: Einarbeiten und eine bewusste Auswahl einer Möglichkeit. Bakari lebt diese Stufe. Immer wieder. Wenn er etwas übernimmt, bringt er keine langen Listen mit. Er entscheidet – und dann steht er dazu. Zum Beispiel, als er die neue Route zur Engstelle einschätzt und vorschlägt, den westlichen Zugang zu blockieren, obwohl die Gruppe skeptisch ist. »Weil's sonst kracht«, sagt er. Kein Drama. Kein Machtspiel. Nur Klarheit. Verantwortung beginnt dort, wo Vorschläge eine Richtung haben.

Ein ähnliches Verhalten zeigt sich auch in einem Unternehmen, das wir begleitet haben: Eine Mitarbeiterin im Vertrieb, bisher bekannt für ausführliche Abstimmungen und Absicherungen, trifft erstmals eine klare Entscheidung: Sie kommt nicht mit drei Varianten zur Besprechung, sondern mit einer Empfehlung. Durchdacht, abgestimmt mit dem Kunden, nachvollziehbar begründet. Ihre Führungskraft diskutiert nicht mehr über Alternativen, sondern über Wirkung und Umsetzung. Weil klar ist: Hier hat jemand Verantwortung übernommen.

Stufe 4: Entscheidung – mit Rückmeldung. Franzi ist anders. Kein Teamplayer im klassischen Sinne, aber hochfunktional, wenn man sie machen lässt. Als sie beginnt, die Wellenbewegungen an der Engstelle mitzubegleiten, sagt keiner mehr, wie sie es tun soll. Sie entscheidet – und sagt danach kurz Bescheid. »Ich hab gewechselt. Ging besser so.« Das war's. Entscheidung gefällt. Wirkung erzielt. Rückmeldung gegeben.

In einem Industriebetrieb zeigt sich dies ähnlich: Ein Projektleiter erkennt, dass eine geplante Lieferreihenfolge zu einem Stillstand führen würde. Er entscheidet selbst und disponiert um. Keine Abstimmung, kein Gremium, nur eine kurze Info an die beteiligten Bereiche: »Reihenfolge ist neu – Schicht 2 läuft stabil.« Nicht genehmigen lassen, aber verantwortungsvoll informieren – genau das ist Stufe 4.

Stufe 5: Entscheidung – ohne Rückmeldung. Und dann gibt es Momente, in denen keiner fragt, keiner lenkt, keiner erklärt. Wie bei Bakari, als der Löwe kam. Kein Briefing. Kein »Wer macht was?«. Nur Handlung. Aus Erfahrung. Aus Verantwortung. Aus Vertrauen. Er läuft. Franzi läuft. Dieter springt. Niemand hat jemandem gesagt, was zu tun ist, aber alle tun es – weil sie es können. Und weil jemand irgendwann aufgehört hat, alles erklären zu wollen.

Das Gleiche passiert auch im Alltag. Eine erfahrene Vertriebsmitarbeiterin führt ein kritisches Gespräch mit einem strategischen Kunden. Kein Briefing, keine Rückversicherung. Sie kennt das Ziel, sie kennt den Rahmen und sie kennt das Risiko. Sie trifft die Entscheidung allein. Wochen später zeigt sich: Es war richtig so. Die Führungskraft wusste davon nichts, aber hatte rechtzeitig losgelassen.

Nicht jeder gehört auf jede Stufe, und das ist gut so. Führung bedeutet nicht, alle auf Stufe 5 zu bringen. Es geht darum, genau hinzuschauen: Wer ist wo? Wer braucht was? Und wo liegt die nächste sinnvolle Herausforderung?

Delegation ist keine Methode – sie ist eine Haltung. Und manchmal beginnt sie mit einem kleinen Zucken im inneren Sicherheitsbedürfnis, wenn man merkt: Jetzt wird es ernst. Jetzt wird es echt. Denn dort, wo Führung nicht mehr weiß, ob es gut geht, beginnt Entwicklung.

Christians Begegnungen: aus der Praxis

Millionen verantworten, aber keine 500 Euro entscheiden

In einem Unternehmen, das ich begleitet habe, klagte das Management lautstark über seine Führungskräfte. Immer die gleiche Leier: »Sie sind zu bequem«, hieß es. »Sie übernehmen keine Verantwortung, entscheiden nichts, und eskalieren ständig nach oben.«

Ich habe mir das angeschaut. Nicht die Haltung, sondern die Rahmenbedingungen. Also: Was dürfen diese Führungskräfte eigentlich entscheiden?

Das Ergebnis war grotesk. Jeder von ihnen verantwortete einen Bereich mit Millionenbudget. Strategische Projekte, Personal, Kundenverträge. Doch wenn jemand 500 Euro für kleine Geschenke oder eine Teamaktion ausgeben wollte, musste er vorher einen Antrag stellen. Und zwar nicht einmalig, sondern jedes Mal. Zur Genehmigung. Nach oben.

Noch absurder: Auch bei Gehaltsthemen durften die meisten Führungskräfte nichts entscheiden. Wer eine Mitarbeiterin gezielt halten oder jemanden für überdurchschnittliche Leistung belohnen wollte, musste erst HR, den Bereichsleiter oder ein zentrales Komitee durchlaufen. Entscheidungskompetenz? Null. Verantwortung? Angeblich vollumfänglich.

Das Ergebnis? Niemand entschied mehr. Niemand übernahm proaktiv. Und natürlich: Alles wurde nach oben eskaliert. Nicht aus Bequemlichkeit, sondern weil es strukturell gar nicht anders ging.

Ich habe dem Vorstand zwei Denkanstöße mitgegeben: Wer Eigenverantwortung fordert, muss auch Entscheidungsspielräume freigeben. Wer Verantwortung predigt, aber Entscheidungsbefugnis systematisch verweigert, produziert Abhängigkeit, nicht Führung.

Führung entsteht nicht durch Appelle, sondern durch konsequente Übergabe von Handlungsspielraum. Und die beginnt nicht bei Millionenprojekten, sondern bei scheinbaren Kleinigkeiten: Budgetfreigaben, Personalentscheidungen und Vertrauen.

Manchmal beginnt Führung mit einem Satz – und endet mit dem Aushalten, dass jemand es anders macht, als man selbst es tun würde. Delegation ist ein Ausdruck von Zutrauen, aber sie funktioniert nur dann, wenn das System drumherum trägt. Wenn klar ist, wer wofür steht. Wenn der Rahmen stimmt. Wenn nicht jeder für alles zuständig ist – und auch nicht jeder für sich.

Denn wer Entwicklung ermöglichen will, braucht nicht nur Mut zum Loslassen, sondern auch Prinzipien, auf die Verlass ist. Keine Regeln im Sinne von Paragrafen, sondern Grundsätze, die Orientierung geben. Wenn's schnell gehen muss. Wenn's eng wird. Oder wenn mal wieder niemand fragt, ob das Ganze eigentlich noch Sinn ergibt.

Klarheit schafft Ordnung. Haltung schafft Vertrauen. Wirkung entsteht dazwischen.

Die folgenden Führungsprinzipien sind kein Lehrbuchstoff. Sie stammen nicht aus einem Modell, sondern aus Beobachtung – aus Natur, Praxis und Erleben. Führen heißt: Rahmen halten, nicht alles regeln.

Acht Prinzipien für Führung mit Haltung, Klarheit und Wirkung

Führung ist mehr als ein Methodenkoffer, aber sicher kein Machtspiel. Führung zeigt sich im Verhalten, besonders dann, wenn es eng wird. Wenn nicht mehr gefragt wird, wie man es gerne hätte, sondern ob es hält, was man vorgibt. Erdmännchen und Borstenhörnchen führen nicht über Titel, sondern über Klarheit, Verantwortung und Reaktion. Und darum geht es auch in diesen acht Prinzipien – nicht um Techniken, sondern um Haltung in Aktion.

1. Schaffen Sie Klarheit, nicht Komplexität.
Starke Gruppen haben Raster, auch wenn man sie nicht sieht. Wer wann wo steht, ist nicht zufällig. Wer was entscheidet, auch nicht. Bei den Erdmännchen weiß jeder, ob gerade Wache, Sammeln oder Rückzug angesagt ist. Niemand fragt

dreimal nach. In Teams ist das ähnlich. Rollen, Regeln, Erwartungen müssen nicht endlos diskutiert werden, aber sie müssen klar sein. Wer das vermeidet, bekommt Chaos, keine Agilität. Und wer Klarheit mit Härte verwechselt, hat Führung nicht verstanden. Orientierung ist keine Einengung, sondern die Voraussetzung für Bewegung.

2. Schaffen Sie einen Rahmen, statt alles zu kontrollieren.
Borstenhörnchen graben ihren Bau so, dass er zur Umgebung passt – nicht zu tief, nicht zu flach, nicht zu heroisch. Gute Führung funktioniert genauso: Sie schafft Umfelder, die funktionieren, nicht beeindrucken. Menschen brauchen keine perfekten Prozesse, sondern produktive Räume. Wer führen will, denkt nicht in Kontrolle, sondern in Ermöglichung. Rahmen halten, Richtung geben, aber nicht jeden Schritt begleiten. Dann entstehen Leistung, Sicherheit und Initiative.

3. Spüren Sie Kuschelzonen auf – und lösen Sie sie auf.
In der Kolonie darf man müde sein, aber man bleibt nicht ewig in Deckung. Wer sich dauerhaft der Verantwortung entzieht, wird nicht attackiert, aber erinnert. Sanft, aber deutlich. Denn wir sind hier nicht zum Mitlaufen, sondern zum Mittragen.

Auch in Unternehmen gibt es solche Deckungsräume. Nur nennt man sie dort anders: Teams, die unantastbar sind, obwohl alle wissen, dass sie schlecht performen. Bereiche, in denen Mittelmaß zur Norm geworden ist – mit dem Verweis auf Loyalität, Dauer oder frühere Verdienste. Die Kollegin, die immer da ist, aber nie Verantwortung übernimmt. Der Kollege, der ständig beschäftigt wirkt, aber nie einen greifbaren Beitrag liefert. Oder die Führungskraft, über die alle die

Augen verdrehen, aber niemand spricht es aus, weil »der halt schon immer so war«.

Das Problem daran: Es bleibt nie folgenlos. Denn während diese Kuschelzonen stabil bleiben, wächst drumherum der Frust. Ich bekomme Stress, wenn meine Leute unter Druck geraten, weil andere ihren Job nicht richtig machen. Und das ist keine Kleinigkeit – das ist strukturelle Demotivation.

Führung heißt: Hinschauen. Ansprechen. Nicht demütigen, aber deutlich werden. Klartext schafft keine Konflikte, sondern beendet sie.

4. Verwechseln Sie Tempo nicht mit Leistung.
Ein Borstenhörnchen, das ständig gräbt, aber nie innehält, um die Richtung zu prüfen, produziert vor allem Staub. Menschen auch. »Ich bin total eingespannt« ist keine Leistung. Es ist ein Zustand. Wer führt, schaut nicht auf Fleiß, sondern auf Wirkung. Nicht auf Beschäftigung, sondern auf Beitrag. Wer das nicht unterscheidet, belohnt Aktionismus und bestraft Qualität.

5. Machen Sie Feedback zur Selbstverständlichkeit, nicht zur Mutprobe.
Bei den Erdmännchen gibt es keine Jahresgespräche. Keine Termine, keine Formulare. Nur unmittelbare Rückmeldung: ein Laut, ein Blick, ein kurzes Zucken. Sofort. Klar. Vorbei. Keine Rechtfertigung, kein Drama. Und trotzdem – oder gerade deshalb – wirksam.

In vielen Unternehmen ist Feedback ein seltenes Ereignis: zu spät, zu lang, zu verkopft – oder gar nicht. Dabei ist Feedback wahrscheinlich die kleinste Intervention mit der größten Steuerungswirkung in der Führung. Ein Nicken im richtigen Moment. Ein klarer Satz zur richtigen Zeit. Ein bestätigendes Lächeln. Das reicht oft schon, wenn es echt ist.

Feedback braucht keinen Termin. Es braucht Haltung. Es gehört nicht in ein Jahresgespräch, sondern in den Alltag. Kurz, lässig, präzise: »Das war gut.« – »So bitte nicht.« – »Nächstes Mal anders.«

Wichtig ist: Feedback darf nicht als Schuldzuweisung daherkommen. Eine echte Feedbackkultur fragt nicht »Wer hat's verbockt?«, sondern »Was lernen wir daraus – und wie verhindern wir, dass es wieder passiert?«

Führung bedeutet, Verhalten zu spiegeln, nicht zu bewerten – und das nicht einmal im Jahr, sondern jeden Tag.

6. Schmieren Sie Ihre Schnittstellen, bevor es kracht.
Wo Erdmännchen und Borstenhörnchen sich kreuzen, wird es spannend. Nicht immer friedlich, aber oft produktiv. Das funktioniert nur, weil sich niemand in die Mitte stellt, sondern beide Seiten spüren, was im Moment gefordert ist. In Organisationen heißen diese Orte: Übergaben, Projektgrenzen, Teamgräben. Hier entscheidet sich, ob Zusammenarbeit funktioniert. Führung bedeutet in diesem Sinne Verbindung schaffen, Reibung nutzen, aber nicht sich selbst dazwischenschieben.

7. Delegieren Sie bis zur Schmerzgrenze – Ihrer eigenen.
Vertrauen klingt gut, fühlt sich aber selten gut an. Es beginnt da, wo man nicht mehr sicher ist, ob alles klappt, aber es trotzdem übergibt. Wenn bei Gefahr die Erdmännchenwache ruft, läuft niemand los, um Rücksprache zu halten. Der Auftrag gilt, weil man vertraut. Auch in Unternehmen zählt: Wer Aufgaben verteilt, aber Kontrolle nicht loslässt, delegiert

nicht, sondern tarnt operative Hektik. Gute Delegation tut ein bisschen weh – muss sie aber auch.

8. Nehmen Sie sich selbst nicht zu wichtig.
Franzi ist schnell. Bakari ist wach. Malu ist strukturiert. Und keiner von ihnen steht im Mittelpunkt. Nicht einmal Herr Pfeifer. Gute Führungskräfte sind sichtbar, aber nie als Heldengestalt, sondern als Möglichmacher. Sie wissen: Ein System überlebt nicht, weil einer alles führt, sondern weil viele mitdenken, mittragen, mitentscheiden. Wer sich selbst zu wichtig nimmt, verliert den Blick fürs Ganze. Wer führen will, muss dienen – der Aufgabe, dem Ziel, dem Team.

Führung ist kein Titel – sie ist ein Verhalten. Und manchmal reicht ein Tag mit Franzi, ein Blick von Bakari oder ein stummes Nicken von Herrn Pfeifer, um zu spüren: Führung ist nicht das, was man sagt, sondern das, was andere tun, wenn man es lässt.

Christians Begegnungen: aus der Praxis

Der Tag, an dem nichts zusammenbrach

Ein mittelständisches Unternehmen, produzierendes Gewerbe, 300 Mitarbeitende, ein Werkleiter mit beeindruckender Präsenz. Immer vor Ort. Immer informiert. Immer ansprechbar. »Wenn ich hier mal länger weg bin, läuft gar nichts mehr«, sagte er mir gleich beim ersten Gespräch. Nicht überheblich – eher wie einer, der das schon oft bewiesen hat.

Ein paar Wochen später wurde er krankgeschrieben. Nichts Dramatisches, aber drei Wochen Auszeit – ohne Homeoffice, vollständig abgekoppelt vom Tagesgeschäft. Ich begleitete in dieser Zeit das mittlere Führungsteam und rechnete insgeheim mit dem typischen Muster: Unsicherheit, Entscheidungslücken, Stillstand. Aber: nichts davon geschah.

Die Schichtleiter trafen ihre Entscheidungen. Der Betriebsleiter regelte Tagesprioritäten selbstständig. Selbst die wöchentliche Shopfloor-Runde fand statt – mit klarer Agenda, ohne dass jemand auf den Werkleiter wartete.

Nach seiner Rückkehr fragte er mich: »Was haben Sie gemacht, dass das hier so ruhig lief?« Ich sagte: »Ich habe nicht viel gemacht. Aber Sie anscheinend sehr viel, bevor Sie weg waren.«

Sein Blick blieb einen Moment lang still. Dann sagte er leise: »Vielleicht bin ich gar nicht so unersetzlich, wie ich dachte.« Ich antwortete: »Doch, aber anders, als Sie dachten. Ihre Wirkung bleibt – auch wenn Sie nicht da sind. Das ist Führung.«

Führung zeigt sich nicht in der Lautstärke Ihrer Präsenz, sondern in dem, was funktioniert, wenn Sie nicht da sind.

Wenn Tiere führen könnten …

Vielleicht hat sich Ihnen mittlerweile an der einen oder anderen Textstelle kurz der Gedanke aufgedrängt, wie es eigentlich wäre, wenn Tiere Teams leiten würden. Franzi zum Beispiel. Dieses zähe, schlaue Borstenhörnchen mit der messerscharfen Zunge – sie würde vermutlich keine Mails schreiben, sondern Memo-Sticker verteilen. Kurze Sätze, klare Ansagen, alles im Vorbeihuschen. Malu hingegen, die Erdmännchendame mit dem inneren Organigramm im Kopf, würde wahrscheinlich jeden Morgen ein Stand-up einberufen – mit Tagesordnung, Sicherheitslage und einem liebevollen Blick auf den Notausgangsplan.

Natürlich ist das eine absurde Vorstellung, aber auch eine erhellende. Denn was uns an diesen Tieren fasziniert, ist nicht ihre Menschenähnlichkeit, sondern ihre Eigenart. Ihre Systeme, ihr Verhalten, ihre Art, auf Druck zu reagieren oder sich im Chaos zu organisieren. Deshalb lohnt sich der Blick auf sie: nicht, weil sie Vorbilder wären, sondern weil sie Muster zeigen, die wir in der Arbeitswelt genauso erleben – nur mit Laptops und Kaffeetassen.

Wenn du wissen willst, wie jemand wirklich tickt, schicke ihn an die Engstelle.

Die Szene an der Engstelle kennt jede Führungskraft. Zwei Mitarbeitende, beide im Recht, beide mit Tempo, beide mit klarer Absicht – und zack: Staubwolke, Vorwurf, Rückzug. Was wie ein Revierkampf aussieht, ist oft nur das Aufeinandertreffen innerer Bewegungen. Da prallt das Bedürfnis nach Tempo auf den Wunsch nach Ordnung, oder jemand versucht, sich zurückzuziehen, während der andere auf Nähe setzt – und beide wundern sich, warum das Gespräch so seltsam verpufft.

Es gibt in jedem Menschen innere Grundrichtungen – Bewegungen, die ihn prägen – manchmal leise, manchmal laut. Der eine sehnt sich nach Struktur, nach Verlässlichkeit, nach einem Plan, der hält. Die andere braucht Luft, wechselt gern die Perspektive, lebt vom Impuls. Wieder jemand anderes zieht Kraft aus Verbindung, sucht Kontakt, will gemeinsam unterwegs sein. Und dann gibt es noch die, die lieber ihre Gedanken allein sortieren und in Ruhe nachdenken, bevor sie sprechen. Das ist keine Typisierung, sondern Realität: Wir tragen alle diese Bewegungen in uns, nur eben unterschiedlich stark, unterschiedlich sichtbar, manchmal sogar widersprüchlich in sich selbst.

Was daraus folgt, ist keine einfache Formel, aber eine Einladung zum Hinschauen. Denn wer führen will, muss Unterschiede sehen, ohne zu urteilen. Muss Verhalten lesen können, ohne gleich nach Etiketten zu suchen, und verstehen, dass sich Charakter oft erst zeigt, wenn es eng wird, oder wie Bakari sagen würde: »Engstelle, Bruder. Da wird's ernst.«

Franzi stellt eine Frage – und das Team erstarrt

Die Erdmännchen und Borstenhörnchen in unserer Geschichte sind ein gutes Beispiel. Nicht, weil sie sich so verschieden verhalten, sondern weil ihre Verschiedenheit funktional ist. Die einen setzen Wachen ein, die anderen ignorieren sie. Die einen zählen Borsten zur Beruhigung, die anderen zählen Köpfe zur Kontrolle. Und doch entsteht etwas Gemeinsames – nicht, weil sie gleich sind, sondern weil sie sich trotz Unterschieden verstehen lernen.

In der Führung bedeutet das: Unterschiede sind kein Problem. Sie sind der Stoff, aus dem Lösungen entstehen, vorausgesetzt, man hält sie aus. Wer versucht, alle gleich zu machen, schafft bestenfalls Ruhe, aber keine Kraft. Wer hingegen bereit ist, Spannung auszuhalten, bekommt Zugriff auf die vollen Ressourcen des Teams – auf Schnelligkeit und Struktur, auf Nähe und Abgrenzung, auf Loyalität und Widerspruch.

Christians Begegnungen: aus der Praxis

Wer zu früh zu klar ist, bleibt oft nicht lange

Ich erinnere mich an ein Projektmeeting bei einem Kunden. Thema: Reorganisation im Produktionsbereich. Hohe Komplexität, viel Verunsicherung, eine Führungsrunde im Abtastmodus. Die Diskussion war typisch: zurückhaltend, vage, politisch. Kästchen wurden auf Folien verschoben, Zuständigkeiten angedeutet, aber keiner nannte Ross und Reiter.

Dann meldete sich eine junge Bereichsleiterin zu Wort. Sie war seit knapp zwei Wochen im Unternehmen, kannte kaum Namen, keine alten Allianzen, keine internen Spielregeln – und das war ihr Vorteil.

»Bevor wir die Struktur neu zeichnen, würde ich gern verstehen, warum die alte nicht funktioniert. Was wurde analysiert? Welche Ursachen sehen Sie? Welche Verantwortlichkeiten waren unklar? Und was genau soll jetzt anders werden?«

Es war kein Angriff, kein Affront, sondern der Versuch, abgeholt zu werden. Mitzudenken und ernsthaft teilzunehmen.

Drei Sekunden Stille. Einer trank demonstrativ Wasser. Zwei starrten auf die Tischplatte. Der Geschäftsführer verschränkte die Arme – und sagte nichts.

Der Impuls war klar, klug und sachlich, aber er störte das gewohnte Muster. Kein Smalltalk, keine Anpassung, sondern echtes Interesse an Substanz – und die Fähigkeit, Widerspruch höflich, aber unüberhörbar zu formulieren.

Später nahm mich ein Mitglied des Führungskreises zur Seite: »Ich glaube, mit der müssen wir noch ein bisschen arbeiten.« Ich fragte: »Weil sie Unrecht hat?« Er schüttelte den Kopf. »Nein. Weil sie recht hat – aber auf eine Art, die bei uns nicht vorgesehen ist.«

Ich dachte mir: Dann wird sie wohl nicht lange bleiben. Nicht, weil sie stört, sondern weil sie denkt – und weil das in manchen Systemen nicht belohnt, sondern ausgesessen wird.

Menschen, die »nicht vorgesehen« sind, sind oft genau die, die man braucht, wenn man bereit ist, ihnen zuzuhören. Wer Unterschiede erkennt, kann sie führen. Wer sie bekämpft, bekommt Reibung ohne Richtung. Das heißt nicht, alles gutzuheißen, aber es heißt: verstehen, bevor man verändert.

Dazu braucht es einen Perspektivwechsel. Es soll nicht mehr gefragt werden: »Warum ist der so?«, sondern »Wofür ist dieses Verhalten gerade nützlich? Und wo könnte durch dieses Verhalten im Zusammenspiel mit den anderen Spannung entstehen?« Diejenige, die nie pünktlich zur Besprechung kommt, aber in der Krise alle mitzieht – ist sie wirklich ein Problem? Oder eine Ressource, die anders funktioniert? Der Kollege, der sich regelmäßig aus Meetings heraushält – ist er unsozial? Oder einfach jemand, der Klarheit braucht, bevor er sich einlässt?

Menschen tragen unterschiedliche Spannungen in sich – und verhalten sich entsprechend. Wer das erkennt, führt nicht mehr gegen Widerstände an, sondern entlang innerer Logik. Führung wird dann zur Kunst des Justierens, nicht des Gleichschaltens.

Bakari und Franzi laufen nicht im Gleichschritt. Müssen sie auch nicht. Aber wenn der Löwe kommt, wissen sie, wohin – und wie. Das reicht.

Ulrich ist weg – und plötzlich läuft es

Jede Führungskraft kennt diesen Moment: Man glaubt, das Team sei vollständig, alle Rollen sind besetzt, jeder weiß, was er zu tun hat – und trotzdem läuft es zäh. Und dann ist plötzlich jemand krank, im Urlaub oder einfach nicht da. Und wie von Zauberhand klären sich Abläufe, neue Ideen tauchen auf, die Stimmung kippt – manchmal zum Guten, manchmal auch nicht. Es ist, als hätte jemand ein unsichtbares Gegengewicht aus dem System genommen. Und da beginnt Führung, wenn man genauer hinsieht: nicht bei den Menschen selbst, sondern bei der Bewegung zwischen ihnen.

Wir orientieren uns am *Riemann-Thomann-Modell.* Nicht, weil es besonders neu wäre, sondern weil es – richtig verstanden – etwas kann, was viele andere Modelle nicht schaffen: Es bewertet nicht, es beobachtet. Es typisiert nicht, es macht Spannungen sichtbar. Und genau das braucht Führung, denn Menschen sind keine Kästchen auf Flipcharts. Sie sind Widersprüche in unterschiedlicher Tagesform.

Das Modell unterscheidet vier Grundbewegungen, die in jedem Menschen angelegt sind: *Nähe, Distanz, Dauer* und *Wechsel.* Manche davon sind laut, andere eher unterirdisch. Und das meiste sieht man erst dann, wenn es eng wird. Da ist jemand, der im Alltag verbindlich, freundlich und ruhig wirkt, aber unter Druck plötzlich hart wird und sich zurückzieht. Oder eine Kollegin, die sonst keine zwei Wochen dasselbe System nutzt, aber in der Krise als Erste sagt: »Jetzt bitte keinen Aktionismus.« Diese Widersprüche sind kein Fehler im System. Sie *sind* das System. Und gute Führung erkennt das.

Die Erdmännchen in unserer Geschichte ticken scheinbar gleich – gemeinschaftlich, wachsam, strukturiert. Nähe und Dauer in Reinform. Und doch ist Bakari anders. Er beobachtet, aber nicht auf Ansage. Er reagiert, aber nie nach Plan. Und wenn's brenzlig wird, ist er da – nicht, weil er muss, sondern weil etwas in ihm das will. Er ist »Wechsel« mit einem Schuss »Nähe«. Und das macht ihn nicht weniger Erdmännchen, sondern einfach komplexer als das Gruppenbild.

Auch bei den Borstenhörnchen sieht man es: Franzi schimpft, Gustav flüchtet, Ulrich verschwindet. Und doch ist es Franzi, die am Ende innehält, Ulrich, der mit Tembo spricht, Gustav, der stehen bleibt. Verhalten ist Bewegung. Und manchmal zeigt sich erst am dritten Tag, was schon am ersten angelegt war.

Wir haben das *Riemann-Thomann-Modell* für diesen Kontext weitergedacht – nicht als Test, nicht als Etikettiermaschine, sondern als eine Art innere Landkarte für Führung. Eine, die hilft zu verstehen, wie Menschen ticken, ohne sie festzunageln. Es geht nicht darum, ob jemand »Distanztyp« ist, sondern ob jemand unter Druck zur Distanz tendiert. Und ob das in dieser Situation hilfreich ist oder hinderlich.

Denn was unter Kollegen als Unterschied erscheint, wird unter Stress schnell zur Front. Nähe sucht das Gespräch – Distanz den Rückzug. Wechsel will ausprobieren – Dauer will absichern. Und dann sitzen zwei sich gegenüber, meinen es beide gut, verstehen sich aber nicht einmal ansatzweise. Führung beginnt genau dort – nicht im Urteil, sondern im Übersetzen.

Und manchmal reicht es, wenn jemand (sinngemäß) sagt: »Ulrich ist weg.« Dann weiß man: Jetzt ist Bewegung drin. Und die Führungskraft? Die bleibt – und schaut genau hin.

Dieter im Projektmeeting – und warum keiner etwas sagt

Engstellen erkennt man nicht daran, dass es laut wird, sondern daran, dass es still wird. Plötzlich sagt keiner mehr etwas. Oder alle gleichzeitig. Termine werden verschoben, weil »gerade so viel läuft«. Absprachen bleiben vage, Protokolle verschwinden in der Versionierung. Und irgendwo in diesem Nebel steht die Führungskraft – mit dem unsichtbaren Auftrag, jetzt bitte alles zu regeln, aber niemanden zu verprellen.

Konflikte zeigen selten ihr wahres Gesicht. Oft tragen sie Alltagsmaske. Die Franzi, die plötzlich »privat sehr eingespannt« ist. Der Gustav, der sich auf Mails beschränkt. Der

Tembo, der aus Prinzip nicht mehr lacht. Und niemand weiß so recht: Ist das jetzt Störung oder einfach nur … Stimmung?

Christians Begegnungen: aus der Praxis

58 Sekunden Klarheit

In einem Workshop mit einem Leitungsteam von zwölf Personen fiel mir ein Teilnehmer besonders früh auf: ruhiger Tonfall, klare Sätze, keine Show. Nennen wir ihn Herr Bender. Bereich Finanzen, Jahrgang: solide. Einer, der seine Unterlagen farblich sortiert, Rückfragen stellt, wo andere schon nicken, und der durch sein bloßes Dasein signalisiert: »Spontanität ist kein Wert an sich.«

Seine Beiträge waren fordernd – ruhig vorgetragen, aber inhaltlich klar und mit exakten Beispielen belegbar. Seine Kritik: nicht laut, nicht polemisch, aber deutlich spürbar. Er war das, was man als klaren Verhaltensstil bezeichnen kann – vorwiegend »Dauer« mit einer guten Portion »Distanz«. Nicht aus Prinzip, sondern aus Überzeugung. Strukturen geben Sicherheit, und Sicherheit ist die Basis von Verantwortung.

Am Abend schlug die neue HR-Leiterin, voller guter Laune und jugendlichem Elan, eine »kreative Challenge zur Auflockerung« vor: Jede Führungskraft sollte in 60 Sekunden pantomimisch ihr Team darstellen. Es war dieser Moment, in dem plötzlich viele dringend auf die Toilette mussten, Mails checken wollten oder auffällig intensiv anfingen, ihre Stifte zu sortieren. Ein Teilnehmer wischte so konzentriert auf seinem Tablet, dass man kurz dachte, er würde eine Präsentation vorbereiten. Alle Blicke wanderten zur Tür, bis auf einen: Herr Bender stand auf.

Kein Lächeln, keine Show, nur ein sauberer Auftritt. Exakt 58 Sekunden lang zeigte er – mit minimaler Mimik, aber technisch einwandfrei – das Monatsreporting, die Budgetfreigabe, ein bilanznahes Abstimmungsgespräch. Am Ende ein angedeuteter Händedruck, ein stummes Nicken – und Stille. Ein Kollege raunte: »Hat er gerade … mitgemacht?« Ein anderer antwortete: »Nicht freiwillig. Aber korrekt.«

Und das war es: kein Widerstand, kein Sarkasmus – aber auch keine Begeisterung. Nur Haltung. Die Art von Führungskraft, bei der man weiß: Wenn sie da ist, läuft's. Nicht laut. Nicht bunt. Aber belastbar.

Was das mit Führung zu tun hat? Eine ganze Menge. Denn auch der strukturierteste, kontrollierteste, dauerhafteste Mensch im Raum kann sich bewegen, wenn der Rahmen stimmt, der Impuls passt und keiner vorher versucht hat, ihn zu ändern.

Führung an der Engstelle heißt nicht, alles aufzulösen. Es heißt: Widerspruch hörbar machen, ohne dass die Gruppe implodiert. Es heißt auch, die Muster zu erkennen. Distanztypen etwa suchen Konfliktlösungen nicht im Gespräch, sondern im Rückzug. Wer da zu schnell nachhakt, bekommt keine Antwort, sondern ein gekipptes Verhältnis. Wechseltypen hingegen knallen sofort aufeinander – oft lösungsorientiert, aber ungebremst. Dauer sucht nach Regelverletzung, Nähe nach Beziehungsschäden. Wenn man diese inneren Bewegungen kennt, kann man Konflikte nicht verhindern, aber man kann sie führen.

Die Tiere machen es uns vor. Die Engstelle bleibt eng. Der Zugang ist nicht plötzlich breit und komfortabel. Aber das Verhalten ändert sich. Nicht durch PowerPoint, sondern durch Begegnung. Einer wartet, der andere weicht aus, und manchmal steht einer auf, hebt die Arme – und macht einfach mit.

Malu zählt die Stunden, Franzi die Ausgänge

Ordnung hat ihren Preis. Sie schafft Klarheit, Orientierung, Stabilität, aber sie erzeugt auch Reibung, vor allem mit denen, die anders denken. Nicht, weil sie Chaos lieben, sondern weil sie anders arbeiten. Wer als Führungskraft glaubt, dass mehr Regeln automatisch mehr Sicherheit bringen, läuft Gefahr, genau die Leute zu verlieren, die man eigentlich halten will – nicht die Lauten, nicht die Querulanten, sondern die, die still ihre Arbeit machen, solange man sie lässt.

Ich erinnere mich an ein Gespräch mit einer hochkompetenten Projektleiterin, die nach fünf Jahren das Unternehmen verließ. Nicht, weil sie überfordert war. Nicht, weil sie sich unterbezahlt fühlte. Sondern weil sie, wie sie sagte, »irgendwann nur noch mit Prozessen beschäftigt war – und nicht mehr mit der Sache selbst«. Jedes neue Tool, jede neue Policy, jede zusätzliche Reportingpflicht hatte sie ein Stück weiter entfernt von dem, wofür sie eigentlich angetreten war. Am Ende hat sie sich nicht gestritten – sie ist einfach gegangen.

Manche Menschen brauchen Struktur, andere ertragen sie gerade so. Malu liebt sie. Nicht, weil sie Kontrolle sucht, sondern weil sie Übersicht braucht. Wenn sie weiß, wer wann wo steht, kann sie loslassen. Wenn nicht, greift sie ein. Nicht aus Misstrauen, sondern aus Verantwortung. Struktur ist für sie wie ein guter Schatten – spürbar, aber nicht im Weg.

Und dann gibt es Franzi: Für sie ist Struktur eine Wand, gegen die man möglichst früh läuft, um sich danach umso entschlossener den eigenen Weg zu bahnen. Sie will nicht wissen, wie etwas gedacht war. Sie will sehen, wie es funktioniert. Und wenn's klemmt, improvisiert sie – nicht, weil sie die Regeln nicht kennt, sondern weil sie glaubt, dass es auch anders geht.

Führung bedeutet, diese Spannungen zu erkennen und führen zu können, ohne beide Seiten zu erziehen. Es ist ein Unterschied, ob man Struktur vorgibt oder sie aufzwingt. Ein Unterschied, ob man Ordnung anbietet oder sie durchsetzt. Und ein Unterschied, ob man Klarheit schafft oder das Denken abschafft.

Wer führen will, muss mehr können als Ansagen machen – er muss Unterschiede moderieren.

Nicht alle Menschen brauchen denselben Rahmen. Aber alle brauchen einen, der für sie funktioniert. Für manche ist das ein starrer Plan mit klaren Haltepunkten. Für andere ein loses Netz mit grober Richtung. Aufgabe der Führung ist es nicht, den einen richtigen Stil zu finden, sondern den passenden. Und dort, wo mehrere aufeinandertreffen: moderieren. Nicht alles gleichmachen, aber anschlussfähig halten.

Struktur ist dann wirksam, wenn sie Unterschiedlichkeit ermöglicht, nicht verhindert. Malu bleibt verlässlich, auch wenn Franzi improvisiert. Und Franzi bleibt eigenwillig, auch wenn Malu den Ablauf klärt. Wichtig ist nur, dass beide wissen: Es gibt einen Raum, in dem beides sein darf – und dass jemand diesen Raum führt.

Fari schaut zurück und merkt, dass niemand mehr schubst

Es war nicht plötzlich anders. Niemand hatte eine Rede gehalten. Es gab keinen neuen Ablauf, kein offizielles Protokoll, keine Schichtpläne in neuer Farbe – und doch war etwas passiert. Fari merkte es nicht sofort, sondern erst später, rückblickend. Da fiel es ihm auf: Niemand hatte mehr gedrängelt. Niemand war mehr kommentarlos durch den Spalt gerauscht. Kein Geschubse, kein Gerangel. Nicht aus Angst, nicht aus Disziplin, sondern einfach so – weil jeder verstand, dass es besser war, wenn man wartete.

Verhalten verändert sich selten durch Einsicht. Und fast nie durch Appelle. Es verändert sich durch Wiederholung. Durch kleine, stille Erfahrungen, die sich setzen. Die irgendwann ins Muskelgedächtnis rutschen. Man tut etwas, weil es sich bewährt hat. Weil es funktioniert. Weil es passt.

Führung wirkt dann, wenn sie solche Erfahrungsräume schafft. Nicht, indem sie Verhalten erklärt, sondern indem sie Situationen ermöglicht, in denen Verhalten spürbar wird. Wenn jemand erlebt, dass Rücksicht keine Schwäche ist. Dass

Rückzug kein Rückfall ist. Dass Vorsicht nicht Stillstand bedeutet. Dann bleibt etwas hängen.

Fari, der am Anfang noch geschrien hatte, wenn ihn jemand streifte, trottet nun durch den Spalt, schaut kurz – und wartet. Niemand hat es ihm beigebracht, aber er hat es erlebt. Das ist Führung – nicht in der Theorie, sondern dort, wo sich Verhalten ändert, ohne dass jemand sagt: »Ab jetzt machen wir das so.« Manchmal ist Führung nur ein Schritt zur Seite, damit andere ihren eigenen Weg sehen.

Es geht nicht um Typen. Es geht um Tendenzen.

Und vielleicht trägt ein gutes Modell auch dazu bei: Sie geben uns eine Sprache für das, was wir ohnehin spüren, aber oft nicht benennen können. Das *Riemann-Thomann-Modell* ist so ein Werkzeug: Es sortiert nicht Menschen in Schubladen, sondern macht Bewegungen sichtbar – Nähe, Distanz, Dauer, Wechsel. Keine Typen, sondern Tendenzen. Wer versteht, dass der andere nicht »gegen« einen handelt, sondern einfach anders gestrickt ist, streitet seltener – und führt besser. Man muss sich gegenseitig nicht mögen – aber man kann einander verstehen. Und wer das tut, führt klüger und hält Unterschiedlichkeit besser aus. Wer das einmal verstanden hat, lebt leichter. Und lässt andere mehr sie selbst sein, ohne dabei den Rahmen zu verlieren. So gesehen ist das Modell kein Theoriegebäude – es ist ein Übersetzer. Zwischen Impuls und Struktur, zwischen Rückzug und Zugriff, und zwischen Menschen, die oft gar nicht so weit auseinanderliegen – sie sprechen nur unterschiedliche Verhaltenssprachen. Deshalb lohnt es sich, hinzuschauen. Gerade dort, wo Verhalten scheinbar stört, zeigt es oft, wo jemand steht.

Zudem: Verhalten verändert sich nicht durch Appelle, sondern durch erlebte Wirkung. Fari hat es nicht gelernt – er hat es gespürt. Genau das ist der Unterschied: Wer etwas erlebt, das trägt, braucht keine zusätzliche Motivation. Er hat einen Grund, weiterzugehen.

Denn Motivation ist selten das Problem. Sie ist fast immer die Folge. Die Folge davon, ob etwas Sinn ergibt, ob es wirkt, ob man darin vorkommt – oder nur funktionieren soll. Darum lohnt sich ein genauerer Blick: Was meinen wir eigentlich, wenn wir sagen, jemand sei »nicht motiviert«?

Motivation erhalten, nicht erfinden

Kaum ein Begriff wird in der Führungswelt so inflationär verwendet wie Motivation. Es wird motiviert, demotiviert, remotiviert – und dabei oft übersehen, worum es eigentlich geht. Denn Motivation ist kein Zaubertrick. Keine Eigenschaft, die man »erzeugen« kann. Sie ist da – oder nicht. Das Gute daran: Alle Ihre Mitarbeitenden sind motiviert! Sonst wären sie schlicht nicht da, und deshalb ist es eine der wichtigsten Aufgaben von Führung, die Motivation zu erhalten, nicht künstlich herzustellen.

Wer motivieren muss, hat bei der Auswahl der Mitarbeitenden geschlafen.

Die gute Nachricht: Zu Motivieren ist wesentlich einfacher, als viele denken. Vorausgesetzt, Sie als Führungskraft beherzigen ein paar klare Prinzipien. Die Abkürzung SPIRA hilft dabei – sie steht für *Sinn, Präsenz, Interesse am Erfolg, Rückmeldung* und *Ausbau.* Fünf Felder, in denen Sie aktiv werden können und müssen.

Doch bevor Sie damit beginnen, eine bestehende Belegschaft zu motivieren, gilt eine Grundregel: Motivation kann man nicht einbauen, wo keine Bereitschaft ist. Ihre Mitarbeitenden können fast alles lernen, aber zwei Dinge sind nicht trainierbar: Selbstreflexion und der Wille zur Weiterentwicklung.

Wenn Sie also motivierte Teams wollen, achten Sie bei der Auswahl Ihrer Leute weniger auf Fachwissen – und mehr auf Haltung. Zuerst kommt das »Wer«, dann das »Was«. Denn wer nicht will, wird nie mit voller Kraft leisten, und wer sich nicht hinterfragt, bleibt stehen.

Das zeigt sich auch eindrucksvoll in der Tiergeschichte »Die Engstelle«: Als der junge Fari von einem Borstenhörnchen im Spalt beinahe überrannt wird, reagieren die Erdmännchen instinktiv: Schutz, Frontenbildung, Ärger. Doch Bakari – kein Freund von Regeln, aber ein aufmerksamer Beobachter – fragt nicht nach Schuld, sondern ob das Verhalten wirklich ein Problem ist – oder einfach nur das normale Muster (»Oder einfach das Normalverhalten?«). Ein Moment von Selbstreflexion – und damit der Beginn echter Klärung.

Oder nehmen wir Dieter, das Borstenhörnchen, das sich zuerst ungebremst durch die Engstelle drängelt – und später freiwillig Platz macht, sogar einen Gegenvorschlag akzeptiert: »Er geht, du gehst, ich geh – keine Gehirnakrobatik.« Das ist Entwicklung. Nicht, weil jemand es befohlen hat, sondern weil jemand bereit war, sich zu verändern. Gerade im Kontext von Motivation zeigt sich, wie wichtig es ist, den Verhaltensstil der Mitarbeitenden zu erkennen und zu berücksichtigen. Man stelle sich vor, man nehme einem *Dauer-Typ* wie Malu die Struktur oder verweigere einem *Distanz-Typ* wie Franzi jede Möglichkeit zum Rückzug oder zur Herausforderung. Das Ergebnis ist nicht nur Frust, sondern Leistungsverlust. Motivation ist keine Raketenwissenschaft, aber sie verlangt Klarheit, Aufmerksamkeit und Führung, die hinsieht. Wer das beherzigt, braucht keine Motivationssprüche, sondern schafft ein Umfeld, in dem Menschen jeden Tag von selbst ins Tun kommen.

Was die Engstelle mit Motivation zu tun hat

Inmitten einer hitzeflirrenden Savannenlandschaft stoßen zwei Welten aufeinander: Erdmännchen, organisiert, wachsam, strukturiert, und Borstenhörnchen, spontan, unberechenbar, eigensinnig. Gemeinsam entdecken sie eine Quelle wertvoller Nahrung: einen frisch geöffneten Termitenbau. Doch der Zugang ist schmal. Nur einer kommt durch – zurzeit.

Was folgt, ist keine Moralgeschichte über Zusammenarbeit, sondern eine Erzählung über Reibung, Missverständnisse, beinahe Konflikt, und dann doch: ein Moment echter Koordination. Und darin liegt die Kraft dieses tierischen Lehrstücks: Es zeigt, dass Motivation nicht durch Appelle entsteht, sondern durch Sinn, Beziehung und Verhalten. Vieles von dem, was die Tiere erleben, findet sich im SPIRA-Modell zur Motivationserhaltung wieder:

S wie Sinn: **Warum überhaupt gemeinsam?**

Bakari, das Erdmännchen, sagt den entscheidenden Satz zuerst: »Wir brauchen das.« Nicht in einer Besprechung, nicht mit Folien, sondern im Moment echter Erkenntnis. Die Termitenquelle ist kein »nice-to-have« – sie ist notwendig. Und diese Notwendigkeit ist für alle sichtbar.

Führungskräfte können genau hier ansetzen. Motivation entsteht, wenn Mitarbeitende spüren, dass ihre Aufgabe wirklich gebraucht wird. Dass es nicht egal ist, ob sie sich engagieren oder nicht. Der Sinn ist nicht abstrakt – er ist konkret, erfahrbar, gemeinsam spürbar.

P wie Präsenz: **Da sein, bevor es brennt**

Malu kontrolliert die Notröhre, obwohl sie weiß, dass sie intakt ist. Bakari ist immer vor Ort, ohne expliziten Auftrag. Franzi, das Borstenhörnchen, taucht zuverlässig auf – laut, schräg, aber präsent. Diese Tiere warten nicht auf Anweisung – sie zeigen sich.

Präsenz in der Führung bedeutet nicht Kontrolle. Sie heißt: verfügbar sein, wahrnehmbar sein, sichtbar sein, auch ohne Tagesordnung. Motivation wächst dort, wo Menschen sich gesehen fühlen – nicht nur in der Bewertung, sondern im Alltag.

I wie Interesse am Erfolg: **Nicht nur dein Job, sondern auch mein Anliegen**

Als die Tiere beginnen, sich gegenseitig Platz zu machen – mal bewusst, mal zufällig –, entsteht etwas Neues: eine geteilte Verantwortung für den Ablauf. Sie verstehen: Es geht nicht nur darum, selbst durch die Engstelle zu kommen, sondern auch darum, den anderen nicht zu behindern.

Für Führung heißt das: Zeige, dass du willst, dass dein Team erfolgreich ist – nicht für deine Zahlen, sondern für ihren eigenen Stolz. Wer spürt, dass seine Leistung jemand anderem wirklich wichtig ist, bleibt motiviert.

R wie Rückmeldung: Reibung als Resonanz

Ein Crash zwischen Tembo und Dieter. Ein Kommentar über das »Plüschvieh«. Ironie, Krach, ein halber Streit. Doch was daraus entsteht, ist mehr als Lärm: Es ist Feedback in Aktion. Keine gestellte Evaluierung, sondern echtes Reagieren. Und irgendwann: ein Lachen.

Führung braucht Mut zur Rückmeldung. Nicht weichgespült, nicht durchgekaut, sondern klar, direkt, situativ. Motivation wächst dort, wo Verhalten gespiegelt wird – und wo Rückmeldung eine gemeinsame Entwicklung ermöglicht, statt Schuld zu verteilen.

A wie Ausbau: Gemeinsam über sich hinauswachsen

Am Ende verändert sich etwas: Die Erdmännchen lockern ihr System. Die Borstenhörnchen übernehmen erstmals Struktur. Und beide Gruppen fressen – gleichzeitig, aber auf Abstand. Ohne Kommando, nur durch stilles Lernen. Ausbau im Sinne von SPIRA bedeutet nicht Schulung. Es bedeutet, Räume zu schaffen, in denen Menschen (oder Tiere) sich entwickeln dürfen – durch Erfahrung, Vertrauen, das Überwinden der »Engstelle«.

Fazit: Führung wirkt dort, wo Verhalten zählt. Die Geschichte endet mit einem Satz, der bleibt: »Engstelle, Bruder.« Kein Befehl, keine Regel, sondern ein erfahrener Hinweis. Eine gelebte Erinnerung daran, dass echte Motivation nicht durch

Anreize entsteht, sondern durch Sinn, Beziehung und Haltung. Vielleicht ist das die wichtigste Erkenntnis aus der Savanne: Man kann Unterschiedlichkeit nicht auflösen. Aber man kann sie nutzen, wenn man versteht, dass Motivation nicht im Kopf beginnt, sondern im Miteinander.

Auf einen Blick: Führen wie die Erdmännchen und Borstenhörnchen

Wie funktioniert Führung in einer Welt, in der Bedrohung allgegenwärtig ist? Erdmännchen und Borstenhörnchen zeigen: Nicht Autorität oder Heldenmut sichern das Überleben, sondern kluge Struktur, klare Rollen und verlässliche Reaktionen. Es sind nicht die Einzelnen, die entscheiden – es ist ihr Zusammenspiel. Die Fähigkeit, unter Druck gemeinsam zu handeln, ist kein Zufall, sondern Ergebnis von Ausbildung, Ritual und Verantwortung.

Führung ist kein modernes Konzept – effektive Strukturen und Teamwork sind seit jeher entscheidend für Erfolg. Von den Erdmännchen und Borstenhörnchen lassen sich vier essenzielle Prinzipien ableiten:

Teamwork durch komplementäre Stärken. Erfolgreiche Teams bestehen nicht aus Gleichheit, sondern aus gezielt kombinierten Fähigkeiten. Führung bedeutet, Talente zu erkennen und optimal einzusetzen – statt Kontrolle geht es um strategische Diversität.

Hierarchie und klare Rollenverteilung. Führung braucht Struktur. Eine gut funktionierende Hierarchie sorgt für klare Entscheidungswege, schnelle Reaktionen in Krisen und verhindert endlose Abstimmungen, die Teams lähmen.

Wissensweitergabe und Ausbildung. Wissen ist kein Machtinstrument, sondern die Grundlage für nachhaltigen Erfolg. Wer Talente fördert und Wissen aktiv teilt, schafft stabile und zukunftsfähige Organisationen.

Kommunikation als Überlebensstrategie. Erdmännchen setzen auf klare, eindeutige Signale, die oft in Unternehmen fehlen. Führung bedeutet, Erwartungen klar auszusprechen, Verantwortung zu definieren und Missverständnisse aktiv zu vermeiden. Zusätzlich zeigt der La-Ola-Tanz gegen Schlangen, dass Rituale und Stabilität in Krisenzeiten essenziell sind. Struktur, Verlässlichkeit und klare Führung geben Teams Orientierung – wer das schafft, führt sein Unternehmen gestärkt durch jede Herausforderung.

Unterschiedlichkeit führt, wenn man sie lässt. Was diese Tiergemeinschaften ebenfalls zeigen: Nicht alle denken gleich. Nicht alle reagieren gleich – und deshalb funktionieren sie. Wer führen will, muss verstehen, dass Unterschiedlichkeit kein Hindernis ist, sondern der größte Schatz eines Teams. Das bedeutet: weniger Etiketten, mehr Beobachtung. Weniger Beurteilung, mehr Übersetzung. Führung heißt: Verstehen, wo jemand steht, und dafür sorgen, dass er ins Ganze passt. Nicht durch Anpassung, sondern durch kluge Moderation.

Woran erkenne ich, wie jemand tickt? – Eine Reflexionsübung für Führungskräfte

Nicht jeder tickt gleich. Und nicht jeder sagt, was er braucht. Die folgende Übung hilft Ihnen, das Verhaltensmuster eines Teammitglieds besser zu erkennen – ohne Test, ohne Schublade, allein durch genaues Beobachten.

Denken Sie an eine konkrete Person aus Ihrem Team. Beantworten Sie dann die Fragen ehrlich und pragmatisch – so, wie Sie Ihr Teammitglied in Aktion erleben.

1. **Verhalten unter günstigen Bedingungen**

- Wie wirkt die Person, wenn alles rund läuft?
- Welche Aufgaben sucht sie sich freiwillig?
- Was bringt sie in Flow?
- Wie geht sie mit anderen um, wenn sie sich sicher fühlt?

2. **Verhalten unter Druck oder Stress**

- Was verändert sich, wenn es eng wird?
- Wird sie lauter, leiser, starrer, schneller?
- Vermeidet sie Verantwortung – oder übernimmt sie zu viel?
- Wie reagiert sie auf Kritik, Unsicherheit oder Chaos?

3. **Typische Zitate oder Formulierungen**

- Was sagt sie oft – in Meetings, im Alltag, zwischen Tür und Angel?
- Welche Formulierungen nutzt sie, wenn etwas nicht passt? (Beispiel: »Das war aber nicht abgesprochen.« – »Ich brauch kurz meine Ruhe.«)

4. **Umgang mit Veränderung**

- Wie reagiert sie, wenn plötzlich etwas anders läuft?
- Zieht sie mit oder bremst sie?
- Stellt sie viele Fragen – oder geht einfach los?

5. **Nähe und Distanz im Kontakt**

- Sucht sie den Austausch oder hält sie lieber Abstand?
- Führt sie lieber persönliche oder fachliche Gespräche?
- Wie viel Beziehungsarbeit braucht sie – oder meidet sie sie?

6. **Konfliktverhalten**

- Wie geht sie mit Meinungsverschiedenheiten um?
- Wird sie konfrontativ, ausweichend, moderierend, anpassend?
- Was bringt sie auf die Palme – was bringt sie zurück?

7. **Motivation und Demotivation**

- Was bringt sie in Bewegung?
- Was gibt ihr Energie – Lob, Vertrauen, Herausforderung, Struktur?
- Was demotiviert sie spürbar – Unklarheit, Druck, zu viel Nähe?

8. **No-Gos und Tabus**

- Welche Art von Führung erzeugt bei ihr Widerstand?
- Was verletzt sie, auch wenn es nicht böse gemeint ist?
- Was wäre für sie ein stiller Kündigungsgrund?

Und jetzt? Ziehen Sie ein Fazit. Was ist Ihren Beobachtungen zufolge das zentrale Bedürfnis dieser Person?

Nähe → Verbindung, Austausch, Zugehörigkeit
Distanz → Eigenständigkeit, Raum, Klarheit
Dauer → Stabilität, Ordnung, Planbarkeit
Wechsel → Abwechslung, Dynamik, neue Impulse

Was bedeutet das für Sie als Führungskraft? Müssen Sie mehr erklären oder mehr loslassen? Braucht die Person einen festen Rahmen oder das Gefühl von Freiheit? Wen müssen Sie fordern? Wen schützen? Wem Struktur geben? Wem Raum lassen?

Hinweis: Ein Auswerteblatt zu dieser Übung finden Sie als Download auf der Landingpage zum Buch – inklusive Musterbeispiel, Leitsätzen und konkreten Ableitungen für Ihren Führungsalltag.

Warum man manche Lektionen nur versteht, wenn sie am Ohr hängen

Es wurde bereits viel über die aktiven und fleißigen Borstenhörnchen gesprochen, auch dass sie gerne gesellig leben. Was man diesen friedliebenden kleinen Wollknäulen wohl nicht zutrauen würde, ist, dass sie sich und ihre Familie mit Vehemenz verteidigen können.

Ich hatte bei einem Farmer einen etwas verwahrlosten Welpen mit struppigem Fell aufgegabelt, angeblich eine Kreuzung des Hofhundes, einer belgischen Schäferhund-Hündin, mit einem Wild Dog. Der Farmer war froh, als er ihn los war. Dieser Knirps hatte seinen Schilderungen nach »den gesamten Hof in Aufruhr versetzt«. Der Welpe war damals erst vier Monate alt, und ich glaubte die Geschichte nicht so recht. »Sicherlich hat der Farmer maßlos übertrieben«, dachte ich.

Konditionell erholte sich der Hund schnell, nur das mit der Erziehung wollte nicht so recht funktionieren. Die Ohren des Tieres schienen mit seinen Beinen verwachsen zu sein, auf Rückruf und auf andere Kommandos reagierte der Junghund auch nach Monaten nicht. Nur mit einiger Mühe konnte ich ihn vom Federvieh des Hofes fernhalten, selbst meine Pferde attackierte der kleine Kerl, und diese quittierten das mit kräftigem Auskeilen. Das Einzige, was er sicher wusste, waren der Platz und die Uhrzeit der Abendfütterung. Zumindest etwas, und ich übte mich weiter in der Hunde-Grunderziehung.

Mitten auf dem Hof lebten damals die von unseren Gästen sehr geliebten »Put-Puts« – eine Gemeinschaft von zwölf Borstenhörnchen – bislang unbehelligt von unseren anderen Haustieren. Doch seit der Welpe – genannt Brave – da war, änderte sich das schlagartig. Trotz ständiger Ermahnungen und diverser Erziehungsmaßnahmen wollte er die kleinen Wuseltierchen einfach nicht in Ruhe lassen. Zwar waren diese sehr, sehr wachsam, kontrollierten regelmäßig ihr Territorium und flitzten auch schnell in ihre Bauten, doch der Hund belästigte sie immer mehr, versuchte sogar, sie aus ihrem Bau auszugraben. Uns allen auf dem Hof war dieses Verhalten ein Dorn im Auge, und das ständige Gekläffe des Hundes störte wirklich sehr.

Eines Tages war ich wieder mit ihm auf dieser Hofseite und versuchte, ihm das ordentliche »bei Fuß laufen« beizubringen. Plötzlich machte er einen Sprung vorwärts mit einem Salto, zog dabei geschickt seinen Kopf aus dem Halsband und raste los – schnurstracks auf die Borstenhörnchen zu. Diese hatten den Hund sicherlich bei unseren Gehorsamsübungen gesehen, doch war er ja an der Leine und stellte dadurch keine Gefahr für sie dar. Auf jeden Fall war eins der Borstenhörnchen zu weit vom rettenden Eingang entfernt und schaffte es nur noch bis kurz vor die Höhle.

Da schnappten die Zähne meines Hundes zu, und er erwischte gerade noch das Schwanzende des Tieres. Das Borstenhörnchen quiekte, doch Brave ließ nicht locker und zog es aus dem Eingang nach draußen. Auf meine Pfiffe und eindringlichen Rufe reagierte er – wie immer – nicht und zerrte das Tierchen am Schwanz über den Sand. Ich war wie erstarrt und befürchtete das Schlimmste. Da drehte sich das Borstenhörnchen geschwind um, mit einer Wendigkeit und Schnelligkeit, die keiner dem kleinen Fellknäuel zugetraut hätte, und biss dem Hund in sein Hängeohr.

Damit hatte der Rabauke Brave wohl nicht gerechnet und war so schockiert, dass er sofort den Schwanz des Tieres losließ. Doch schlecht für ihn: Die Geschichte war damit noch lange nicht vorbei, denn das Borstenhörnchen biss nicht nur, sondern »hing« regelrecht an seinem Ohr. Mit seinen fingerartigen vier Pfoten klammerte es sich in das lange Fell des Hundes.

Jetzt war es Brave, der wie am Spieß schrie und wie von einer Tarantel gestochen losraste – interessanterweise zu mir. Ich hatte ihn in dem Moment gar nicht gerufen. Ich denke, er suchte Trost – und vor allem Hilfe. Das Borstenhörnchen war schwindelfrei, und wie ein Stuntman trotzte es sämtlichen Erschütterungen, denn Brave machte Kapriolen, sprang in die Luft, wälzte sich im Sand und schlackerte mit den Ohren. Die Wut des Tieres über die vorangegangenen Belästigungen durch den Hund war größer als seine Angst. Das Borstenhörnchen hing eisern am Ohr fest.

Ich konnte mir ein Feixen nicht verkneifen, denn mein so beratungsresistenter Brave heulte und quietschte wie ein Schoßhündchen, aber keine Hilfe war in Sicht.

Erst als das austretende Blut die Bissstelle wahrscheinlich zu glitschig machte, löste das Borstenhörnchen seinen Biss und ließ sich elegant zu Boden gleiten. Mein Hund raste zu mir und setzte sich mit schuldbewusstem Blick vor mich hin. In seinem rechten Ohr klaffte ein Loch, und das Blut lief in einem dünnen Rinnsal aus der Wunde über seine Brust und an den Läufen herunter.

Das Borstenhörnchen ist ohne große Eile, dafür mit vor Stolz geschwellter Brust, wieder in seinen Bau zurückgekehrt. Das Ganze hat ein schallendes Gelächter der anwesenden Gäste ausgelöst, die genauso schockiert wie ich zu Anfang dastanden und die Szenerie beobachteten.

Der »liebe« Brave hat von da an um die Bauanlage der kleinen, wuseligen Fellknäuel einen größeren Bogen gemacht. Selbst wenn die Jungtiere draußen auf den kleinen Hügelchen vor dem Bau laut spielten, schien es ihn nicht zu kümmern.

4

UNTER SIEDELWEBERN – DAS PRINZIP DER LEISEN FÜHRUNG

Abbildung 4: Wo hunderte Vögel unter einem Dach leben – das Siedelwebernest zeigt, wie aus Ordnung und Kooperation etwas Großes entsteht.

Wer sie wirklich sind: Siedelweber im Porträt

Leben zwischen Dornbaum und Drahtmast

Der Siedelweber ist ein unscheinbarer Vogel – beige-grau, etwa 14 Zentimeter klein, äußerlich unspektakulär. Doch sein Lebensraum verlangt alles andere als Mittelmaß: Zentralnamibia, das südwestliche Botswana und das nördliche Südafrika zählen zu den trockensten Regionen des afrikanischen Kontinents. Offenes Savannenland, weitgestreckte Grasflächen und einzeln stehende Kameldornbäume prägen das Bild. Temperaturen zwischen -10 und +48 Grad Celsius sind keine Ausnahme, sondern tägliche Realität – ein Klima, das von Lebewesen extreme Anpassungsfähigkeit verlangt. In dieser Umgebung hat sich der Siedelweber nicht nur eingerichtet, sondern zu einer ökologischen Schlüsselfigur entwickelt.

Er bevorzugt Lebensräume mit freier Sicht und gut erreichbaren erhöhten Positionen. Besonders Kameldornbäume gelten als bevorzugter Niststandort: Sie bieten stabile Äste, gute Rundumsicht und eine natürliche Barriere gegen viele bodengebundene Feinde. Wo keine Bäume wachsen, etwa in offenen Farmgebieten, weicht der Siedelweber auf künstliche Strukturen aus. Strommasten, Telegrafenpfähle oder Windräder werden dann zu neuen Nestplattformen. Diese Anpassung macht ihn nicht nur zu einem Baumeister, sondern auch zu einem pragmatischen Opportunisten mit hohem ökologischem Spielraum.

Entscheidend ist die Kombination aus Höhe, Haltbarkeit und Umgebungssicherheit. Der Siedelweber braucht keinen schützenden Wald und keine dichte Vegetation. Im Gegenteil: Die Weite ist Teil seines Systems. Sie erlaubt das frühzeitige Erkennen von Feinden und die rechtzeitige Flucht. Gleichzeitig ermöglicht sie die soziale Organisation großer Kolonien, die sonst kaum in dieser Form bestehen könnten.

Die Fähigkeit, auch mit anthropogenen Veränderungen umzugehen, hat dem Siedelweber in vielen Regionen eine stabile Populationsentwicklung beschert. Während andere Arten durch Lebensraumverlust zurückgedrängt werden, gelingt es ihm, sich in die veränderte Kulturlandschaft einzufügen, ohne seine soziale Struktur oder sein typisches Verhalten aufzugeben.

Wenn ein Nest zur Stadt wird

Die Bauten der Siedelweber sprengen jede gängige Vorstellung von einem Vogelnest. Was sie errichten, ist ein regelrechter Gebäudekomplex – größer, schwerer und langlebiger als alle bekannten Nestformen im Tierreich. Bis zu sieben Meter im Durchmesser misst so ein Bau, das Gewicht kann eine Tonne übersteigen. Von unten betrachtet erinnert die Struktur an ein überdimensionales Strohdach, das wie eine aufgeblähte Matratze über dem Geäst hängt. Doch im Inneren verbirgt sich weit mehr als bloße Nistfunktion: ein ausgeklügeltes System aus Röhren, Höhlen, Zugängen, Temperaturzonen und Fluchtschächten. Hier wird nicht gewohnt – hier wird organisiert.

Gebaut wird ausschließlich mit dem, was Schnabel und Füße greifen können: trockene Gräser, biegsame Zweige, dorniges Füllmaterial. Die Konstruktion beginnt mit einem tragenden Dach, das später als Plattform für die einzelnen Brutkammern dient. Diese Kammern entstehen nicht gleichzeitig, sondern im Laufe vieler Jahre. Generation für Generation fügt Elemente hinzu, passt an, ersetzt, verstärkt. Der Bau wächst modular, wie ein lebendiger Organismus. Es gibt keine zentrale Bauaufsicht, keinen architektonischen Gesamtplan, und doch funktioniert alles. Das Prinzip ist evolutionär optimiert: Jeder weiß, was zu tun ist.

Auch klimatisch sind die Nester Meisterwerke. Während draußen über 40 Grad herrschen können, bleibt es innen oft 10 Grad kühler. Bei nächtlicher Kälte wiederum wird gespeicherte Wärme genutzt. Die schrägen Einfluglöcher schützen vor Wind; Feuchtigkeit wird durch die Wahl bestimmter Materialien minimiert. Manche dieser Bauwerke überdauern ein ganzes Jahrhundert – getragen von der kollektiven Sorgfalt ihrer Bewohner.

Eine Kolonie in Balance

Im Inneren eines Siedelwebernestes herrscht keine Anarchie, sondern Ordnung – nicht durch Zwang, sondern durch eingespielte Abläufe. Bis zu 500 Individuen leben in einem einzigen Bau, und doch wirkt es nie überfüllt. Die Struktur ist fein gegliedert: Jedes Paar verfügt über eine eigene Wohnröhre, die mit einem separaten Einflugloch beginnt und in einer individuellen Kammer endet. Dieses architektonische Prinzip erlaubt Nähe und Rückzug zugleich – entscheidend für das soziale Gleichgewicht in der Kolonie.

Das Paarungsverhalten ist stabil. Siedelweber sind monogam, oft ein Leben lang. Die Nachkommen der Männchen verbleiben meist in der Heimkolonie und beteiligen sich aktiv an deren Weiterentwicklung – sie bauen an, flicken, verdichten. Weibchen hingegen verlassen nach der Geschlechtsreife den elterlichen Verbund und suchen Anschluss in genetisch fremden Gruppen. Diese klare Rollenaufteilung sorgt für genetische Vielfalt und verhindert Inzucht – ein Mechanismus, der nicht zentral gesteuert, aber funktional etabliert ist.

Die Kolonie wächst nicht sprunghaft, sondern in gleichmäßiger, langsamer Veränderung. Ältere Bereiche werden nach und nach ersetzt, beschädigte Kammern abgetragen, neue Zugänge entstehen dort, wo es das Gleichgewicht erlaubt. Dieses ständige Weiterbauen, ohne das Ganze zu destabilisieren, gleicht einem lebendigen Umbau bei laufendem Betrieb: Hier lebt kein Haufen – hier lebt ein System in perfekter sozialer Balance.

Bauen heißt Entscheiden

Ein Siedelwebernest mag auf den ersten Blick wie eine lose Sammlung aus trockenem Gras wirken, doch hinter dem scheinbaren Chaos steckt ein ausgeklügeltes Materialkonzept. Der Bau beginnt stets mit einer stabilen Dachkonstruktion, die das Fundament des gesamten Systems bildet. Verwendet wird nur, was den Anforderungen an Haltbarkeit, Elastizität und Witterungsbeständigkeit genügt. Besonders gefragt sind Halme der Savannenart *Aristida congesta* – zäh, biegsam, resistent gegen UV-Strahlung und Feuchtigkeit. Dasselbe Material wird in der Region auch zum Eindecken traditioneller Strohdächer verwendet – ein Indiz für seine Qualität und Dauerhaftigkeit.

Doch nicht nur das »was«, sondern auch das »wo« ist entscheidend. Siedelweber suchen gezielt nach tragfähigen Standorten: dicke Äste mit ausreichend Abstand zum Boden, massiver Wuchs, günstige Windlage. Die Vögel bevorzugen Orte, die weit einsehbar sind und gleichzeitig Schutz vor bodengebundenen Feinden bieten. Interessanterweise lassen sie sich seltener auf Bäumen nieder, die stark von anderen Vogelarten frequentiert sind – vermutlich, um Störungen im Nestbetrieb zu vermeiden .

Auch die Wahl des Untergrunds spielt eine Rolle: Gebiete mit hoher Termitendichte werden gemieden, da grasfressende Termiten die Neststubstanz zerstören könnten. Die Vögel erkennen solche Gefahren früh – ob durch Geruch, das Verhalten anderer Arten oder erlernte Erfahrung, ist bislang nicht abschließend geklärt. In Gebieten mit gelegentlichen Buschfeuern bauen sie bevorzugt auf höher gelegenen Ästen – ein Hinweis auf risikobasiertes Verhalten.

Interessant ist, dass die Auswahl der Materialien offenbar nicht rein instinktgetrieben erfolgt. Jungtiere imitieren nicht nur das Bauverhalten, sondern auch die Materialwahl ihrer Väter. Gras ist nicht gleich Gras – und ein Nest ist nur so haltbar wie seine schlechteste Verbindung. Es wird nicht einfach gesammelt, was da ist, sondern gewählt, geprüft und eingewebt. Dieses Maß an Selektivität spricht für eine Form von praktischer Intelligenz, wie sie sonst nur bei wenigen Tierarten in dieser Konsequenz zu beobachten ist.

Eine Allianz ohne Vertrag

Wer das Nest eines Siedelweber-Clans betrachtet, sieht nicht nur Webervögel ein- und ausfliegen. Zwischen den Grashalmen, Kammern und Ausgängen bewegen sich mitunter auch Tiere anderer Art – still geduldet, manchmal regelrecht eingeladen. Die Kolonie ist kein exklusives Wohnprojekt, sondern ein multifunktionales Netzwerk. Und Teil dieses Netzwerks sind strategische Mitbewohner.

Der Kalahari-Skink, eine flinke Echse mit ausgeprägtem Geruchssinn, lebt häufig in unmittelbarer Nähe zum Nest. Seine Aufgabe ist nicht symbolisch, sondern konkret: Er frisst Termiten – bevorzugt jene, die sich zu nahe an die Außenstruktur der Siedelweberbauten wagen. Damit übernimmt er eine Art Frühwarnsystem gegen Bausubstanzzerstörer. Der Nutzen ist beidseitig: Die Echse lebt geschützt unter dem Nest, bleibt selbst meist unbehelligt und sorgt im Gegenzug für strukturelle Sicherheit.

Auch in luftiger Höhe sind Allianzen zu beobachten. Der tagaktive Zwerghabicht und die nachtaktive Afrikanische Zwergohreule nisten gerne in den Randzonen der Nester. Beide Raubvögel gelten als gefährliche Prädatoren für kleinere Eindringlinge wie Schlangen, Nagetiere oder Eierdiebe. Dass sie im Nestbau der Siedelweber geduldet werden, ist kein Zufall, sondern ein kalkulierter Deal: Schutz gegen Schlafplatz. Dabei ergänzt sich der Rhythmus perfekt – einer wacht bei Tag, der andere bei Nacht.

Dieses doppelte Abwehrsystem funktioniert ohne zentrale Koordination. Es gibt keine Verträge, keine Verabredungen, aber ein evolutionäres System gegenseitigen Vorteils. Biologisch betrachtet handelt es sich um eine Form von Mutualismus, also eine Lebensgemeinschaft, bei der beide Partner profitieren, ohne dass einer verliert. Die Webervögel leben dadurch in einem fast lückenlosen Schutzsystem, ohne selbst zur Waffe greifen zu müssen.

Diese Art von funktionaler Kooperation ist im Tierreich nicht ungewöhnlich, aber in dieser Konsequenz selten. Der Siedelweber zeigt: Wer für andere mitdenkt, lebt sicherer.

Er führt, weil er nicht mehr muss

Unter all den Individuen, Paaren und Nachkommen gibt es im Siedelweberverband eine ganz besondere Figur – unscheinbar, aber mit Wirkung: den sogenannten Ober-Siedler. Meist ist es ein älteres Männchen, das keine eigene Brut mehr großzieht. Doch anstatt sich zurückzuziehen, übernimmt es Aufgaben, die sonst unbesetzt blieben: beobachten, regeln, moderieren. Keine spektakulären Führungsmanöver, sondern stille Einflussnahme.

Der Ober-Siedler ist kein Alphatier im klassischen Sinne. Er schreit nicht, dominiert nicht, stellt sich nicht zur Schau – und doch hat er Autorität. Er kennt die Koloniestruktur wie kein anderer, hat zahllose Brutzyklen, Paarwechsel und Jahreszeiten erlebt. Wenn es zu Reibungen kommt – bei der Zuteilung von Nestkammern, beim Konkurrieren um Baumaterial oder bei Balzritualen –, ist es oft seine Präsenz, die beruhigend wirkt. Er greift ein, nicht mit Gewalt, sondern mit Gesten: unterbricht, trennt, signalisiert. Andere weichen ihm aus, ohne dass es je zu einem offenen Konflikt kommt.

Auch bei knappen Ressourcen zeigt sich seine Rolle: Wenn Wasserstellen versiegen oder Nahrungskonkurrenz entsteht, ist er oft derjenige, der eine Veränderung einleitet, sei es durch Umorganisation im Nest oder das Anführen kleinerer Erkundungstrupps. Seine Entscheidungen wirken nicht befehlsartig, sondern ergeben sich aus Erfahrung und Akzeptanz. Das macht ihn nicht allmächtig, aber wirksam.

Verhaltensbiologisch lässt sich diese Rolle schwer in bekannte Kategorien fassen. Es ist keine Dominanz, keine Revierverteidigung, kein Machterhalt. Es ist eine Form von funktionaler Zentralität – ein lebender Kompass für soziale Ordnung. Wer ihn beobachtet, sieht Führung in ihrer leisesten Form: durch Wissen, Präsenz und den Respekt der anderen.

Kein Tropfen Wasser ohne Plan

In einem Lebensraum, in dem Regen eher Ausnahme als Regel ist, wird Wasser zur härtesten Währung. Während viele Tierarten auf wandernde Herden oder saisonale Zyklen setzen, bleiben Siedelweber standorttreu. Das bedeutet, dass sie wissen müssen, wo etwas zu finden ist, bevor es knapp wird. In diesen Momenten zeigt sich die stille Führungsfunktion des Ober-Siedlers besonders deutlich.

Gerade in Dürreperioden übernimmt er Verantwortung, die weit über das Nestgeschehen hinausgeht. Er kennt die Lage entfernter Wasserstellen – meist künstlich angelegte Viehtränken oder Pumpbrunnen am Rand von Farmgebieten. Woher er dieses Wissen hat, ist nicht restlos geklärt. Beobachtungen lassen darauf schließen, dass es sich um eine Kombination aus früheren Erfahrungen, Orientierung über Landmarken und möglicherweise auch eine Nutzung des

Sonnenstands zur Richtungsfindung handelt. Magnetfeldnavigation wird ebenfalls diskutiert, ist aber noch nicht abschließend bewiesen.

Klar ist: Wenn es Zeit wird, bricht keine Panik aus. Der Ober-Siedler führt die Kolonie in kleinen Trupps – geordnet, zeitversetzt, ruhig. Damit vermeidet er nicht nur Stress, sondern auch Gedränge an der Quelle selbst, was die Schwächeren gefährden würde. Die Rückkehr erfolgt ebenso gestaffelt, meist über leicht abweichende Routen. Dieses Verhalten wirkt nicht nur organisiert – es ist strategisch.

Die Fähigkeit, nicht nur für sich, sondern für die gesamte Kolonie mitzudenken, zeugt von etwas, das man im Tierreich nicht leichtfertig in den Mund nimmt: Voraussicht. Und auch wenn sie nicht bewusst im menschlichen Sinne ist, bleibt die Wirkung dieselbe. Der Ober-Siedler führt nicht, weil er darf, sondern weil er gebraucht wird.

Was bleibt, wenn keiner redet

Der Siedelweber lebt nicht nur in Strukturen – er denkt in Generationen. Was heute gebaut, gewählt oder vermieden wird, beruht selten auf bloßem Instinkt. Vieles von dem, was ein junger Vogel im Laufe seines Lebens tut, hat er beobachtet, nicht geerbt. Die Weitergabe erfolgt still, beiläufig, aber präzise: vom Vater an den Sohn, vom Älteren an den Neuankömmling. Nicht durch Training, sondern durch tägliches Tun im gemeinsamen Raum.

Die Männchen lernen von Beginn an mit: wie man den richtigen Halm erkennt, welcher Ast tragfähig ist, wann ein Nestteil ersetzt werden muss und worauf man bei der Standortwahl achtet. Sie beobachten, imitieren, optimieren. Auch komplexere Entscheidungen, etwa die Navigation zu Wasserstellen oder das Verhalten gegenüber potenziellen Feinden, werden durch diese Form des sozialen Lernens getroffen. Es gibt keine Lehrstunde, kein Ritual, aber die Wirkung ist messbar.

Verhaltensbiologen sprechen in diesem Zusammenhang von Traditionsbildung – ein Begriff, der sonst eher in Verbindung mit Rabenvögeln, Elefanten oder Menschenaffen fällt. Dass auch ein 14 Zentimeter großer Vogel in der trockenen Savanne zu solch nachhaltiger Weitergabe fähig ist, zeigt, wie tief das Konzept der Kultur im Tierreich verankert sein kann, auch jenseits von Sprache und Bewusstsein.

Diese Form der Wissensweitergabe macht die Kolonie widerstandsfähig, denn nicht nur Gene sichern das Überleben, sondern auch die Geschichten, die still zum Nächsten weitergehen. Die Geschichten, die man nicht erzählt, sondern zeigt.

Im Reich der Siedelweber

Unter einem Himmel aus Staub

Es ist der vierte Tag ohne Wind, und die Kalahari hält den Atem an. Nichts regt sich, nichts raschelt. Nur die Sonne brennt schwer und ohne Gnade auf eine Landschaft, die sich in ihrer Dürre duckt. Die Dornbäume, sonst gesprächig mit dem Wind, verstummen, und ihre Schatten schrumpfen zu dünnen Linien im Sand. In einem dieser Bäume, einem alten Kameldorn, dessen Rinde eingerissen ist wie die Lippen eines Durstigen, beginnt etwas zu entstehen. Es ist kein Bau, noch kein Nest – eher ein Gedanke, der Form gewinnt, zögerlich und trotzig zugleich. Ein loses Bündel Gras, schwebend und fast unmerklich befestigt. Daran arbeitet Sillo, ein Webervogel von ruhiger Art, mit einem Blick, der weiter reicht als der Horizont.

Sillo ist allein, aber nicht einsam. Er hat diesen Baum mit Bedacht gewählt. Er prüft den Ast auf seine Spannung, auf seine Sprache, denn ein Baum spricht, wenn man gelernt hat, ihm zuzuhören. Und während seine Krallen den Zweig umklammern, spürt er, dass hier etwas wachsen kann. Nicht nur ein Nest, sondern eine Idee von Heimat, von Ordnung inmitten des flirrenden Chaos der Savanne. Er beginnt zu bauen: Mit dem Schnabel zieht er Halme, biegt sie, verwebt sie mit den Krallen zu einem dichten Teppich aus Gras, der Schutz bieten soll – vor Sonne, vor Wind, vor allem aber vor dem Alleinsein. Er fliegt erneut los, mit einem Halm im Schnabel, den er aus weiter Ferne geholt hat – zäh, biegsam, sonnengetrocknet. Der richtige für die Dachkonstruktion, denn das

Nest der Weber beginnt oben. Mit einem Dach gegen den Regen. Unten erst, viel später, kommen die Röhren für die Familien. So beginnt es: verkehrt herum, wie alles, was Bestand hat in dieser Welt.

Wenn Halme flüstern

Am fünften Abend, als die Hitze etwas weicht und ein trüber Streifen von Altrosa den Horizont durchzieht, erscheint Elya. Sie landet nicht sofort. Sie kreist erst, prüft die Lage, beobachtet die Struktur. Ihre Augen – bernsteinfarben und wach – tasten über das Dach, die Röhrenansätze, das Material. Dann lässt sie sich nieder, lautlos, auf einem entfernteren Ast. Sie sagt nichts, doch ihre Haltung ist eindeutig: Sie ist gekommen, um zu prüfen. Nicht das Nest, sondern den, der es gebaut hat.

Sillo bemerkt sie. Natürlich. Aber er reagiert nicht. Kein Gesang, kein Imponiergehabe. Er arbeitet weiter – ruhig, bedacht, effizient. Und das wirkt mehr als jedes Balzlied. Elya beobachtet ihn auch am nächsten Tag, bleibt auf Abstand. Doch am Abend fliegt sie erstmals mit einem Halm zurück, und das ist, in ihrer Sprache, ein Satz.

Nun kommen auch andere. Inelu, jung und prachtvoll, mit Federn in leuchtendem Goldbraun. Er ist ungestüm, überfliegt das Nest in engen Spiralen, schnattert laut, will beeindrucken. Kien, ruhiger, fast schüchtern, aber mit scharfem Blick für Materialspannungen und Luftströmungen. Und Tavar, ein schweigsamer, älterer Vogel, der aus einer anderen Kolonie stammt, seine Gründe nie nennt und alles beobachtet. Gemeinsam beginnen sie zu bauen, nicht im Sinne von

Harmonie, aber doch in einer Art stillem Übereinkommen. Jeder hat seinen Teil, jeder bringt etwas ein. Das Nest wächst nicht linear, sondern in Pulsen, in Wellen, wie ein Organismus, der atmet.

Elya beginnt, eigene Röhren zu flechten. Sie wählt einen besonders widerstandsfähigen Bereich – dort, wo die Äste des Kameldornbaums dicht verwoben sind und der Wind kaum durchdringt. Sie kennt sich aus. Sie hat schon gebaut. Doch ihr Blick gleitet immer wieder zu Sillo, und Inelu sieht das. Er baut zu nahe, zu schnell, zu laut. Seine Röhre ragt in den Flugweg von Elya. Sie lässt sich nichts anmerken, weicht geschickt aus – dreimal, viermal. Beim fünften Mal stößt sie einen Ton aus – kurz, scharf, unmissverständlich. Sillo hebt den Kopf. Kien hält inne. Inelu ignoriert es. Noch.

In der Nacht knackt ein Ast. Kein Wind, keine Bewegung – nur Spannung. Und ein kleiner, dumpfer Laut, als Inelus Röhre kippt. Nicht ganz, aber spürbar. Er fliegt auf, wütend, sucht Schuldige. Doch niemand antwortet. Alle bauen weiter. Nur Elya sitzt still. Und als sie kurz darauf wieder startet, trägt sie einen besonders feinen Halm – silbrig, weich, kostbar. Und fliegt – nicht zu Inelu, sondern zu Sillo. Direkt. Ohne Umweg.

Der Morgen danach beginnt wie alle anderen: mit Licht, mit Staub, mit Flügeln in der Luft. Aber etwas ist anders. Die Ordnung hat sich verschoben. Und in dieser Ordnung beginnt die Geschichte der Kolonie erst richtig.

Die Ordnung im Schatten

Die Tage strecken sich, als wollten sie nie enden. Sie flimmern in grellem Licht, das selbst die Farben verbrennt, und in der Stille liegt eine Spannung, die sich nicht entlädt – sie bleibt. Die Kalahari lebt anders in dieser Zeit: langsamer, tastender, als müsse jedes Wesen seine Bewegungen abwägen, bevor es einen Schatten wirft. Auch das Nest wächst nicht mehr im Rhythmus der Begeisterung, sondern mit dem Ernst des Bleibens. Die ersten Röhren sind fertig. Einige davon leer, andere schon mit trockenem Gras ausgepolstert, als würden sie jemanden erwarten. Es gibt keine Baupläne, keine Ansagen, keine Absprachen – und doch entsteht Struktur.

Sillo ist nicht mehr allein, doch er ist auch nicht mittendrin. Er ist dort, wo Linien sich kreuzen. Wo andere Pausen machen, fliegt er. Wo sie streiten, schweigt er. Und wenn jemand fragt, was nie offen geschieht, ob er der Erste war, der angefangen hat, dann bleibt er still. Nicht aus Bescheidenheit, sondern weil es nicht darum geht.

Tavar beobachtet ihn am längsten. Der Alte, der von einer Kolonie kam, von der keiner spricht. Seine Federn sind stumpf, aber sein Blick ist wach. Er sitzt oft reglos im oberen Drittel, dort, wo der Wind stärker weht, und wenn ein Ast sich zu sehr biegt, ist es Tavar, der vor dem Bruch warnt – mit einem Laut, so tief, dass er kaum zu hören ist.

An diesen Tagen beginnt etwas, das niemand so nennt: eine Ordnung. Nicht eine, die beschlossen oder besungen wird, sondern eine, die entsteht, weil sie gebraucht wird. Und mit der Ordnung kommen andere. Der Erste ist Maelo, ein junger, kräftiger Vogel mit tiefgrünen Augen und einer Art zu fliegen, die keine Unsicherheit kennt. »Ich baue dort«, ruft er laut und zeigt mit dem Schnabel auf einen äußeren Ast, gefährlich weit draußen. Kien war gerade auf dem Weg dorthin, weicht aber zurück. »Dort bricht es bei Sturm«, murmelt Tavar.

»Dann halten wir eben dagegen!«, ruft Maelo, ohne sich umzudrehen. Doch es ist kein Trotz in seiner Stimme, eher Lust auf Risiko, auf Wirkung. Er will nicht dazugehören – er will bewundert werden. Später kommt Niva, eine feine, dunkle Weberin mit hellem Brustgefieder. Sie spricht leise, aber viel, stellt Fragen, die wie Prüfungen klingen, und antwortet sich oft selbst. »Wenn man dort baut, spiegelt der Schatten zurück, verstehst du? Lichtreflexion. Nicht gut für die Eierhaut. Ich suche etwas ... Tieferes.« Elya mustert sie, aber sagt nichts. Und Sillo nickt kaum merklich, als Niva sich einfügt, an der windstilleren Seite, nahe am Zentrum.

An einem frühen Abend – die Hitze flieht, aber der Staub bleibt – geschieht etwas, das lange in Erinnerung bleibt: Dort, wo die Wurzel des Kameldorns flach ausläuft, heben sich kleine Körper aus dem Sand. Zwei, dann vier, dann neun. Sie stellen sich auf, schnappen nach unsichtbarer Bedrohung. Eine junge Schlange ist gesichtet worden – nicht giftig, aber flink. Und sofort beginnt der Tanz: ein Kreisen, ein Wippen, ein plötzliches Erstarren, dann wieder Bewegung. Es wirkt chaotisch, ist es aber nicht. Jeder Schritt hat Sinn, jedes Zucken eine Bedeutung. Gemeinsam erzeugen sie eine Dynamik, die den Feind verwirrt, ohne ihn je direkt zu bekämpfen.

Sillo schaut hinab. »Sie stellen sich vor den kleinsten Eingang. Immer«, sagt er leise.

»Weil dort die Jungen sind«, antwortet Kien. »Und der Zugang offen.«

»Das ist kein Angriff«, murmelt Niva. »Das ist ... Schutz durch Präsenz.«

»Wie wir es tun sollten«, sagt Elya.

Und dann ist er da. Der Moment. Der Schatten einer Idee.

Am nächsten Morgen fliegt Inelu eine Röhre an, die nicht seine ist. Sie liegt etwas zu niedrig, nah an der Flugbahn, schlecht isoliert. »Diese hier«, ruft er, »steht zu flach! Wer hat das gebaut?« Tavar antwortet nicht. Aber seine Flügel zucken. »Wenn du was zu sagen hast, Alter, sag es laut!«, schnattert Inelu.

Sillo legt den Halm ab, den er gerade trägt. Nicht abrupt, fast sanft. Dann dreht er sich um und fliegt – nicht auf Inelu zu, sondern auf die Röhre. Prüft sie. Dann löst er ein paar Halme, verstärkt den Rand, zieht eine zweite Strebe ein. Ruhig. Wortlos.

»Das war nicht deine Baustelle«, zischt Inelu.

»Doch«, sagt Elya. »Es ist unser Nest.«

Der Satz bleibt hängen. Am Mittag ist Inelu verschwunden. Nicht für immer, nur für ein paar Stunden. Als er zurückkommt, trägt er einen ungewöhnlich dicken Halm. Er sagt nichts, aber er fliegt zu Kien. Und fragt: »Zeigst du mir, wie du das dort gemacht hast – mit dem Luftzugschutz?« Kien nickt.

Sillo sieht es. Und sagt nichts. Aber in seinen Augen liegt ein kurzes, tiefes Blinken, wie das Glimmen eines Glutkerns unter Asche. Und während die Sonne hinter dem Horizont versinkt, breitet sich etwas aus, das nicht benannt werden kann. Keine Hierarchie, kein System, aber Ordnung. Und eine neue Art, miteinander zu sein.

Der Himmel kippt

Es beginnt nicht mit einem Geräusch, sondern mit dem Fehlen eines solchen. Kein Zirpen, kein Scharren, nicht einmal der Wind. Nur das Gewicht der Luft, das plötzlich spürbar wird, wie eine Hand, die zu fest auf dem Brustkorb liegt. Die Vögel spüren es zuerst in den Flügelansätzen – ein Flimmern, das nicht vom Licht kommt. Dann in den Krallen, die sich etwas tiefer ins Geäst drücken. Tavar hebt den Kopf. Er sagt nichts. Aber seine Federn stellen sich auf, eine Spur nur – genug, dass Sillo es sieht.

»Etwas kommt«, murmelt Niva. Sie blickt nach Westen, dorthin, wo der Himmel sich nicht verfärbt, sondern verhärtet. Eine Linie aus Dunst, waagrecht wie mit einem Messer gezogen. Dahinter: Bewegung. Unsichtbar, aber unüberhörbar im Inneren.

»Gewitter?«, fragt Kien.

»Sand zuerst. Dann Wasser, wenn wir Glück haben«, antwortet Elya. Sie lässt ein halbfertiges Röhrenstück fallen. »Das hält so nicht.«

Sillo fliegt. Nicht weg, sondern höher. Dort, wo die Äste dünner sind, der Bau fragiler, aber die Sicht weiter. Und was er sieht, ist kein Sturm. Es ist eine Welle. Aus Licht, Sand und einer Wucht, die sich nicht aufhalten lässt.

»Dach sichern«, ruft er, zum ersten Mal laut. Dann dreht er ab, steuert die Westflanke an, wo Maelo gebaut hat – zu weit außen. Zu schnell. Zu stolz.

»Runter damit«, ruft Sillo, kaum gelandet.

»Was – warum?«, faucht Maelo, »Ich hab hier Arbeit reingesteckt!«

»Dann nimm sie mit. Oder sie fällt auf uns.«

Kurz ist es still. Dann reißt Maelo drei Halme ab, flattert unsauber zurück ins Innere. Keine Entschuldigung, aber ein Signal. Elya koordiniert nun, ohne Befehle. »Kien – Querverstrebung hier. Niva – sieh dir das Mittelstück an. Es knickt bei Druck.« Tavar wechselt auf die Südseite, wo die Kammern schon dicht sind, aber der Zugang offen – zu offen.

Unten in der Ebene beginnen die Erdmännchen zu verschwinden. Nur die Wachen bleiben. Sie stehen still, aufrecht, wie Statuen auf einem Tempeldach, das von niemandem erbaut wurde. Und dann – ein einziger Pfiff. Kurz. Grell. Alles verschwindet. Der Wind trifft das Nest mit voller Breitseite. Nicht als Brüllen, sondern als Dröhnen. Kein Ast bricht, aber sie biegen sich, federn, ächzen. Halme lösen sich. Zwei Röhren reißen an, bleiben aber hängen, gehalten von Übergängen, die niemand bemerkt hatte. Zwischenstücken. Verstärkungen. Architektur des Miteinanders. Drei Minuten dauert es. Dann fünf. Dann dreht der Wind ab. Kein Regen, nur Staub. Und eine neue Stille.

»Wer fehlt?«, fragt Niva.

»Keiner«, sagt Elya und atmet hörbar aus.

Maelo sitzt am Rand. Seine Federn sind zerzaust, aber er sagt leise: »Die Querverbindung hat gehalten.«

»Weil sie doppelt gelegt war«, antwortet Kien und nickt.

Am Abend, als das Licht rötlich wird und der Himmel über den Tswalu-Platten flimmert wie ein aufgeschlagenes Buch aus Stein, versammelt sich der Schwarm nicht in der Mitte, sondern verteilt – in Kreisen, die sich berühren, aber nicht überlagern.

Tavar beginnt zu sprechen. Nicht laut, nicht lang. »Manche von euch fliegen zu tief. Manche zu hoch. Das ist normal.«

»Was nicht normal ist«, fährt Niva fort, »ist, wenn man nicht weiß, wo man gebraucht wird.«

»Also sag es uns«, ruft Maelo. Nicht spöttisch. Nicht trotzig. Offen.

Sillo schweigt. Doch dann fliegt er. Nicht weit. Nur von Röhre zu Röhre, von Ast zu Ast. Und mit jeder Landung legt er einen Halm ab. Nicht zufällig. Nie zweimal am selben Ort. Ein Signal. Eine Einladung. Eine Rollenverteilung, die nicht befohlen wird, sondern verstanden.

Und so beginnt die Nacht – mit einem Nest, das nicht fertig ist, aber bereit. Und einem Schwarm, der noch keine Herde ist, aber auf dem Weg dorthin.

Wenn das Nest atmet

Die Luft ist klarer geworden. Nicht kühl – das kennt die Kalahari nicht. Aber sie trägt nun einen Hauch von Weite, einen Hauch von Erleichterung. Die Dornenbäume haben wieder Schatten, und unter ihren Zweigen erwacht eine neue Wachsamkeit. Nicht aus Angst, sondern aus Achtsamkeit.

Das Nest ist groß geworden. Nicht das größte, nicht das schönste. Aber das erste, das geblieben ist, nachdem der Himmel sich drehte. Es hat keine Mitte, und doch ein Zentrum – dort, wo die meisten Spuren sich kreuzen, wo der Austausch am lebendigsten ist.

Sillo fliegt seltener. Nicht aus Müdigkeit – aus Vertrauen. Die Jungen sind geschlüpft. Ihre Stimmen sind noch dünn, aber sie füllen bereits die Röhren mit einem Klang, den es lange nicht gab: Zukunft.

Elya ist geblieben. Ihre Röhre liegt nun nah an Sillos Kammer, doch nicht direkt daneben. Dazwischen führen Streben, die nicht aus Funktion, sondern aus Verbundenheit entstanden sind. Sie sind nicht verbunden, aber verwoben.

»Es ist ein lebendiges Nest«, sagt Tavar. »Nicht nur ein gebautes.«

»Es atmet«, ergänzt Kien.

Und tatsächlich – man sieht es. Wenn Wind durch die Kammern fährt, wenn Flügel sich heben, wenn Stimmen sich kreuzen. Kein Bau steht allein. Jeder Halm ist die Antwort auf einen anderen.

Maelo hat sich verändert. Er baut jetzt langsamer. Fragt manchmal. Und wenn er fliegt, sieht er sich um. Nie zweimal denselben Weg. »Man lernt nicht nur von Älteren«, sagt er. »Manchmal auch von Fehlern.«

Niva hat damit begonnen, junge Vögel einzulernen. Sie erklärt, ohne zu belehren. Und manchmal bleibt sie mitten im Satz stehen, wenn sie merkt, dass der andere es schon verstanden hat.

»Was tun wir, wenn der nächste Sturm kommt?«, fragt einer der Jungen.

»Dann fliegen wir nicht davon«, sagt Sillo. »Sondern enger zusammen.«

Der Satz bleibt hängen – nicht als Befehl, sondern wie ein Spruch, den man später zitieren wird.

Und dann geschieht etwas, das selten ist: Ein Fremder taucht auf. Ein alter Vogel, aus einer anderen Region. Staub in den Federn, Müdigkeit im Blick. Er landet am Rand, zögernd. Sillo fliegt nicht zu ihm, doch er lässt einen Halm fallen – genau dorthin, wo der Fremde sitzt. Eine Einladung. Kein Zeichen. Kein Wort. Nur ein Akt des Willkommens.

Elya sieht es. Niva auch. Und sie tun es ebenso. Halme. Nacheinander. Wie ein Gruß.

»Warum?«, fragt eines der Jungen später. »Wir kennen ihn doch gar nicht.«

»Deshalb«, sagt Tavar.

Am Abend liegt goldenes Licht auf dem Nest. Die Röhren glänzen, die Stimmen vermischen sich. Keine laute Führung. Kein Kampf um Macht. Nur ein Gewebe aus Vertrauen, Erfahrung, geteiltem Wissen und dem Willen, etwas zu schaffen, das größer ist als einer allein.

Und während über der Savanne die Sterne aufgehen, wird eines klar: Dieses Nest wird bleiben, weil es gelernt hat, sich zu verändern, ohne sich zu verlieren.

Unter Menschen – alle für einen, einer für alle

Falls Sie die Geschichte der Siedelweber nicht (mehr) präsent haben oder direkt mit diesem Kapitel einsteigen: Hier finden Sie die zentralen Figuren kurz vorgestellt. Es genügt, ihre Rollen grob im Blick zu behalten – die Verbindung zu den Führungsprinzipien wird sich im Verlauf der Erzählung von selbst erschließen.

SILLO, ein ruhiger, vorausschauender Webervogel, beginnt den Bau allein. Er spricht wenig, beobachtet viel und übernimmt Verantwortung, ohne sie einzufordern. Sillo führt nicht durch Anweisung, sondern durch Haltung und Handlung. Sein Nest wird zum Ursprung einer neuen Ordnung.

ELYA, erfahren und wachsam, tritt zunächst prüfend auf. Sie beteiligt sich nur dort, wo Sinn und Struktur erkennbar werden, und entwickelt sich zur stillen Mitgestalterin des entstehenden Gefüges. Sie führt durch Präzision, nicht durch Lautstärke.

INELU, jung, laut und ehrgeizig, will beeindrucken – und lernt auf schmerzhafte Weise, dass Wirkung ohne Rücksicht keine Grundlage für Gemeinschaft ist. Seine Entwicklung steht exemplarisch für das Spannungsverhältnis zwischen Tempo und Tragfähigkeit.

KIEN, sachlich, schüchtern, aber mit technischem Blick, erkennt Materialspannungen schneller als soziale. Doch gerade sein nüchternes Wissen trägt entscheidend zur Stabilität des Baus bei. Er steht für stille Expertise und kooperative Präzision.

TAVAR, ein älterer Vogel aus einer unbekannten Kolonie, spricht selten, aber mit Gewicht. Er steht oft am Rand, erkennt Gefahren früh und verkörpert die leise Autorität der Erfahrung. Wenn andere noch zögern, handelt er bereits.

NIVA, sprachgewandt, analytisch und sensibel für Dynamiken, bringt eine neue Ebene der Reflektion ins Nest. Sie beobachtet, strukturiert, vernetzt – und wird zu einer zentralen Figur für die Weitergabe von Wissen.

MAELO, kraftvoll, selbstbewusst, anfangs ungestüm. Er lernt, dass Stärke nicht im Überzeugen, sondern im Einfügen liegt, und beginnt, Fragen zu stellen. Eine leise Wandlung vom Einzelkämpfer zum Teil des Ganzen.

DER FREMDLING, alt, erschöpft, aber nicht gebrochen, erscheint am Rand. Seine wortlose Aufnahme ins Gefüge ist Ausdruck einer Kultur, die Offenheit nicht predigt, sondern lebt – durch Gesten, nicht durch Parolen.

DAS NEST selbst wird zur Hauptfigur: ein atmendes, wachsendes System, das nicht durch Befehl, sondern durch Abstimmung entsteht – organisch, dezentral und doch geordnet.

Wenn wir über Führung sprechen, denken wir oft an große Gesten, starke Stimmen, klare Ansagen. An Hierarchien, an Durchsetzungskraft, an Präsenz. Doch Führung beginnt nicht immer mit Lautstärke. Manchmal beginnt sie mit einem Halm, der am richtigen Ort abgelegt wird. Mit einer Geste, einem Blick, einer Entscheidung zur richtigen Zeit.

In diesem Kapitel widmen wir uns einem Tier, das auf keiner Liste der »charismatischen Alphatiere« steht – und das gerade deshalb so viel zu sagen hat: der Siedelweber. Ein kleiner, unscheinbarer Vogel, kaum größer als ein Spatz – und doch Architekt der größten Nester im Tierreich. Was ihn auszeichnet, ist nicht Kraft, nicht Größe, nicht Dominanz. Es ist die Kunst, gemeinsam zu bauen. Die Fähigkeit, zu beobachten, und die Bereitschaft, Verantwortung zu übernehmen, ohne im Mittelpunkt zu stehen.

Wir haben uns bewusst entschieden, auch dieser leisen Form der Führung Raum zu geben. Denn sie ist nicht weniger wirksam – im Gegenteil: Sie wirkt oft nachhaltiger, verbindender und vertrauensvoller als der laute Führungsstil, der so oft in den Vordergrund gedrängt wird. Die Siedelweber zeigen uns, wie Ordnung entstehen kann, ohne dass jemand sie diktiert. Wie sich Kompetenz durchsetzt, auch ohne Selbstdarstellung. Und wie aus einem bunten Schwarm ein tragfähiges Ganzes wird, wenn sich alle ihrer Rolle bewusst sind.

Dieses Kapitel ist eine Einladung: Hinzusehen und zuzuhören. Und vielleicht die eigene Vorstellung von Führung um eine neue Dimension zu erweitern. Denn zwischen Flügelrauschen, Halmen und leisen Signalen steckt mehr Führungsintelligenz, als man auf den ersten Blick vermuten würde.

Führung durch Erfahrung, nicht durch Status

Schauen wir uns Tavar an. Er sagt selten etwas, aber man spürt ihn. Er sitzt dort, wo der Wind weht, sieht mehr als andere und spricht nur dann, wenn es wirklich zählt. Beim nahenden Sturm warnt er nicht durch Drama, sondern durch einen einzigen gezielten Flügelschlag – genau im richtigen Moment. Seine Führung basiert nicht auf Lautstärke oder Titel, sondern auf Erfahrung, Wissen, Instinkt. Alles über Jahre gewachsen, Schicht für Schicht.

Und das bringt mich zu einer Frage, die mir immer wieder begegnet: Müssen Führungskräfte überhaupt noch Fachkompetenz haben oder reicht »Überblickswissen«? Meine ehrliche Meinung? Das mit dem ausreichenden Überblickswissen ist eine Schutzbehauptung. Ein bequemes Narrativ, um nicht ins Eingemachte zu müssen. Wer führt, braucht ein gerütteltes Maß an Substanz. Punkt.

Ich denke an die über 35.000 Führungskräfte, die ich begleiten durfte, und bei allen, die wirklich etwas bewegt haben, gab es eine gemeinsame Konstante: Sie hatten Ahnung. Sie kannten ihr Terrain. Sie konnten mitreden. Und ihren Mitarbeitenden konnte man kein X für ein U vormachen.

Stellen Sie sich vor, Tavar hätte keine Ahnung vom Nestbau. Könnte er dann eingreifen, wenn es ernst wird? Könnte er beurteilen, ob eine Röhre trägt oder kippt? Wüsste er, welche Verstrebung schützt und welche nur so aussieht? Wohl kaum.

Inkompetenz ist nur peinlich, wenn man so tut, als hätte man keine.

Mein Rat an Führungskräfte: Tigern Sie sich rein. Werden Sie fachlich sattelfest. Fragen Sie die Menschen, die es wirklich wissen – oft sind das die alten Hasen, nicht die, die am lautesten auftreten. Gehen Sie offen mit Ihrer momentanen Inkompetenz um und zeigen Sie etwas, das heute selten geworden ist: echte Neugier und Lust auf Lernen.

In Organisationen braucht es Menschen wie Tavar. Menschen, deren Autorität nicht von oben kommt, sondern von innen heraus. Die Zeiten, in denen man sich auf »potestas«, also Amtsautorität, berufen konnte, sind vorbei. Und das heißt auch: Das Kompetenzlevel steigt. Wer führen will, muss mehr draufhaben – mehr denken, mehr sehen, mehr verstehen.

Führungskräfte, die wie Tavar agieren, spüren den Sturm, bevor er sichtbar wird. Sie geben Orientierung – nicht durch Lautstärke, sondern durch Klarheit. Gerade wenn es unübersichtlich wird.

Immer wieder fragen mich Führungskräfte: Wie werde ich eigentlich wirklich akzeptiert? Was braucht es, damit mir mein Team folgt – nicht aus Pflicht, sondern aus Vertrauen?

Führung wirkt, wenn man weiß, wovon man spricht, wie man es angeht, mit wem man es tut – und was man durchzieht.

Aus meiner Sicht sind es vier Kompetenzen, die sich überschneiden, sich bedingen und je nach Situation unterschiedlich gewichtet sind:

1. **Fachkompetenz:** Hatten wir bereits. Ohne Substanz keine Wirkung. Sie müssen wissen, wovon Sie sprechen, sonst werden Sie nicht ernst genommen.
2. **Methodenkompetenz:** Kommt aus dem Griechischen »meta« und »hodos« – der Weg nach. Gemeint ist die Fähigkeit, Dinge strukturiert anzugehen. Verschiedene Wege zu kennen. Werkzeuge einsetzen zu können – und nicht immer mit dem Hammer auf alles zu hauen. Methodenvielfalt schafft Handlungsspielraum.
3. **Sozialkompetenz:** Das Managen zwischenmenschlicher Beziehungen. Eine weitere Konstante bei allen erfolgrei-

chen Führungskräften, die ich getroffen habe: Sie waren keine rücksichtslosen Karrieristen, keine dominanten Besserwisser, keine überdrehten Bankerboys ohne Werte, sondern Menschen, die echte Beziehungen zu ihren Leuten aufgebaut haben. Tragfähig. Authentisch. Verlässlich.

4. **Durchsetzungskompetenz:** Heute fast ein Unwort – die Gegenveranstaltung zum »Wellbeing«-Trend. Und trotzdem unverzichtbar. Warum? Ganz einfach: Klare Linie statt Beliebigkeit. Führung braucht Richtung. Wer nicht entscheiden kann, verliert das Team im Nebel. Verbindlichkeit schafft Vertrauen: Wer sagt, was er meint – und tut, was er sagt –, wird als verlässlich erlebt. Und das zählt. Konflikte regeln statt meiden: Durchsetzungsstarke Führungskräfte ducken sich nicht weg. Sie greifen Unangenehmes auf und sorgen für Klarheit, bevor es knallt. Effizienz statt Endlosschleifen: Führung braucht Entscheidungskraft. Wer alles zerredet und nichts umsetzt, lähmt das System.

Christians Begegnungen: aus der Praxis

Der Leutnant und der Unteroffizier

Kurz nach meiner Ausmusterung zum Leutnant übernahm ich meine erste Einheit in der Steiermark. Ich war 23, vielleicht 22 – jung, ehrgeizig, frisch gebackener Offizier. Vollgepackt mit Wissen aus der Militärakademie, vor allem aber: mit Status. Goldene Rangabzeichen, eigener Schlüssel fürs Büro, der beste Blick aus dem schönsten Trakt der Baracke. Alles an mir signalisierte: Der Chef ist da.

Und ich machte einen Fehler. Einen großen.

Kaum angekommen, wusste ich – oder glaubte zu wissen –, wie der Laden zu laufen hatte. Ich erkannte sofort, was falsch lief. Wo man schrauben musste. Welche Prioritäten zu setzen waren. Ich kommunizierte das auch – direkt, bestimmt, klar. Nur: Es interessierte niemanden. Oder besser gesagt: Es erzeugte Widerstand. Teils offen. Teils passiv. Und ich verstand nicht, warum.

Bis zu jenem Nachmittag, der mir bis heute in Erinnerung geblieben ist.

Ein Unteroffizier – doppelt so alt wie ich, dienstlich deutlich unterstellt, aber menschlich ganz woanders verortet – nahm mich zur Seite. Ohne große Vorrede, ohne Herumdrucksen. Er sagte sinngemäß: »Hören Sie auf, so zu tun, als hätten Sie die Weisheit mit dem Löffel gefressen. Sie sind nicht halb so gut, wie Sie glauben. Und ehrlich gesagt: Ihr Vorgänger war um Welten besser.«

Er sagte das klar. Direkt. Fernab jeder Hierarchie. Ohne Rücksicht auf Rang, Uniform oder Abzeichen. Einfach so, weil es gesagt werden musste.

Ich war schockiert. Überfordert. Ich, der junge Leutnant, bekam die ungeschönte Rückmeldung von einem, der offiziell gar nicht das Recht dazu hatte – und es sich trotzdem nahm. Und ganz ehrlich: Es hat mich getroffen. Tief. Ich hatte schlaflose Nächte. Wütende Gedanken. Und den Reflex, mich innerlich zu rechtfertigen. Heute – viele Jahre, viele Stationen und viele Teams später –

bin ich diesem Mann dankbar. Tief dankbar. Leider lebt er nicht mehr, aber ich trage seine Worte noch heute in mir.

Er hat mir etwas beigebracht, das auf keiner Akademie gelehrt wird: dass Führung nichts mit Abzeichen zu tun hat. Dass Status kein Argument ist. Dass man sich das Recht zu führen verdienen muss – jeden Tag neu. Und zwar nicht durch Titel, sondern durch Kompetenz, Klarheit und Haltung. Die zentrale Lektion war brutal einfach: Menschen lassen sich nicht führen, nur weil du es willst. Sie lassen sich führen, wenn du etwas kannst, das sie als wertvoll erkennen. Wenn du ihnen zuhörst. Wenn du Respekt zeigst, nicht forderst. Und manchmal beginnt das mit einer schmerzhaften Rückmeldung. Von jemandem, der den Mut hat, die Wahrheit auszusprechen, auch wenn sie unbequem ist.

Die selbstlose Führungsrolle

Sillo baut, fliegt, sichert – nicht für den Applaus, sondern für das Nest. Als eine Röhre kippt, die gar nicht seine ist, greift er ein. Ohne Auftrag. Ohne Drama. Nicht, weil er muss, sondern weil er es kann und weil es dem Ganzen dient. Kein Schulterklopfen, kein Imponiergehabe, kein »Schaut her, was ich wieder geleistet habe«.

Sillos Verhalten ist typisch für die Siedelweber: Die Gemeinschaft zählt mehr als das Ego. Und das klingt nicht nur edel – es trifft den Kern moderner Führung.

Gute Führung ist Dienst am System. Sie ist nicht für die Galerie, nicht für das Ego und ganz sicher nicht für das

LinkedIn-Portfolio. Führung ist kein Selbstzweck und noch weniger eine Ego-Show. Klingt selbstverständlich? Mag sein. Aber wenn man sich manche Führungskräfte ansieht, könnte man glauben, sie hätten das Prinzip absichtlich falsch verstanden.

Deshalb hier einige Leitgedanken zum Mitnehmen, Weitergeben, Einrahmen:

Fehler des Teams gehören dem Chef.
Erfolge des Teams gehören dem Team.
Fehler des Chefs gehören dem Chef.
Erfolge des Chefs? Gehören auch dem Team.

So einfach. So wirksam. Und so selten gelebte Praxis.

Warum verhalten sich dann so viele Führungskräfte diametral entgegengesetzt? Weil echtes Dienen Arbeit macht. Weil es keinen Applaus gibt, wenn man Rückendeckung gibt. Und weil viele glauben, Führung bedeute Sichtbarkeit statt Verantwortung.

Aber darum geht es. Führung heißt: Ich tue das Notwendige, auch wenn es mir persönlich nichts bringt. Und zwar ohne Post, Plakat oder Rundmail.

Sillo macht es vor. Unauffällig. Verlässlich. Wirksam. Und das ist die Qualität, die Führung heute braucht: Menschen, die nicht fragen, was sie bekommen, sondern was sie beitragen können. Nicht, weil sie müssen, sondern weil sie verstanden haben, worum es eigentlich geht.

Leise führen wie ein Siedelweber

Obwohl der Vergleich auf den ersten Blick hinkt, durfte ich einmal einen Trainer einer Fußball-Bundesligamannschaft unterstützen zu definieren, was ein Führungsspieler wirklich ist – und wie man einen solchen gezielt in einer Mannschaft entwickelt.

Dabei zeigte sich schnell: In vielen Teams werden Führungsspieler und Kapitän verwechselt, was durchaus zwei verschiedene Rollen sind. Der Kapitän ist formal bestimmt: Er trägt die Binde, vertritt die Mannschaft gegenüber dem Schiedsrichter und der Öffentlichkeit, ist bei offiziellen Anlässen sichtbar. Ein Führungsspieler hingegen lebt Führung im Alltag. Er muss nicht zwingend Kapitän sein. Oft sind es genau die Spieler, die im täglichen Geschehen Orientierung geben – auf dem Platz, in der Kabine, im Umgang miteinander.

In der Mannschaft, um die es damals ging, war solch ein Spieler: kein Lautsprecher, kein Star fürs Mikrofon, sondern einer, der bei vielen Vereinen gespielt hatte und mit einer stillen, respektierten Präsenz wirkte.

Es fiel sofort auf: Wenn ein junger Spieler neu ins Team kam, war es dieser erfahrene Spieler, der sich selbstverständlich um ihn kümmerte. Es war klar, wer ihm die internen Gepflogenheiten erklärte, wer ihn mit an den Tisch nahm und dafür sorgte, dass er im neuen Umfeld ankam.

Kleinigkeiten zeigten seinen Stil: Er war derjenige, der sich selbstverständlich bei der Kellnerin im VIP-Club bedankte und dabei im Kleinen Haltung vorlebte. Er hatte ein feines Gespür für die Dynamik im Team – wer verunsichert war, wer Orientierung brauchte, wer sich zu wichtig nahm.

Entscheidend: Er trat nie in Konkurrenz zum Kapitän. Im Gegenteil – er stärkte dessen Rolle und ergänzte sie. Gleichzeitig war er im Alltag derjenige, der die Anweisungen des Trainers positiv in die Mannschaft hineininterpretierte – selbst dann, wenn es im Team kritische Stimmen oder Widerstand gab. Er sorgte dafür, dass aus Ansagen keine Spaltung entstand, sondern Orientierung.

Gerade in schwierigen Phasen war das spürbar: In Krisensituationen war es genau dieser Spieler, der ruhig und glaubwürdig vermittelte, dass man es als Team selbst in der Hand hat, wieder herauszukommen. Ohne Mikrofone, ohne große Worte nach außen. Aber innen mit hoher Wirkung.

Ich empfahl dem Trainer, diesen Spieler bewusst als Führungsspieler zu etablieren. Nicht als Pressesprecher oder Frontmann, sondern als den, der im Inneren Stabilität gibt. Selbstlose Führung im besten Sinn: keine Starallüren, keine Selbstinszenierung, sondern klare Verantwortung für das Miteinander und die Kultur im Team.

Was mich dabei immer wieder erstaunt: Solche Spieler sind extrem selten. Und noch seltener ist es, dass Trainer ihnen gezielt und früh genug jene Aufmerksamkeit schenken, die sie für diese Rolle eigentlich bräuchten. Viel zu oft konzentriert man sich auf die Lauten, auf die extrovertierten Alphas – und übersieht dabei jene stillen Architekten, die im Verborgenen das soziale Rückgrat der Mannschaft formen.

Genau das, was wir auch bei den Siedelwebern beobachten: Dort tragen nicht die Lautesten das System, sondern die Erfahrenen, die still und verlässlich dafür sorgen, dass das Nest funktioniert und die Ordnung im Schwarm bewahrt bleibt.

Auch in dieser Bundesligamannschaft zeigte sich: Ohne solche stillen Architekten fehlt im Team ein unsichtbares Rückgrat. Mit ihnen entsteht Zusammenhalt – und oft auch der entscheidende Unterschied in schwierigen Phasen.

Weitsicht und Krisenmanagement – die Königsdisziplin

Der Himmel verhärtet sich. Kein Geräusch, kein Wind – nur eine seltsame Spannung in der Luft. Staub kündigt den Sturm an. Während andere noch rätseln, schaut Sillo nicht weg – er steigt auf. Er überblickt die Lage, erkennt die Gefahr, handelt. Elya sagt kein Wort, aber man sieht es an ihrem Blick: Sie prüft, bewertet, priorisiert. Es gibt keinen Krisenplan. Keine Sitzung. Kein Flipchart. Aber es gibt Vögel, die Verantwortung übernehmen, und zwar sofort.

Dieses Verhalten bringt auf den Punkt, was ich seit Jahren betone: Führung zeigt sich nicht bei Schönwetter – Führung zeigt sich im Sturm.

Unser Wahlspruch am Institut für Führung stammt vom italienischen Theologen Petrus Chrysologus: »Was er kann, zeigt der Steuermann nicht bei schönem Wetter, sondern bei Sturm und Gewitter.« Dieser Satz hat besonderes Gewicht, denn er bringt das auf den Punkt, was als Königsdisziplin der Führung zu nennen ist: Führen in der Krise.

Der Begriff Krise stammt vom altgriechischen »krinein« und bedeutet unterscheiden. Genau darum geht es. Wer bleibt unterscheidbar, wenn alle in Deckung gehen? Wer bleibt klar, wenn der Nebel kommt? Und wer übernimmt Führung, auch wenn es unbequem, unübersichtlich und unangenehm wird? Ein Bild, das ich in meinen Trainings gern verwende, ist das von Eisen und Stahl: Der Unterschied zwischen beiden Metallen ist gering – er liegt in der Legierung, ein Zusatzstoff wie Nickel oder Kohlenstoff, mehr ist es nicht. 90 % sind gleich – aber der Effekt? Gewaltig. Stahl hält Stand. Und so ist es mit Führungskräften: 90 % können die meisten – operative Führung, Kommunikation, Strategie. Aber die letzten 10 % machen den Unterschied. Und die heißen: Krisenfähigkeit.

Wer in der Krise schweigt, verliert.
Erst die Menschen, dann den Kurs.

Krisen führen alles auf den Kern zurück. Kein Prozess, kein Tool, kein Wording der Welt hilft, wenn es ernst wird. Dann zählt Haltung. Dann zählt Orientierung. Dann zählt: Wer hält die Richtung? Wer gibt Halt, ohne alles zu wissen? Wer sagt den Satz: »Wir wissen nicht alles, aber wir wissen, was jetzt wichtig ist.« Das ist *leuchtturmiges* Führen – und das ist selten geworden.

In der Krise fällt jede Maske. Alles, was im Normalbetrieb noch irgendwie durchkommt, wird jetzt sichtbar. Und wer dann noch mit »Herrschaftswissen« arbeitet, wer Informationen zurückhält, wer Entscheidungen in elitären Runden trifft, der hat Führung nicht verstanden. Sätze wie »Das müssen Sie nicht wissen« oder »Darum kümmern wir uns im Führungskreis« sind tödlich – für Vertrauen, Kultur, Zusammenhalt.

Und ja: Entscheidungen in der Krise hinterlassen Spuren. Und nein: Sie müssen nicht perfekt sein, aber nachvollziehbar. Menschen verzeihen vieles – Fehler, Irrwege, Kurskorrekturen. Was sie jedoch nicht verzeihen: Intransparenz. Und Führung, die schweigt, wenn man sie braucht.

Die Siedelweber machen es uns vor: kein Drama, kein Alarmismus, keine Theatralik, sondern klare Prioritäten, ruhige Abläufe, leises Krisenmanagement auf höchstem Niveau. Jeder weiß, was zu tun ist, weil sie sich vorbereitet haben. Weil sie nicht verdrängt, sondern trainiert haben.

Konfliktprävention durch Rollenklärung – über das Sehen, bevor es kracht

Als Inelu Elya mehrfach behindert, reagiert sie nicht empört. Sie explodiert nicht, stellt ihn nicht bloß, zieht sich aber auch nicht zurück. Sie unterbricht den Moment mit einem einzigen Ton – kurz, knapp, unmissverständlich. Nicht laut, nicht hart, aber so gesetzt, dass er Wirkung zeigt. Später, fast beiläufig, ordnet sie Aufgaben neu. Sie verschiebt Positionen, schafft Abstand, definiert Zuständigkeiten. Es ist kein offizieller Akt, kein Machtwort, sondern eine stille Korrektur der inneren Ordnung. Und als Inelu sich schließlich in der Gruppe profilieren will, kontert sie nicht – sie erinnert. Ein Satz, sachlich gesprochen, aber präzise gesetzt: »Es ist unser Nest.«

Dieser Satz ersetzt keine Regel, aber er stellt klar, worum es geht. Nicht um Durchsetzung, sondern um Verantwortung. Nicht um Rechthaben, sondern um Zugehörigkeit.

Konflikte gehören zum Zusammenleben – auch und gerade in professionellen Systemen. Überall dort, wo Menschen gemeinsam handeln, darf es reiben. Muss es vielleicht sogar. Reibung erzeugt Energie. Aber was in der Physik produktiv ist, wird in der Führung schnell destruktiv, wenn es nicht wahrgenommen und gelenkt wird.

Und hier beginnt das eigentliche Problem: nicht im Konflikt selbst, sondern in seiner Verdrängung. Aus vielen Gesprächen mit Führungskräften weiß ich, wie verbreitet der Reflex ist, sich herauszuziehen. Die Argumente klingen abgeklärt: »Die sind doch alle erwachsen. Das sollen die unter sich regeln.« Klingt reif. Ist es aber oft nicht. Denn die Frage ist nicht, ob Mitarbeitende grundsätzlich mit Konflikten umgehen können, sondern ob sie es in genau diesem Moment, unter genau diesen Bedingungen, in genau dieser Konstellation können.

Vielleicht hilft ein Perspektivenwechsel. Konflikte sind kein lästiger Nebenschauplatz. Sie sind kein Zeichen von persönlichem Versagen. Sie sind ein Frühwarnsystem. Eine Art innerbetrieblicher Seismograph. Sie zeigen an, dass etwas im Gleichgewicht gestört ist. Und wie beim Rauch im Wald gilt: Wer früh genug hinschaut, verhindert den Brand, bevor er sich ausbreitet.

Was besonders anfällig macht? Unklare Rollen, unklare Erwartungen, unklare Verantwortung. Sie sind der Nährboden, auf dem Misstrauen wächst, Dynamiken entgleiten, Lager entstehen. Wer in solchen Momenten nicht klärt, sondern wartet, verschärft die Situation nicht durch Tun, sondern durch Unterlassen.

Ein Konflikt wird dann gefährlich, wenn niemand ihn anspricht.

Konfliktprävention ist kein psychologischer Nebenjob. Und Sie sind nicht Therapeut oder Mediator. Sie sind Führungskraft. Das bedeutet: Ihre Aufgabe ist nicht, alles zu lösen. Aber es ist Ihre Aufgabe, die Arbeitsfähigkeit wiederherzustellen. Strukturen zu schaffen, in denen Differenzen produktiv werden – und nicht zerstörerisch.

Ihre Mitarbeitenden spüren sehr genau, wie ernst Sie das nehmen. Sie registrieren, ob Sie abwertende Bemerkungen im Raum stehen lassen. Ob Sie auf subtile Spitzen reagieren oder sie ignorieren. Ob Sie selektive Informationen als legitime Einflussnahme dulden oder als Manipulation erkennen.

Ein Satz, den ich in der Arbeit mit Führungskräften immer wieder verwende, lautet: »Was Sie nicht wahrnehmen, können Sie auch nicht führen.« Konfliktwahrnehmung beginnt nicht mit dem Streit. Sie beginnt dort, wo Führung bereit ist, auch das zu sehen, was noch nicht laut geworden ist. Denn: Nicht jede Spannung spricht. Manch eine zeigt sich leise. In einem Blick, der ausweicht. In einem Augenkontakt, der früher selbstverständlicher war. In einem Zucken, einem Innehalten, einer stummen Körperspannung, die nichts sagt, aber alles bedeutet.

Wer nicht sieht, was unausgesprochen bleibt, verpasst das Wesentliche.

Deshalb hat die präzise Wahrnehmung von Mimik und Körpersprache in unseren Ausbildungen einen festen Platz. Denn wer nicht nur hört, was gesagt wird, sondern auch erkennt, was nicht ausgesprochen werden kann, führt nicht nur besser – er schützt auch den Raum, in dem andere arbeiten.

Wegschauen mag kurzfristig bequem sein, aber auf lange Sicht hat es einen Preis. Irgendwann kracht es – und was dann zerstört wird, lässt sich selten sofort reparieren.

Sillo zeigt uns, wie es anders geht: Er wartet nicht auf die Eskalation. Er spürt, wenn etwas kippt, und er handelt, bevor es so weit ist. Nicht spektakulär, nicht autoritär, aber konsequent – und wirksam.

Christians Begegnungen: aus der Praxis

Herbert B. und das, was er zu spät sah

Herbert B. leitete seit Jahren eine Fachabteilung in einem Traditionsbetrieb – sauber geführt, gut organisiert, kaum Fluktuation. Seine Stärke lag in der Struktur, er glaubte an Verantwortung, an Selbststeuerung, an die Vernunft seiner Leute. Keine Kontrolle, kein Theater – das war sein Stil.Zwei seiner Mitarbeitenden stachen heraus. Der eine – nennen wir ihn Franz – war präsent. Schnell im Kopf, sicher im Auftritt, gut vernetzt. Einer, der wusste, wie man sich in Szene setzt, ohne dass es aufgesetzt wirkt. Der andere – Stefan – war leise. Kein Netzwerker, aber hochpräzise. Ein Ingenieur im besten Sinne – durchdacht, belastbar, verlässlich. Beide machten ihre Arbeit gut, zumindest schien es so.

Was Herbert B. lange nicht auffiel, war, dass Stefan mit der Zeit immer stiller wurde. Nicht in der Leistung – die blieb tadellos –, aber in der Beteiligung. Die Wortmeldungen in Meetings wurden seltener. Kleine Reibereien zwischen den beiden, ein Augenverdrehen hier, ein Kopfschütteln dort – Herbert B. legte das im Stillen als »unterschiedliche Arbeitsstile« ab und dachte nicht weiter darüber nach. Bis Stefan seine Kündigung einreichte. Still. Ohne Drama. Die Begründung war sachlich: »Zeit für etwas Neues.« Herbert B. war überrascht – nicht erschüttert, aber irritiert.

Das Gespräch, das sie am letzten Arbeitstag führten, war höflich und professionell. Nur ein Satz blieb hängen, beiläufig hingeworfen, nicht einmal als Vorwurf gemeint: »Ich glaube, ich habe irgendwann einfach aufgehört, gehört zu werden.«

Herbert B. antwortete nichts. Er wusste, dass es nicht um Lautstärke ging. Er wusste auch: Franz war nicht der Schuldige. Und Stefan nicht das Opfer. Aber da war ein Raum entstanden, in dem einer zu viel Raum bekam – und einer zu wenig. Nicht aus Absicht, sondern, weil es niemand bemerkt hatte. Auch er nicht.Im Coaching haben wir oft darüber gesprochen, weil die Lücke, die Stefan hinterließ, bis heute nicht geschlossen ist: Führung heißt nicht, alles zu wissen, aber das Relevante zu spüren. Und manchmal – das weiß Herbert B. jetzt – beginnt das Relevante im Unscheinbaren.

Wissenstransfer – oder: Was bleibt, wenn die Guten gehen

Bei den Siedelwebern ist Erfahrungswissen kein nachträgliches Add-on, kein Bonus, kein freundliches Zugeständnis der Alten an die Jungen. Es ist gelebte Praxis, in das tägliche Tun eingebettet, Teil des Gefüges, das die Kolonie zusammenhält – funktional, unaufgeregt und konsequent.

Wer den Bau eines Siedelwebernestes beobachtet, erkennt rasch: Es gibt keinen Bauplan, keine offizielle Anleitung und kein Regelwerk – und dennoch entsteht ein Konstrukt, das über Jahrzehnte hält. Die Erklärung dafür liegt nicht im Material, sondern in der Art, wie Wissen weitergegeben wird. Nicht abstrakt, sondern konkret, nicht per Vortrag, sondern durch Vorleben.

Die Alten bauen nicht schneller, sie bauen bewusster. Sie wählen Halme, die nicht nur passen, sondern Bestand haben. Sie sichern die Übergänge, an denen andere achtlos vorbeifliegen würden. Und sie tun das in einer Art, die keine Bühne braucht, aber Aufmerksamkeit erzeugt. Denn die Jungen beobachten genau. Sie imitieren, was sie sehen. Sie lernen in Bewegung, im Tun, im Nebeneinander.

Tavar, einer der Ältesten in der Kolonie, ist kein Wortführer, kein Anführer im klassischen Sinn. Aber seine Position im oberen Drittel des Nestes – dort, wo der Wind am stärksten zerrt – ist kein Zufall. Er sitzt dort, weil er Gefahren früh erkennt und weil er gelernt hat, wie man sie entschärft, ohne

Panik zu verbreiten. Er gibt keine Ratschläge, aber er verändert durch Haltung. Sillo, der nicht spricht, aber handelt, verstärkt fremde Röhren, sichert Abschnitte, die nicht ihm gehören, korrigiert, was andere unachtsam begonnen haben. Ohne große Gesten, aber mit Wirkung. Die Jungen sehen es, und sie übernehmen das Muster – nicht, weil es angeordnet wurde, sondern weil es Sinn ergibt.

Wissen wird bei den Siedelwebern nicht verwaltet, es wird geteilt. Nicht aus Nettigkeit, sondern aus Notwendigkeit. Denn was nicht weitergegeben wird, verschwindet – still, leise und für immer. Und was verschwindet, muss mühsam neu erfunden werden. Die Vögel haben gelernt, dass man sich diesen Luxus nicht leisten kann.

In menschlichen Organisationen hingegen wird Erfahrungswissen häufig unterschätzt oder romantisiert. Entweder gilt es als »nicht übertragbar« oder als ohnehin »irgendwie weitergegeben«. Beides ist gefährlich. Denn Wissen, das nicht dokumentiert, nicht sichtbar oder nicht anschlussfähig gemacht wird, geht verloren, und zwar nicht nur als Information, sondern als Haltung, als Einschätzung, als Instinkt.

Die Siedelweber zeigen, dass Wissensweitergabe nicht mit dem Renteneintritt beginnen darf. Sie beginnt im Alltag: in Blicken, Entscheidungen, kleinen Korrekturen und geteilten Momenten.

Erfahrung darf nicht in Köpfen verstauben – sie muss durch Handlung in Umlauf gebracht werden, und zwar rechtzeitig. Diejenigen, die das können, sind nicht alt – sie sind tragend. Und sie wissen: Führung bedeutet nicht, das eigene Wissen zu behalten, sondern es so zu vermitteln, dass andere daraus Sicherheit gewinnen können.

Der Erfolg eines Nestes, ob aus Gras oder aus Teams gebaut, hängt nicht davon ab, wie klug der Einzelne ist, sondern davon, ob die Klugheit der Klugen im System bleibt, wenn sie selbst längst nicht mehr da sind.

Auf einen Blick: Führen wie die Siedelweber

Führung beginnt nicht mit einem Titel, sondern mit einem Halm zur richtigen Zeit. Nicht die Lautesten halten das Nest zusammen, sondern jene, die Verantwortung übernehmen, ohne gesehen werden zu müssen. Die Siedelweber zeigen, wie Struktur ohne Hierarchie entsteht, wie Entscheidungen getragen werden, weil sie nachvollziehbar sind – nicht, weil sie befohlen wurden.

Wenn Elya sagt: »Es ist unser Nest«, dann ist das kein Appell – es ist ein Prinzip. Es steht für ein Verständnis von Führung, das auf Teilhabe beruht, nicht auf Durchsetzung. Sillo führt nicht, weil er es will – er führt, weil er es kann. Und weil er bereit ist zu handeln, bevor es kracht. Ohne Machtwort. Ohne Schlagzeile.

Das, was bei den Siedelwebern selbstverständlich ist, scheitert in Organisationen oft an Eitelkeit, Statusdenken oder schlicht an Unaufmerksamkeit:

Wenn Wissen nicht weitergegeben wird.
Wenn Konflikte übersehen werden.
Wenn Zugehörigkeit mit Präsenz verwechselt wird.

Doch ein Nest bleibt nur bestehen, wenn die Verbindung hält, nicht die Ansage. Es bleibt dann bestehen, wenn das Erfahrungswissen der Alten im Verhalten der Jungen weiterlebt. Wenn nicht gefragt wird: »Was bekomme ich?«, sondern: »Was braucht das Ganze?«. Deshalb gilt: Führung, die bleibt, beginnt nicht mit einem Plan, sondern mit Haltung.

Aufgabe: »Spurensuche im eigenen Nest«

Anleitung: Stellen Sie sich vor, Ihre Organisation ist ein Nest wie das der Siedelweber – kein Bauplan, kein Titel, keine Ansagen. Nur Zusammenarbeit, Erfahrung und Haltung.

Ihre Aufgabe besteht darin, drei kleine stille Führungsimpulse in Ihrem Arbeitsumfeld zu identifizieren oder zu initiieren, die:

- ohne Ansage Wirkung entfalten.
- nicht sichtbar, aber spürbar sind.
- nicht den Absender in den Mittelpunkt stellen, sondern das Ganze stärken.

Diese Akte müssen nicht spektakulär sein. Im Gegenteil – je unscheinbarer, desto besser. Beispiele könnten sein:

- Jemandem zuarbeiten, ohne es kenntlich zu machen.
- Einen Fehler leise ausbessern, bevor er sichtbar wird.
- Eine potenzielle Spannung erkennen und durch eine kleine Umverteilung entschärfen.
- Wissen weitergeben, ohne Bühne.
- Eine Rolle klären, bevor sie zur Reibungsfläche wird.

Teil 1 – Beobachtung: Wählen Sie in den nächsten Tagen einen dieser Impulse und notieren Sie, was Sie genau getan und welche Veränderung Sie beobachtet haben (Reaktion, Stimmung, Effekt).

Teil 2 – Wirkung: Notieren Sie eine Woche später, ob der Akt Wirkung gezeigt hat – direkt, indirekt oder gar nicht. Was hat das mit Ihnen gemacht? Was hat es im System bewegt, wenn überhaupt?

Teil 3 – Reflexionssatz (optional): Beenden Sie folgenden Satz schriftlich für sich selbst: »Leise Führung zeigt sich für mich in dem Moment, in dem …«

Hinweis: Diese Aufgabe ist keine Reflexionsübung im klassischen Sinne. Sie ist eine Einladung zum Handeln – leise, gezielt, wirkungsvoll. So, wie Sillo es vorlebt – nicht, weil jemand zusieht, sondern weil es richtig ist.

Victorias Notizen: selbst erlebt

Zwischen Zwitschern und Zischen

Der afrikanische Busch besticht durch seine Flora und Fauna. In unendlich erscheinenden Weiten trifft man kaum eine Menschenseele. Dieser Raum aus Tieren und Pflanzen erzeugt eine ständig wechselnde Geräusch- und Geruchskulisse, die in ihrer Art einmalig und auch dafür verantwortlich ist, dass Besucher dieses Erlebnis nie vergessen. Meist können Fremde die Vielfalt der Eindrücke nicht zuordnen und verweilen im Staunen. Erst bei einem längeren Aufenthalt und entsprechender »Verarbeitungszeit« werden diese Eindrücke als »normal« im Hirn abgespeichert.

Wenn man wie ich im afrikanischen Busch aufgewachsen ist, sind die unterschiedlichsten Geräusch- und Geruchskulissen alltäglich, und ich habe sie zu interpretieren und zu nutzen gelernt. Ich konnte erleben, wie sich eine nahende Dürre »anhört« oder wie der Busch in Panik gerät, wenn sich ein Unwetter ankündigt – lange bevor auch nur eine einzige Wolke am Himmel erscheint! Ebenso interessant verhält sich die Tierwelt bei Bränden, selbst dann, wenn sich diese kilometerweit entfernt befinden und wir Menschen keinerlei Brandgeruch vernehmen. Die gesamte Tierwelt fungiert im Busch als eine Art Einheit. Für uns Menschen unhörbar werden Informationen zwischen den unterschiedlichsten Tieren ausgetauscht. Selbst Bäume übermitteln untereinander geheime Botschaften; dieser Sachverhalt wurde wissenschaftlich belegt.

Von Kindesbeinen an habe ich gelernt, das Vorhandensein von Beutegreifern am Verhalten der anderen Wildtiere der Umgebung zu erkennen, und ich nehme mir meist die Giraffe zu »Hilfe«, um etwa Raubtiere zu orten. Ebenso sehe ich kaum Schlangen mit meinen Augen, sondern erkenne sie durch die lautstarken Proteste anderer Tiere mit den Ohren. So auch bei dieser Begebenheit:

Ich besuchte meine Eltern auf der Farm und erholte mich vom anstrengenden Klinikalltag in der Stadt. Meist nutzte ich diese Aufenthalte, um junge Pferde einzureiten und weiter auszubilden.

Ich war sehr früh am Morgen losgeritten, lange bevor die Angestellten in die Ställe strömten. Die Sonne stand schon in Baumwipfelhöhe, und es versprach, ein heißer Tag zu werden. Nach einer ungefähr 20-minütigen Galoppstrecke im losen Ufersand und durch die ausgetrockneten Überschwemmungsflächen, vorbei an grasenden Antilopen und Zebras, hatten mein junges Pferd und ich eine kurze Verschnaufpause verdient. Im Schatten eines kleinen Wäldchens angekommen, stieg ich vom Pferd und hörte sofort ein Geschnatter und Gezeter aus einem der nächsten Bäume. Das Pferd wurde unruhig und sprang mit einem Ruck herum, seinen Kopf in Richtung der Geräusche gewandt. Im Baum befand sich ein großes Webervogelnest, und die dortigen tierischen Bewohner waren in heller Aufregung.

Ich brauchte einige Zeit, um das junge Pferd etwas zu beruhigen. Dann suchte ich die Umgebung des großen Nestes nach der Ursache des Durcheinanders ab. Das war gar nicht so schwer. Ich blickte einfach in die Richtung, in die die Vögel schauten, und entdeckte eine olivgrüne Schlange oberhalb des Nestes im Geäst. Das Tier hatte ihr Schwanzende an einem starken Ast verhakt und baumelte mit dem restlichen Körper kopfüber nach unten. Da die Einflugöffnungen der Webernester sich meist unter einem schützenden »Dach« des Gesamtbauwerkes befinden, konnte das Reptil nicht ohne Weiteres in das Nest gelangen. Diese olivgrüne Schlange stellte sich schnell als eine Baumschlange (bei uns auch »Boomslang« genannt) heraus. Sie war unschwer an den charakteristischen und für Schlangen sehr großen Augen zu erkennen.

Zahlreiche Webervögel umkreisten mit Gekreische und flatternden Flügelbewegungen die Schlange. Einige pickten sogar mit ihren kräftigen Schnäbeln in mutigen

Aktionen blitzartig auf den Körper des Reptils und setzten sich dabei der Gefahr aus, gebissen zu werden. In ihrer Angst, die Baumschlange könnte ihre Behausung entern und dort nach Beute suchen, waren die kleinen Vögel jedoch sehr mutig geworden. Und nicht nur zahlreiche Webervögel kämpften gegen die Schlange: Ich erkannte auch deutlich Bülbüls in der aufgebrachten Vogelschar, die emsig versuchten, den Webern zu helfen. Bülbüls gehören wie die Webervögel zu der Gattung der Sperlinge, deren Nester von Reptilien von Zeit zu Zeit heimgesucht werden. Sie kennen den Überlebenskampf und sind in der Lage, eine Schlange schnell im Geäst eines Baumes zu entdecken.

Baumschlangen sind keine sehr aggressiven Jäger und vor allem äußerst menschenscheu. Meist treten sie schon beim Anblick einer Person die Flucht an. Kommt es allerdings zum Biss, dann endet dies ohne Behandlung fast immer tödlich. Ihr Gift ist äußerst potent und gehört in die seltenere Klasse der hämolytischen Gifte. Dabei wird im Endeffekt der Mechanismus der Blutgerinnung zerstört und das Opfer blutet unentwegt aus der Bissstelle, manchmal auch hämorrhagisch im Innern des Körpers. Als Ärztin habe ich nie ein menschliches Opfer getroffen oder Berichte über gebissene Personen gehört. Nur einmal wurde ich zu einer Nachbarsfarm gerufen, weil eine Baumschlange auf der Veranda einen Hund in den Nasenrücken gebissen hatte. Das Geschehen wurde zunächst gar nicht bemerkt, nur die Kinder berichteten bei meinem Eintreffen von einer grünen Schlange, die der Hund gejagt hätte. Die Bewohner bemerkten nur, dass der Hund aus einer kleinen Wunde oberhalb der Nase die ganze Nacht blutete und dadurch die Wände des Hauses verschmierte. Als ich dann geschätzte 48 Stunden nach dem Vorfall dort eintraf, war der Hund geschwächt und hatte eine ordentliche Menge Blut verloren. Doch wir konnten ihm schnell helfen, und er überlebte den Vorfall. Als ausgewachsener, großer und muskulöser Hund profitierte er dabei vor allem von seinen Kraftreserven. Ein kleinerer Hund hätte das sicherlich nicht überlebt.

Diese Geschichte ging mir jetzt durch den Kopf, und die Webervögel taten mir leid. Ich wollte nicht untätig mit ansehen, wie diese kleinen, mutigen Vögel versuchten, die Baumschlange am Eindringen in ihre Behausung zu hindern.

Ich nahm einen dicken Knüppel vom Boden und schleuderte diesen gezielt in die Äste oberhalb der Schlange. Der Aufprall mit dem dazugehörigen dumpfen Geräusch erschreckte das Reptil, und die herunterfallenden kleineren Zweige taten ihr Übriges. Die Schlange zog sich blitzartig zurück und verschwand im dichten Blattwerk des Baumes.

Diesmal hatten die Webervögel Glück gehabt und können sich bei den zwitschernd davonfliegenden Bülbüls für deren Unterstützung bedanken.

Mein junges Pferd beäugte die Situation etwas skeptisch. Pferde – ob jung oder alt – haben allgemein immer großen Respekt vor Schlangen. Ich denke, es war insgeheim froh, als ich aufsaß und wir unseren Morgenausritt fortsetzten.

EPILOG

Führung ist uns abhandengekommen, ohne dass wir es bemerkt haben. Kein Knall, kein Bruch, kein Ereignis. Ein stilles Verschwinden – wie ein Pfad, der erst seltener begangen wird und dann im Gestrüpp der Zeit verschwindet. Nicht weil sie falsch war, sondern weil wir aufgehört haben, sie zu pflegen.

Lange Zeit war Führung ein selbstverständlicher Teil des Miteinanders. Wer voranging, wusste, dass er gesehen wird – und dass Gesehenwerden Verantwortung bedeutet. Heute aber sehen wir oft nur die Rolle, nicht mehr den Menschen darin. Wir reden von Karrierewegen, ohne Richtung zu geben. Wir füllen Meetings, aber führen keine Gespräche. Wir verteilen Zuständigkeiten, aber verlieren Haltung.

Und währenddessen feiern Modetrends ihre Bühne. »Positive Leadership«, »Strengths only«, »Well-Being«. Klingt gut, sieht auf Instagram hübsch aus – doch wenn es ernst wird, erweist sich vieles davon als hohl. Denn wer Führung nur mit Wohlfühlen und Stärken beschreibt, blendet das Wesentliche aus: dass es um gegensätzliche Intentionen geht, um Entscheidungen, um Zumutungen. Führung bedeutet auch, unbequem zu sein, Grenzen zu ziehen und Verantwortung auszuhalten – auch ohne Applaus.

In Trainings begegnen wir immer wieder einem romantisierten Bild. »Ich habe schon einmal ein Führungstraining gehabt – warum also noch mal?« »Mein Chef ist das Problem, nicht ich.« »Für Führung habe ich keine Zeit, wichtiger sind die Zahlen.« Das ist, als würde ein Pilot sagen: »Steuern brauche ich nicht, Hauptsache die Geschwindigkeit passt.« Doch Geschwindigkeit ohne Richtung ist nur Treiben.

Die Tiere der Savanne erinnern uns daran, was wir verlernt haben. Das Hartebeest prüft das Terrain und spürt, wann Klarheit gefordert ist und wann Rückzug klüger ist. Der Löwe ist kein ewiger Herrscher, sondern Führender auf Zeit – seine Stärke liegt nicht im Brüllen, sondern darin, Verantwortung zu übernehmen, wenn Gefahr naht. Die Siedelweber bauen leise und beständig; ihr Prinzip ist nicht Ego, sondern Gemeinschaft. Erdmännchen und Borstenhörnchen verkörpern Teamverantwortung und Feingefühl zugleich: Wachsamkeit trifft auf Balance, Nähe auf Distanz. Und Matayo, der alte Löwe, steht für jene Führungskräfte, die nicht durch Fehler scheitern, sondern durch Gleichgültigkeit.

Das alles zeigt: Führung ist nicht kompliziert, aber sie ist unbequem. Sie ist kein Wellness-Paket, sondern Arbeit am Kern – an der Herausforderung, an der Entscheidung, an der eigenen Haltung. Sie bedeutet, den Kurs zu setzen, auch wenn der Wind dreht. Verantwortung auszuhalten, auch wenn niemand applaudiert. Klarheit zu geben, auch wenn es wehtut.

Führung ist kein fester Zustand, den man einmal erreicht und dann verwaltet, sondern eine Bewegung, die sich immer wieder neu formt und an jeder Weggabelung ihre Richtung finden muss. Wer sich ihr stellt, wird erkennen, dass es keinen letzten Punkt gibt, sondern nur den nächsten Schritt. Alles, was zählt, ist der Mut, ihn zu setzen.

GLOSSAR

Eland

Die größte Antilope Afrikas – massig, aber erstaunlich flink. Elands sind scheu, können aber in Gruppen laufen und springen mit beeindruckender Leichtigkeit. Für Löwen eine echte Herausforderung.

Gwayi

Ein Fluss im Nordwesten Simbabwes, in der Region Matabeleland North, der als Nebenfluss in den Sambesi mündet. Sein wichtigster Zufluss ist der Shangani, unterhalb dessen Mündung derzeit der Gwayi-Shangani-Damm entsteht – ein zentrales Projekt zur Wasserversorgung von Bulawayo im Rahmen des *Matabeleland Zambezi Water Project.* Der Name »Gwayi« (auch »Gwai« geschrieben) geht auf das Ndebele-Wort »ugwayi« zurück, das Tabak bedeutet. Nach dem Fluss ist auch die kleine Siedlung Gwai benannt.

Impala

Diese grazile Antilope ist schlank, schnell und ständig auf der Hut. Impalas leben in großen Herden, sind für viele Raubtiere Beute, aber nur, wenn diese schnell und geschickt genug sind.

Kameldornbaum

Ein in Afrika weit verbreiteter Baum der Gattung Vachellia. Er trotzt Hitze und Trockenheit, bietet mit seiner ausladenden Krone Schatten und kühlt den Boden – ein überlebenswichtiger Rückzugsort für viele Tierarten im offenen Gelände.

Kapkobra *(Naja nivea)*
Eine hochgiftige Schlangenart des südlichen Afrikas, bis zu 1,8 Meter lang und in ihrer Färbung sehr variabel von gelb über braun bis schwarz. Ihr Gift zählt zu den gefährlichsten auf dem Kontinent: Es besteht überwiegend aus Cytotoxinen und Cardiotoxinen, die Zellen und Herz schädigen, sowie einem Anteil an Neurotoxinen, die das Nervensystem blockieren. Bei Bedrohung richtet sie sich auf, spreizt ihr markantes Nackenschild und stößt ein lautes Zischen aus. Meist scheu und rückzugsbereit, verteidigt sie sich kompromisslos, wenn sie bedrängt wird. Besonders aktiv ist sie in der warmen Jahreszeit, wenn Nahrung knapp ist und der Nachwuchs schlüpft.

La-Ola-Tanz
Bezeichnung für eine wellenartige Abwehrbewegung bei Erdmännchen: Die Tiere richten sich in dichter Formation abwechselnd auf und ducken sich, um Fressfeinde, insbesondere Schlangen, durch kollektive Bewegung zu irritieren. Der Begriff ist metaphorisch und angelehnt an die Stadionwelle (»La Ola«).

Mashami Forest
Ein Trockenwaldgebiet im nördlichen Simbabwe, südlich des Sanyati Valley. Es zählt zur Vegetationszone der Miombo-Wälder: trockene Laubwälder des südlichen Afrikas, die sich durch lange Trockenzeiten, hohe Artenvielfalt und grasbewachsenen Unterwuchs auszeichnen. Das Gebiet ist geprägt von dichter Vegetation, sandigen Böden und saisonalen Trockenflüssen. Es bietet Lebensraum für kleinere Säugetiere wie Duiker (kleine, scheue Waldantilopen), Paviane (affenartige

Primaten), Mangusten (schlanke, gesellige Raubtiere, die vor allem Insekten und Reptilien jagen) und Warzenschweine (afrikanische Wildschweine mit markanten Hauern). Für größere Raubtiere wie Löwen ist der Mashami Forest ungeeignet als dauerhaftes Jagdrevier – zu unübersichtlich, zu deckungsreich. Pflanzenfresser hingegen nutzen ihn in der Trockenzeit als Rückzugsraum, besonders wenn die offenen Savannen ausgetrocknet sind.

Mopane(-samen, -blätter)
Der Mopanebaum ist typisch für weite Teile des südlichen Afrikas. Seine nierenförmigen Blätter sind bei Elefanten beliebt, seine Samen hart und nährstoffreich. Mopanewälder sind oft Lebensraum für Insekten, Vögel und Großwild.

Moringabaum
Ein trockenresistenter Baum mit auffällig hellgrünen, federartigen Blättern. Seine Samen, Blätter und Wurzeln sind essbar und werden in vielen Kulturen als Heilpflanze genutzt. In der Savanne spenden Moringabäume Schatten und bieten oft einen Rückzugsort für Tiere.

Msasabaum
Auch als »Red Mahogany« bekannt. Ein hochgewachsener Baum mit rötlichem Holz und dichter Krone. Er gedeiht vor allem in feuchten Savannengebieten und spendet reichlich Schatten – ideal für träge Löwen nach der Mahlzeit.

Oryx
Eine große Antilopenart mit langen, geraden Hörnern und markanten Gesichtsmustern. Oryx-Antilopen sind extrem

hitzeresistent und perfekt an das trockene Klima südlicher Wüsten angepasst, aber nicht leicht zu jagen.

Sanyati River

Ein rund 500 Kilometer langer Fluss in Simbabwe, im südlichen Afrika. Im Oberlauf heißt er *Munyati*. Seine Quelle liegt in der Nähe der Kleinstadt Chivhu, im Osten des Landes. Von dort fließt er erst westlich, dann nördlich – quer durchs Land. Er speist den Kariba-Stausee, einen der größten von Menschen geschaffenen Seen der Welt. Dieser Stausee gehört zum Sambesi-Flusssystem, das viele afrikanische Länder verbindet. Der *Sanyati River* zieht sich durch trockene Landschaften, oft von Mopanewäldern gesäumt. In der Trockenzeit ist er überlebenswichtig: Elefanten, Büffel, Antilopen, Krokodile, Flusspferde – sie alle kommen hierher, um zu trinken. Ein Fluss, der Leben bringt – und Raubtiere anzieht.

Tswalu-Platten

Die Tswalu-Gesteinsplatten sind uralte, rotbraune Felsformationen im südlichen Kalahari-Becken, benannt nach dem gleichnamigen Naturschutzgebiet. Sie bestehen überwiegend aus Quarzit und Sandstein und gelten als eine der ältesten sichtbaren Gesteinsstrukturen der Welt. Durch jahrtausendelange Erosion wirken sie wie aufgeschlagene Bücher aus Stein – flach, kantig, von Rissen durchzogen. Ihre Oberfläche speichert Wärme und bietet Kleintieren sowie Pflanzen in Mulden und Spalten Schutz. Für viele Völker der Region gelten sie als Orte des Übergangs – zwischen Tag und Nacht, Tier und Mensch, Leben und Geschichte.

Abbildungsverzeichnis

Bildnachweis

Abbildung 1: Red hartebeest running in dust – Alcelaphus caama – Kalahari desert – South Africa – Bildanbieter: Johan Swanepoel / alamy DB3B66.

Abbildung 2: Portrait of a lion, Limpopo, South Africa – Fotograf: claudialothering; Bildanbieter: RooM the Agency / alamy (ID: E8FKJJ).

Abbildung 3: South Africa Kgalagadi Transfrontier Park Meerkat Suricate suricatta fights Cape Ground Squirrel Xerus inauris – Contributor: WorldFoto / alamy (ID: A52WDF).

Abbildung 4: Countryside nature – Foto: Adolf Martens / alamy (ID: JBJWJJ).

Danksagung

Ohne Julia gäbe es dieses Buch nicht – zumindest nicht in dieser Form, diesem Ton, dieser Tiefe und diesem Mut zur Klarheit. Was unsere Zusammenarbeit prägt, ist echte Partnerschaft: Meine engste Mitarbeiterin und Assistentin Julia Mayerhofer war kritischer Kopf, Mitdenkerin, Widersprecherin, Impulsgeberin und manchmal auch geduldige Seelsorgerin, wenn das Projekt zu kippen drohte.

Besonders beeindruckt hat mich, mit welcher Selbstverständlichkeit sie das alles neben ihrer eigentlichen Arbeit gestemmt hat. Immer verfügbar, immer zuverlässig, auch spätabends, zwischen zwei Deadlines oder mit acht offenen Tabs im Kopf. Nie war sie genervt, wenn ich eine ihrer Ideen nicht aufgenommen habe. Kein beleidigtes Schweigen, kein passiv-aggressives Nicken, nur ein kurzes »dann halt nicht« – und der nächste kluge Impuls.

Was sie auszeichnet, ist nicht nur ihr feines Auge für Harmonie in Wort und Sinn, sondern ihr unbestechlicher Blick aufs Ganze. Ihre Rückmeldungen waren nie weichgespült, nie um des lieben Friedens willen, sondern ehrlich, durchdacht, messerscharf – und deshalb so wertvoll.

Dass ich in Phasen des Chaos oder des Zweifelns den Faden nicht verloren habe, hat viel mit ihr zu tun. Sie blieb ruhig, wach, freundlich – auch wenn ich es nicht war. Wer mit mir in solchen Phasen arbeitet, weiß: Das ist keine kleine Leistung.

Liebe Julia, danke für deine Energie, deine Geduld, deinen Humor. Dieses Buch trägt nicht nur meinen Namen – es trägt auch deinen.

PS: Sollte je ein Borstenhörnchen mit messerscharfem Verstand und einem Hang zu langen Zwift-Einheiten gesehen werden – ich hätte da eine Vermutung.

VOM LESEN ZUM ERLEBEN

Manche Erkenntnisse bleiben Worte, andere verändern Verhalten. Wenn Sie sich durch dieses Buch Impulse und Inspiration geholt haben, freuen wir uns. Wenn Sie mehr daraus machen wollen, begleiten wir Sie gern – wirksam und ohne Show. Denn Führung verändert sich nicht durch ein Seminar allein, sondern durch Haltung, Entscheidung und tägliche Praxis. Dort setzen wir an.

Führungskultur entwickeln, nicht besprechen

Wir unterstützen Unternehmen und Führungsteams dabei, eine klare, tragfähige Führungskultur zu entwickeln und sie im Alltag auch zu leben. Ohne Kuschelkurs, ohne Sesselkreis, ohne Duftlampe. Stattdessen: klare Sprache, gelebte Verantwortung, professioneller Anspruch.

Ob in Veränderungsprozessen, strategischer Kulturentwicklung oder der Arbeit mit einzelnen Führungsebenen: Wir bringen Haltung in Strukturen und Struktur in Haltung.

Seminare und Entwicklungsprogramme

Unsere Formate sind erlebnisorientiert, fordernd und praxisnah. Wir arbeiten mit echten Fällen, realen Konflikten, greifbaren Entscheidungen und mit Menschen, die bereit sind zu führen. Ob Einzelseminar oder mehrstufiges Entwicklungsprogramm: Führung wird erprobt, nicht diskutiert.

Keynote »Tierische Vorbilder«

Eine kluge, unterhaltsame und tiefgreifende Keynote über Führung, Verantwortung und die Kraft des tierischen Blickwinkels. Ideal für Führungsklausuren, Strategietage, Kundenveranstaltungen oder interne Impulse.

Coaching für Führungskräfte und Geschäftsleitungen

Manche Themen brauchen einen vertraulichen Raum. Wir begleiten Führungskräfte im Einzelcoaching – mit klarem Blick, langjähriger Erfahrung und dem Anspruch, echte Wirksamkeit zu erzielen. Ohne Soft-Talk und Schönreden.

Mimik und Körpersprache in der Führung

Führung wirkt – nonverbal. Wir zeigen, wie Mikroexpressionen, Mimik und Körpersprache in der Führung konkret genutzt werden können: zur Deutung, zur Klarheit, zur Führung auf den Punkt.

Mehr Informationen und Kontakt:

Aktuelle Termine, Programme, Zusatzmaterialien, Downloads und vertiefende Inhalte finden Sie auf unseren Websites:

www.ifue.at – Institut für Führung GmbH
www.mimikanalytik.at – Mimik, Körpersprache & Führung
Mail: office@ifue.at
LinkedIn: www.linkedin.com/in/christian-kandutsch-bb802160/

Wir freuen uns auf Ihren Kontakt, den Austausch und die Zusammenarbeit mit allen, die Führung nicht als Funktion, sondern als Verantwortung verstehen.

Denn: Führen beginnt nicht beim anderen, sondern bei sich selbst.